Saggi

W0211552

SCUOLA HOLDEN
Questo è il fuoco
Manuale di scrittura

SOLFERINO

SOLFERINO

www.solferino.it

© 2025 RCS MediaGroup S.p.A., Milano
Proprietà letteraria riservata

ISBN 978-88-282-1628-5
Prima edizione: febbraio 2025

Curatela: Giulia Binando Melis, Alessandro Mari

Testi scritti da: Monica Acito, Emiliano Amato, Annalisa Ambrosio, Marco Archetti, Alice Avallone, Arianna Giorgia Bonazzi, Pier Franco Brandimarte, Tommaso Di Dio, Lorenza Ghinelli, Martino Gozzi, Loredana Lipperini, Giulia Binando Melis, Lucia Moisio, Flavio Nuccitelli, Marta Pastorino, Emiliano Poddi, Eleonora Sottili, Andrea Tarabbia, Elena Varvello

Editing ed esercizi: Giulia Binando Melis
Coordinamento: Sara Busto

Realizzazione editoriale: Studio Dispari, Milano

Questo è il fuoco

Introduzione

È una mattina di primavera, il sole splende. David Foster Wallace è in piedi di fronte a un leggio e tiene d'occhio i suoi appunti. Parla ai laureandi e alle laureande del Kenyon College, Ohio; dice questo:

> Due giovani pesci nuotano uno accanto all'altro, a un certo punto incontrano un pesce più anziano che, nuotando in direzione opposta, fa loro un cenno di saluto e dice – 'giorno, ragazzi. Com'è l'acqua?
> I due giovani pesci nuotano ancora per un po', poi uno dei due guarda l'altro e gli fa: – Ma che diavolo è l'acqua?

Il suo discorso inizia così, con una storia. Il breve racconto di due pesci che non sanno cos'è l'acqua perché sono talmente abituati a starci dentro che non gli è mai venuto in mente di chiederselo. Non si sono sognati di pensare nemmeno una volta che l'ambiente in cui abitano potrebbe avere un nome e un valore al di là della funzione che ha per loro. Una funzione vitale che è, però, talmente scontata da dimenticarsela – che cos'è l'aria? Verrebbe da chiedersi. Ma dato che noi siamo gente che scrive, la giusta domanda da porsi è:

che cos'è il fuoco?

Se c'è una certezza che qui, a Scuola Holden, abbiamo maturato è proprio la risposta a questa domanda: il fuoco è quella forza trasformativa che unisce le parole in frasi, e le frasi in interi romanzi; è la luce che ci guida dritti al cuore della narrazione; è quella vampa che ci afferra quando arriva l'idea e anche quando non arriva; è il calore di una storia che nasce. È quella fiamma che, letteralmente, ci *anima.*

Dunque, per scrivere, bisogna prendersene cura. Ma come?

Torniamo a Foster Wallace. La storia che racconta non ci invita soltanto a essere più consapevoli dell'ambiente in cui viviamo, ma anche ad accogliere, a cercare le conseguenze reali di questa nuova attenzione. Se riusciamo a pensare la realtà al di là di noi stessi, ecco che inizieremo a sentire altre voci: le persone, i luoghi, gli oggetti inizieranno a rivelarsi, a parlare attraverso le storie che incarnano.

Perché se è vero che per scrivere partiamo sempre da noi stessi – lo vedremo nei prossimi capitoli –, è altrettanto vero che in questo gesto abita un desiderio umano e, oggi, ancora più attuale: quello di mettere in comune qualcosa tra sé e gli altri. E per farlo dobbiamo osservare, ascoltare, andare verso ciò che ancora non conosciamo, esplorare ciò che sta *prima* della scrittura, *attorno* alla scrittura. Perché è lì che tutto nasce.

Bisogna chiedersi: quali esperienze possono farci sentire pronti per cominciare? Quali abitudini accendono le nostre idee? Quali strumenti ci allenano a pensarle dentro una pagina? Insomma, cosa dobbiamo fare *prima* di iniziare a scrivere, per essere certi che il fuoco sia ben alimentato, che scaldi? E cosa dobbiamo fare *poi,* per tenerlo vivo?

Sbagliando, esplorando, reinventando, dopo trent'anni di storia della Scuola possiamo dire di avere ormai un'idea abbastanza precisa di quel che può abitare *dietro* e *dentro* le parole che scriviamo. Di che cosa si tratta?

Intanto, l'abbiamo detto, di una certa postura: un certo modo di stare al mondo, di guardarlo, di viverlo, di farne parte. E persino della voglia di cambiarlo un po', quando facciamo incontrare l'idea giusta con la scrittura che merita. Perché la faccenda, in realtà, non è tanto imparare la tecnica, ma capire ciò che può rendere davvero necessario e naturale, solamente nostro, il gesto di scrivere. E lungo un percorso così, le tecniche smettono di essere semplici tecniche e diventano strumenti al servizio di qualcosa.

Nelle pagine di questo manuale abbiamo riunito le vie migliori, le strade che, ne siamo sicuri, porteranno te, lettrice o lettore, più vicino alla fiamma che nutre la tua scrittura.

Per questo stesso motivo, troverai anche una serie di esercizi da svolgere. Sono esercizi che, però, non hanno vere e proprie soluzioni.

Allora è una fregatura?

Neanche per sogno! È che quelli che incontrerai sono esperimenti di scrittura, e i risultati cambieranno a seconda di chi tiene la penna in mano. Dentro qualcuna delle soluzioni, la penna l'abbiamo tenuta noi: troverai dei piccoli racconti e degli spunti narrativi. Altre volte, ti abbiamo lasciato piena libertà per evitare di influenzarti, anche solo un pochino. In quel caso abbiamo usato la soluzione per aggiungere una riflessione, un aneddoto, un approfondimento sul tema. Tutte cose che servono a portarsi a casa un altro pezzetto di lezione!

Serve farli tutti? Sì, è una buona idea.

Nel discorso agli studenti del Kenyon College, Forster Wallace vuol dirci che la vera libertà sta nell'essere coscienti di come vediamo il mondo, delle cose a cui pensiamo, a cui prestiamo attenzione. Ecco, questo tipo di libertà si impara, si allena. Serve tempo, dedizione, amore.

Soltanto così, quando qualcuno, incontrandoti per strada, ti saluterà chiedendoti:

– 'giorno! Com'è oggi, il fuoco?

Tu saprai rispondere. Sentirai viva la fiamma che anima il tuo scrivere. E con lo sguardo robusto e felice di chi custodisce qualcosa di immenso, forse pronuncerai queste parole:

– Il fuoco brucia più che mai. E ha ancora fame.

1

Guardare

Scuola Holden con Marta Pastorino ed Eleonora Sottili

Immagina un cottage in stile inglese dalle parti di Stanford-le-Hope, un villaggio sulla foce del Tamigi. È di piccole dimensioni, ha i muri di mattoni coperti dalla trama dell'edera e, attorno, un piccolo steccato di legno. Lo abita un uomo ormai vicino ai quarant'anni – i capelli appena imbiancati e la barba scura che ancora resiste. Sta fumando alla finestra. Osserva.

Quell'uomo è Joseph Conrad e nella vita ha solcato i mari, ha raggiunto il Venezuela, ha visitato Sumatra e Costantinopoli, ha passato dodici giorni su una scialuppa in balia delle onde e si è salvato, ha ripreso a viaggiare, si è addentrato nelle foreste palustri del Congo, dove le piante crescono in un groviglio così fitto da rendere il sentiero buio e impraticabile. Dopo tutto questo, si è innamorato, si è sposato, si è infilato una comoda vestaglia da camera e ha deciso di trascorrere gran parte del suo tempo a guardare il paesaggio oltre i vetri del suo cottage.

«Come faccio a spiegare a mia moglie che quando guardo fuori dalla finestra sto lavorando?» si chiede spesso. Eppure è così. Immobile, lì di fronte, lui sta lavorando. Perché guardare è il primissimo impegno di chi racconta storie.

Molto bene, penserai tu, niente di più facile.

In realtà, guardare le cose *per davvero*, guardarle come avrebbe fatto Joseph Conrad, forse è un po' più complesso di quel che siamo abituati a credere. Soprattutto, è un'attività che non ha a che fare solamente con la vista, ma con tutti e cinque i sensi.

Flannery O'Connor, una scrittrice statunitense che su queste cose ha riflettuto a lungo, diceva che quando prendiamo la penna in mano abbiamo il brutto vizio di sopravvalutare i nostri pensieri. Siamo così preoccupati di trasmettere a chi legge un significato importante, un ragionamento sottile, un concetto complesso, che dimentichiamo ciò che è bello trovare in una storia: immagini ed emozioni. Così si finisce per mettere una dietro l'altra frasi *intensamente emotive* o *acutamente percettive*, che però danno vita a racconti piatti, a situazioni vuote e difficili da toccare con mano. Invece, le storie non sono fatte di concetti astratti, ma piuttosto di case, di strade, di personaggi che indossano vestiti e si pettinano i capelli, bevono tazze di caffè, si macchiano la camicia, si sbucciano un ginocchio, si baciano sulla bocca, piangono, ridono, si allacciano le scarpe, fanno acquisti al banco dei surgelati.

Sono corpi a tutti gli effetti, quelli che popolano la pagina di una storia. Non a caso si parla di *corpo* del testo, perché il testo è animato da personaggi in carne e ossa, esseri vivi e senzienti, sensibili, pensanti, attivi e reattivi. Corpi vibranti, ma su carta.

1. *Le cose visibili*

La narrativa, dunque, è sostanza concreta, vivente. Incontriamola subito, seguiamo un suggerimento di O'Connor e leggiamo qualche riga dal romanzo più celebre di Gustave Flaubert, *Madame Bovary*. La protagonista, Emma, sta suonando il pianoforte del salotto. Flaubert scrive:

> Lei batteva sui tasti con esattezza, e percorreva la tastiera da un'estremità all'altra senza interrompersi. Scosso in quel modo, il vecchio strumento tutto vibrante si faceva sentire sino in fondo al paese, se la finestra era aperta: più volte lo scrivano dell'usciere che passava per via, senza cappello e in pantofole, si fermava ad ascoltare con la sua intimazione in mano.

Leggere queste righe significa vedere le dita di Emma che percorrono senza posa i tasti del pianoforte, ascoltare le note dello strumento scosso, sentire le corde che vibrano. Non serve nemmeno che Flaubert ci racconti quanto la protagonista sia inquieta o appassionata, perché per capirlo ci basta la descrizione di come suona.

Dopodiché, come alzandoci in volo, Flaubert ci accompagna fuori dal salotto, facendoci planare sulla strada. Ed è sulla via principale che incontriamo lo scrivano dell'usciere: tra un attimo si fermerà, incantato, ad ascoltare la melodia di Emma.

Attenzione: in questa storia lo scrivano compare solo una volta, questa. Nelle restanti quattrocento pagine del romanzo non lo incontreremo più. E allora perché Flaubert si preoccupa di farci sapere che è a capo scoperto, che ha dei documenti ufficiali in mano e che ai piedi indossa un paio di pantofole?

Per un motivo semplice: se l'autore regala a un personaggio dei dettagli che lo contraddistinguono, riportandoli fedelmente su carta per come li immagina (se immagina con la generosità che serve), allora tu ce lo hai davanti, lo vedi bene. Non potresti scambiarlo per il panettiere o per il postino. È lo scrivano dell'usciere, ti sta di fronte, e se ti sta di fronte non puoi che credere nella sua esistenza.

Facciamo un esperimento, proviamo a togliere un po' di dettagli al personaggio e rendiamolo solo un uomo che passa di lì:

> Lei batteva sui tasti con esattezza, e percorreva la tastiera da un'estremità all'altra senza interrompersi. Scosso in quel modo, il vecchio strumento tutto vibrante si faceva sentire sino in fondo al paese, se la finestra era aperta: più volte un uomo che passava per via si fermava ad ascoltare.

Visto niente? Probabilmente no. La descrizione è troppo vaga, fai in tempo appena a leggerla e sparisce. L'uomo? Di che parlate? Io non ho visto nessuno.

Dunque, la prima domanda che è bene porsi quando si scrive non è «Sto riuscendo a trasmettere questo particolare concetto?» o «Nel testo emerge la tematica che ho scelto di affrontare?». Chiediti invece: «Quel che scrivo si riesce a *vedere*?».

La pagina è una finestra sul paesaggio.

Per renderla tale, devi dare fiducia ai tuoi sensi, tutti e cinque. E quando descriverai il divano dove ama sedersi la protagonista della tua storia, non ti limiterai a dire che è grande e blu e pieno di cuscini. Parlerai del fatto che è soffice, ma si indurisce leggermente verso il centro. Dirai che la punta del bracciolo di sinistra sa di gelsomino, perché l'odore del tè aromatizzato che ci è cascato sopra due anni fa non è mai andato via. Poi racconterai che cigola leggermente se ti siedi con troppa energia, e che la protagonista sgrida suo figlio ogni volta che lo scopre a mordicchiare l'angolo di un cuscino, ma che non riesce a impedirglielo: lui sostiene di poter ritrovare, in quel punto, l'esatta consistenza dei marshmallows.

Ma se ogni buona descrizione è densa di movimento, com'è possibile che provenga da un corpo – quello dello scrittore o della scrittrice – che quando pensa è del tutto immobile?

Perché si tratta di un corpo congelato, ma dalla mente in fiamme. Tanto che potremmo provare a definirla una questione di conservazione: la mente è così attiva che il corpo convoglia lì tutte le energie, in una sorta di letargo creativo. Ma se chi è assorto a osservare il mondo oltre la finestra volesse dare emissione fisica alla sua voce interiore, decidendo di raccogliere le parole che frullano in testa e metterle su carta seguendo un ordine preciso e una certa idea bellezza, quelle parole potrebbero essere una prima versione di qualcosa che conosci bene: un libro; che un giorno non molto lontano, qualcun altro (forse tu) potrebbe a sua volta gustare nella propria mente, leggendolo in poltrona, in una situazione altrettanto immobile, ma allo stesso tempo piena di trasporto emotivo, e pathos.

Eh sì, anche durante la lettura il corpo sembra distante. Eppure, leggere nella mente un buon romanzo ha una componente corporea da non sottovalutare. Per esempio, se il lettore viene in interrotto a poche pagine dalla fine (e vale lo stesso per uno spettatore incantato al cinema) potrebbe saltare in piedi sulla sedia e pretendere, nel pieno delle sue capacità fisiche, di ritornare in quel luogo dell'immaginazione in cui il libro lo aveva portato. Vorrà concludere la sua esperienza, con la soddisfazione che questo gesto merita. E perfino chi guarda il mondo oltre la finestra a volte improvvisamente piange, o ride, o si spaventa, proprio come succede quando scriviamo. E dunque, la vita che in realtà non è mai rimasta ferma, si rivela improvvisamente in una lacrima, in una risata, in un balzo.

Il corpo è vivo, adesso lo sentiamo.

Quando si legge o quando si scrive, o meglio, quando si *immagina*, l'immobilità corporea è soltanto un'illusione, perché non stiamo certo riposando. Stiamo invece passando dalla realtà fisica a quella immaginaria: un bel salto! Ed è per questo che, una volta tornati indietro potremmo sentirci svuotati, stanchi, spossati, infreddoliti, affamati, oppure pieni e soddisfatti; o ancora incompleti, addirittura frustrati nel caso in cui il processo non fosse giunto a compimento. Forse, dopo essere rimasto seduto per ore, quando Joseph Conrad si alzava dalla poltrona a volte lamentava anche una certa stanchezza (e poi la sentivi, la moglie).

Immaginiamo dunque di essere in questa situazione: abbiamo passato ore immersi nei nostri pensieri, ma non abbiamo cavato un ragno dal buco, nessuna buona idea. Che cosa possiamo fare?

Sicuramente, la scelta peggiore è incaponirsi: rimanere sulla poltrona o di fronte alla pagina vuota, insistere, colpevolizzarsi.

Una buona abitudine, in questi casi, è invece alzarsi e occupare il corpo in qualcos'altro. Andare a trovare un'amica, fare una passeggiata, stendere i panni ai fili sul balcone, addormentarsi per lasciare strada al sogno... sono tutte attività che potrebbero rivelarsi non soltanto utili, ma del tutto inerenti al gesto dello scrivere. È proprio in quell'azione apparentemente lontana dal cursore lampeggiante sul foglio bianco, potrebbe succedere qualcosa di molto interessante. Ecco che, tra un panno e l'altro o guardando le acque agitate del fiume, magari nasce l'intuizione, arriva la frase o l'immagine che ti mancava.

Quindi, dirai, allora vale tutto? Come faccio a sapere quando succede? Quand'è il momento giusto per scrivere e quello per non farlo?

Nel cercare la risposta a queste domande sta il senso delle prossime pagine, ovvero: imparare a osservare il mondo attraverso il proprio corpo.

Come? Rendendolo sensibile, aprendo i canali percettivi. Vediamo come si fa.

E ADESSO SCRIVI

1. La nemica numero uno del tuo sguardo creativo è l'abitudine. Ecco qui un buffo modo per fregarla: scambiare i sensi. Avanti, annusa un quadro, guarda a lungo la metà di una zucchina, succhia una matita, ascolta l'acqua del lavandino, accarezza un pacchetto di cracker. E non dimenticare di prendere appunti!

Soluzione: Può essere che accarezzare un pacchetto di cracker non ti abbia lasciato molto, ma com'è andata con le zucchine? Forse non avevi mai fatto caso a quei meravigliosi ghirigori barocchi nascosti nella polpa. E che ne dici del gusto legnoso di quella matita? Magari ha ricordato i tempi della scuola, esattamente il momento in cui sudavi freddo di fronte alla verifica di storia, e smozzicavi tutto quel che avevi a tiro. E se il personaggio di una delle tue storie fosse un giorno un ragazzino delle medie? Ecco, potrai pescare da questo archivio.

2. Com'è che si dice? Battere il chiodo finché è caldo. Ottimo, allora descrivi il tuo piatto preferito senza usare né gusto né olfatto.

Soluzione: Una parmigiana di melanzane croccante, con la mozzarella fusa che s'allunga a ogni forchettata? Una torta fragrante ricoperta di crema pasticcera dorata? Un bel piatto di gnocchi morbidi, con le briciole scure del tartufo sbriciolato con cura?

La vista per descrivere un paesaggio, il gusto per descrivere un piatto, l'olfatto per descrivere un odore, il tatto per descrivere una consistenza, l'udito per descrivere un suono. A volte pensiamo che a ogni descrizione corrisponda un senso principale, ma questo non è sempre esatto. È l'abitudine che ci frega. Perciò, coraggio, rompi le regole!

3. Immagina di frugare nel cestino della spazzatura della casa di fronte alla tua. Trovi una bottiglia di vino vuota, trucioli di matite colorate, gli avanzi del riso alla cantonese, i cocci di un vaso rotto, una palla di peli di gatto, una mappa di Torino. Che cosa ha fatto la tua vicina, ieri sera?

Soluzione: La tua vicina era sul divano, stava pettinando il gatto, quando riceve una telefonata dal fidanzato: il viaggio a Torino salta, hanno cancellato il volo. Allora va su tutte le furie, rompe perfino un vaso! Il fidanzato si dispiace e si precipita a casa sua con una bottiglia di vino e una busta piena di cibo cinese. E un bel quaderno di mandala: va bene tutto, ma la vicina deve imparare a stare calma.

Oppure, così: mentre colora i mandala con le matite, la vicina ascolta la radio. Dopo un pezzo degli U2 partono i risultati delle estrazioni del superenalotto: scopre di aver vinto duecento mila euro. Fa un bel salto, rompe un vaso, ma non le importa niente. Anzi, ordina un bel po' di cibo cinese e stappa la migliore bottiglia che ha in casa. Poi butta via la mappa di Torino: altroché, quest'anno le vacanze si fanno alle Bahamas! Affonda sul divano e poi si mette a pettinare il gatto: alle Bahamas ci porta anche lui.

Oppure, e ancora, e anche. Le soluzioni sono moltissime! Perché gli elementi della realtà sono tutti spunti per moltiplicare questa stessa realtà.

4. Scegli una scena dal tuo film preferito e racconta i movimenti di camera del regista. Non importa se non sai bene come fare, questo non è un esercizio tecnico.

Segna le cose che noti: quando la macchina si avvicina o si allontana, se l'inquadratura è dal basso o dall'alto, se i movimenti si accordano con la vicenda e con le emozioni dei personaggi, quali sono i colori predominanti e come ti fanno sentire. Sii gli occhi del regista.

Soluzione: È il tuo film preferito, credevi di conoscerlo a memoria. Invece, di quanti nuovi dettagli ti sei accorto? È inutile credere il contrario: finché non cambieremo punto di vista, vedremo sempre la stessa porzione di realtà. Inoltre, un trucco è questo: puoi servirti del linguaggio del cinema anche per scrivere delle storie che abitano sulla carta. Anche in letteratura, infatti, si può parlare di inquadratura e di montaggio. Quello dello sguardo è un terreno comune!

5. Fai una lista di dieci momenti in cui un libro ti ha suscitato una reazione fisica: una lacrima, una risata, un salto sulla sedia per il terrore! Scrivi il nome dell'autore o dell'autrice, il titolo del testo, il punto della storia che ha causato la tua reazione, dov'eri mentre la leggevi e come ti sei sentita dopo.

Soluzione: È difficile da credere, ma una sola frase scritta su una pagina può innescare in noi le reazioni più disparate. Che si tratti di gesti impercettibili come un mezzo sorriso, un assenso della testa (o uno sbadiglio!); che siano invece le grasse risate di fronte a *La Gang del pensiero* di Tibor Fisher o un pianto incontrollato sull'ultima riga di *Domingo il favoloso* di Giovanni Arpino, i libri si relazionano sempre con la nostra fisicità. E forse è anche a questo che deve puntare chi scrive: suscitare nel lettore delle reazioni fisiche.

2. *Una mosca*

È prima di tutto una questione di presenza. Si tratta di essere consapevoli dello spazio che abitiamo e di come lo abitiamo, e di sapere che siamo sempre in compagnia, anche quando ci troviamo da soli in una stanza.

No, questo non è l'incipit di una storia di fantasmi, è invece una dichiarazione piuttosto concreta, che riguarda la realtà fisica: non siamo da soli perché attorno a noi esiste un universo di dettagli. E li possiamo sempre vedere, anche adesso. Sono la crepa sul muro, l'ombra sul pavimento, la polvere, un capello caduto, un insetto. Prendiamo in esempio un insetto preciso: una mosca. Una mosca di cui, grazie allo scrittore austrico Robert Musil, sappiamo precisamente la data di morte.

La storia è questa. Robert Musil, che diventerà l'autore di uno dei più bei romanzi del Novecento, *L'uomo senza qualità*, ha trentacinque anni e si trova al fronte. Insieme ai suoi commilitoni aspetta. Forse il giorno dopo dovranno affrontare il nemico, o quello dopo ancora. Forse dovrà sparare e uccidere qualcuno, o forse sparerà qualcun altro e a morire sarà lui.

Una sera, sul suo diario, scrive:

> *Fine luglio* (1915): Una mosca muore: guerra mondiale [...]. Da una delle numerose carte moschicide che pendono dal soffitto è caduta una mosca. Giace sul dorso. In una pozza di luce sulla tovaglia cerata [...]. Fa sforzi per tirarsi su. Le sue sei zampette a volte si innalzano ripiegate in angoli aguzzi. Si fa più debole. Muore tutta sola. Un'altra mosca corre verso la prima e poi di nuovo via.

Eccola. Tornerà spesso nelle pagine dello scrittore. Nel racconto *Grigia*, prima di tutto, dove a vederla morire sulla tovaglia in una pozza di luce è Homo, cercatore d'oro nelle antiche miniere del Trentino.

Ricompare poi una decina di anni dopo in *L'uomo senza qualità*, dove Musil usa la condizione dell'insetto catturato dalla carta moschicida per raccontare come, con gli anni, l'essere umano finisca per lasciarsi imprigionare da una forma che non è più la sua, perdendo per sempre la giovinezza che invece possiede una specie di forza contraria, un'ardente serietà e incostanza.

Infine, la mosca torna nel racconto *La carta moschicida*. Questa volta, però, invece che essere una semplice comparsa, è diventata protagonista.

> La carta moschicida Tangle-foot è lunga all'incirca trentasei centimetri e larga ventuno; è spalmata di una materia viscosa tossica e gialla, e proviene dal Canada. Se una mosca vi si posa – non per avidità ma per conformismo, perché ve ne sono attaccate tante altre – resta presa dapprima per l'estrema falange ricurva di tutte le sue zampette.

L'incipit è fulminante e nello stesso tempo ci fa quasi sorridere, forse per via del nome, *Tangle-foot*: un groviglio di piedi, di gambe attorcigliate che in slang americano sta a indicare un whisky scadente, una roba che ti butta faccia a terra al secondo bicchiere; o magari è perché del foglio di carta moschicida Musil si preoccupa di darci persino le misure – volendo, potremmo calcolarci anche l'area.

Sembra che non voglia lasciare fuori neppure un particolare, che il suo sforzo sia proprio quello di restituirci un resoconto dettagliatissimo, minuzioso.

E più andiamo avanti a leggere (questo racconto è una lezione di scrittura, non bisogna lasciarselo scappare, si trova nelle *Pagine postume pubblicate in vita*), più ci sembra di diventare quella mosca e di restare appiccicati con lei su quel foglio di carta moschicida Tangle-foot trentasei per ventuno, che adesso non ci fa più tanto sorridere. Anche perché, attraverso la storia dell'insetto, Musil vuole parlarci dell'assurdità della morte. Di quella dei soldati in guerra, prima di tutto, e poi di quella di ogni uomo e donna che non capisce perché la morte accada; non la accetta, neppure sa perché tocchi proprio a lui o a lei, proprio adesso, che è così presto.

Chi legge si identifica con l'insetto perché Musil non fa che paragonare la sua condizione a quella dell'essere umano – l'operaio, il bambino, il fuggiasco. Ma non è tutto, perché Musil dà vita a un movimento percettivo legato allo sguardo: riga dopo riga, ci avvicina progressivamente all'insetto, ci mostra il capo peloso e bruno, le zampette invischiate, le giunture che si irrigidiscono. È uno zoom sempre più estremo, che arriva fino a qui:

> E solo da un lato del corpo, presso l'attaccatura della zampa, palpita un organo piccolissimo che vive ancora a lungo. Batte con regolarità – non lo si può vedere senza lente d'ingrandimento – simile a un minuscolo occhio umano che indefessamente si apre e si chiude.

È il cuore della mosca. Nelle righe finali del racconto Musil arriva a farcelo vedere. Ed è ancora vivo, batte. E dopo una lettura del genere, se una mosca ti ronzerà attorno, diventerà quasi impossibile non pensare al suo cuore.

Ma com'è successa questa magia? Chiaramente, lo scrittore non ha davvero sentito il battito cardiaco della mosca, ma ricordi la pagina di diario?

Ci piace immaginare Musil mentre rilegge quella descrizione, così vivida e precisa, e prova ad abitarla. Si pensa dentro un corpicino di insetto, muove le zampette, tutte e sei, prova le ali in un breve ronzio e poi vola, ma la meraviglia non dura perché seguendo il bisogno di avvicinarsi alle altre mosche riunite su quel pezzo di carta, viene catturato dalla colla: proprio come loro, soltanto all'ultimo momento si rende conto della trappola mortale.

Lo abbiamo visto, questa scena torna più volte nei testi di Musil. Succede perché lo scrittore sta facendo dei tentativi, vuole capire che cosa significhi morire come una mosca. E in effetti, leggendo queste righe, sembra esserci riuscito davvero.

E sai perché ne siamo così sicuri? Perché nel finale del racconto il cuore della mosca *batte ancora*. Musil è talmente dentro quel corpo che non riesce ad abbandonarlo. Sappiamo che quella mosca morirà, non c'è altra via d'uscita. Ma lui non poteva scriverlo sul serio, sarebbe stato terribile perché quella mosca era ormai, a tutti gli effetti, proprio lui. Siamo quindi di fronte a un'imitazione perfettamente riuscita.

Essere capaci di imitare è una delle abilità fondamentali di chi scrive, una di quelle abitudini che vale la pena di recuperare dalla nostra infanzia. Da bambini, infatti, eravamo in grado di imparare molto in fretta ciò che ci incuriosiva, e spesso imitavamo chi ci stava vicino, nel bene e nel male. Anche da adulti, però, entrare nei panni di qualcun altro può rivelarsi molto utile. È un'occasione per scoprire le infinite possibilità dell'arte della caratterizzazione di un personaggio, provando a sentire queste qualità nel nostro corpo, sulla nostra pelle.

Ma se imitare una persona, dalle sue caratteristiche esteriori a quelle interiori, ci può sembrare un esperimento fattibile, entrare nei panni di una mosca ci mette un po' più in difficoltà. E se ti dicessimo che è perfettamente fattibile? Già, proprio come lo è entrare nei panni di una foglia o di una goccia di pioggia, di una matita appuntita o di un coltello e perfino di una sfumatura di giallo. Questo ce lo insegna l'attore e mimo francese Jacques Lecoq, nel suo saggio *Il corpo poetico*. Il libro nasce con l'intento di fissare su carta la grande esperienza pedagogica che per molti anni il maestro ha attraversato con gli allievi, gli aspiranti attori e mimi, alla Scuola Internazionale di Teatro di Parigi. Tra quelle mura, ogni giorno, si è dedicato a tramandare un'arte nata molto prima della scuola, per esempio con Marcel Marceau, e che si fonda proprio nel corpo.

Il corpo sa cose che noi non sappiamo, e per scoprirle Lecoq ci invita a partire dal silenzio. Il potere più ampio dell'imitazione sta, infatti, nella pratica del mimo: nei gesti taciti che un corpo può allenarsi a compiere per dare vita alla rappresentazione di tutto ciò che lo circonda, compresa la natura, nell'idea che ogni sua manifestazione porta in sé un carattere. Questo vale per tutto, anche per quella sfumatura di giallo. Ogni idea, per quanto astratta, può divenire gesto concreto nel corpo muto di un mimo.

Come? Innanzitutto bisogna fare un passo indietro, cercando di mettere in pausa, per quanto possibile, i tratti distintivi della nostra identità e della nostra fisicità. Per aiutarsi, gli allievi di Lecoq si allenano indossando la maschera neutra, cioè una maschera inespressiva che annulla i tratti del volto dell'attore, eliminando insieme alla parola anche la mimica del viso. In questo modo l'espressività del corpo è tutto ciò che conta, e l'attore è costretto a entrare nella natura delle cose che mette in scena, fino a esserle.

Per esempio, pensiamo a un attore che mima il vento. Non si limiterà solo a riprodurre la struttura del movimento del vento, ma cercherà di afferrare e di restituire anche il sentimento che il vento custodisce: un'idea di libertà, di distruzione, di spericolatezza, di volo, di dolcezza che a volte si trasfigura in forza, addirittura in violenza, e così via, cercando di avvicinarsi sempre di più al cuore delle questione.

Avanti, prova tu: immagina di essere il mare. Abitalo in un'atmosfera, ma anche come elemento materno, simbolico, oppure nel suo aspetto più concretamente salato e ondoso, per descriverlo nelle sue caratteristiche fisiche. Poi traghettalo nel carattere di una giovane donna: un mare dentro, non solo fuori.

Ci sei riuscito? Lo *vedi*?

Giocare al gioco del mimo, in modo leggero ma rigoroso come giocano i bambini, ci può sostenere durante lo studio un personaggio, di un luogo, di un'epoca, perfino di un tempo atmosferico. Tutto ciò che dobbiamo sempre tenere a mente facendolo è che imitare, per il mimo, non vuol dire solo ripetere o copiare un gesto, ma *essere* ciò a cui il gesto appartiene.

Così una pioggia non sarà mai solo una pioggia, proprio come un cane, se attraversa la strada in una scena, non sarà soltanto un cane. Tutto contribuisce a esprimere il sentimento della situazione di cui scrivi, a fungere, per dirla con T.S. Eliot, da *correlativo oggettivo*.

Ma come facciamo a collezionare abbastanza elementi da imitare?

E ADESSO SCRIVI

6. Immagina di essere un insetto, scegli tu che tipo di insetto, e racconta il contenuto del tuo frigo dal suo punto di vista. Se scegli un insetto che può volare, avrai anche delle visioni aeree, se si arrampica dovrai soprattutto raccontare al tuo lettore la sensazione delle diverse superfici che attraversa. Prendi spunto dallo scarafaggio di Kafka e dalla mosca di Musil. Oppure, per qualche suggestione in più e recupera *Microcosmos*, un bellissimo documentario di Claude Nuridsany e Marie Perennou.

Soluzione: Pomodori come montagne e palazzi a forma di cartone del latte? Oppure il desolato e gelido Antartide? Qualunque cosa abbia visto l'insetto che si è intrufolato nel tuo frigo, quel che hai capito è probabilmente questo: cambiare sguardo vuol dire cambiare mondo.

7. Sul serio? Da adesso puoi sentire i pensieri degli animali? Forza, fai una passeggiata e trascrivi il dialogo tra quei due cani!

Soluzione: Va bene, non era vero. Non puoi sentire i pensieri degli animali. Eppure, il dialogo l'hai scritto lo stesso, no? Per creare un discorso è sufficiente notare il modo in cui gli interlocutori si comportano, anche se questi sono due cani. Perché la regola vale per qualsiasi essere vivente sia coinvolto in un processo di comunicazione. I segnali che mandiamo sono molti di più di quelli che siamo abituati a considerare.

8. Descrivi il silenzio.

Soluzione: Questa era difficile. Eppure, siamo certi che qualcosa sia venuto fuori: una parola, una frase, un'onomatopea, un momento di raccoglimento e attenzione che non ti concedi così spesso. Perché per allenarsi a guardare davvero, serve proprio questo: fermarsi e preparare i sensi, anche quando sembra che non ci sia nulla da percepire.

Sembra, infatti. Perché la difficoltà dell'esercizio stava qui: a meno che tu non sia in una camera anecoica, non avrai potuto descrivere il silenzio per davvero. Ovunque ti trovi, un rumore di sottofondo esisterà sempre: un'auto che passa lontana, il vento, un insetto che ronza. Ascolta: è lì per te.

9. Crea l'identikit di un personaggio nei minimi dettagli. Dalle caratteristiche fisiche: altezza, corporatura, colore degli occhi, dei capelli, della pelle; decidi se ha la barba, i baffi o è rasato, scegli una capigliatura. Poi concentrati sul modo in cui si muove nello spazio: ciondola? Sta dritto con la schiena? Perde spesso l'equilibrio? Cammina veloce o lento?

Inoltre, chiediti se ha dei tic, se sorride molto, se è un tipo che si commuove o che caccia tutte le emozioni dentro se stesso. Quindi, concentrati su questa parte emotiva: c'è un sentimento che sperimenta sovente? E qual è il suo carattere? Pregi e difetti? Inventati anche la sua storia, le sue passioni, il rapporto con suoi amici e con la sua famiglia. E dov'è che vive?

Le domande che puoi farti sono moltissime, cerca di esaurirle tutte, finché non sarai certo di avere un'ottima conoscenza del tuo personaggio. E, alla fine, dagli anche un nome e un cognome. Adesso, per un'ora della tua vita, entra completamente nei suoi panni. Comportati e reagisci come farebbe lui – e magari, prima di iniziare, avverti i tuoi cari che stai solo facendo un esercizio.

Soluzione: Considerare la scrittura come una parte possibile del più ampio processo della narrazione, potrebbe tirare fuori in te la persona coraggiosa e disponibile a non bloccare, schiacciare o inibire il processo creativo.

Perciò tuffati nel tuo mondo narrativo senza paura. Il tuo corpo ne uscirà amplificato. Inoltre, avrai guadagnato una bella serie di personaggi reali, che hai messo alla prova proprio tu.

10. Fai parlare il primo oggetto che vedi di fronte a te, adesso. Cosa direbbe?

Soluzione: Forse il tuo spazzolino da denti ti ha chiesto di smetterla con le cipolle, e quel pennarello blu si sente un po' scarico – sì, le freddure erano valide. Qualsiasi oggetto tu abbia fatto parlare, ti avrà prestato il suo punto di vista. E sarà stato divertente stare un po' nei suoi panni, scoprire come cambia il significato della realtà a seconda della prospettiva attraverso cui lo guardi.

Inoltre, a volte crediamo di essere gli unici soggetti in un mondo di oggetti. Scrivere, invece, vuol dire rendere soggetto anche tutto il resto degli elementi del mondo: lasciarli parlare, liberando la loro forza narrativa. È un gesto potentissimo, di cui non dimenticarsi mai.

3. Un buon paio di scarpe

Ci hai fatto caso? Gran parte delle scrittrici e degli scrittori camminano moltissimo. Se leggi i loro diari, scopri che dedicano le giornate a passeggiare, poco importa se in mezzo alla natura o in città, quel che conta è macinare chilometri. O miglia, come nel caso di Robert Louis Stevenson e l'inseparabile mula Modestine – insieme, nel 1878, quei due coprono centoventi miglia in dodici giorni: da Monastier-sur-Gazeille a Saint-Jean-du-Gard.

Camminano anche Henry David Thoreau e Hermann Hesse, che sulla faccenda ci scrivono anche un libro, come del resto Robert Walser o Haruki Murakami, che addirittura corre.

Ma uno dei più grandi camminatori fu Jean-Jacques Rousseau, che a sedici anni lascia Ginevra e comincia una lunga scarpinata tra la Savoia, la Svizzera e il Delfinato. Darà vita a un libro intitolato *Fantasticherie del passeggiatore solitario*, dove scrive:

> Mai ho pensato tanto, sono esistito tanto, ho vissuto tanto, mai sono stato tanto me stesso, se così posso dire, come nei viaggi che ho fatto da solo e a piedi.

Perché quando cammini la testa si mette in moto insieme ai piedi, e attraverso il corpo ti riappropri delle tue sensazioni. Torni a *guardare,* a percepire il mondo tutto attorno. E basta fare un giro per il quartiere, non c'è bisogno di andare lontano. Ovunque tu sia, fai attenzione a ciò che vedi: magari scoprirai che la tua vicina ha steso sul suo terrazzo un lenzuolo rosso. E perché lo avrà fatto? Forse perché è giorno di bucato e lei ha messo in lavatrice i colorati, niente di più, o magari quel lenzuolo è un segnale, un messaggio in codice per l'inquilino del palazzo di fronte: si stanno mettendo d'accordo, hanno una storia d'amore ed è così che lei gli dice che il marito è andato via e che lui la può raggiungere.

Oppure, al tavolino del bar sotto casa, incontrerai un uomo che non avevi mai visto, sta fumando una sigaretta dietro l'altra e da un po' guarda il portone del tuo palazzo. Cosa ci fa lì? Sta aspettando la persona per cui ha perso la testa? O invece è un poliziotto in borghese? O ancora un investigatore privato che sta spiando qualcuno? O piuttosto si tratta di un ladro che sta meditando un colpo nell'appartamento della vedova del quinto pianto, che quando esce di casa indossa sempre un'infinità di gioielli?

E cosa c'è scritto su quel bigliettino tutto sporco dimenticato a terra, lì sulle strisce pedonali?

E ricordi che proprio poco fa, quasi in automatico e rientrando a casa dopo questa passeggiata, c'era l'ombra di un passante riflessa nella pozzanghera e tu ci sei passato sopra con le scarpe, senza notarla? Oppure l'hai notata e adesso vuoi usarla dentro un racconto, cambiando l'epoca, la destinazione d'uso o il luogo in cui l'ombra appare.

«La fate facile voi», potresti dire, «a volte esco di casa e non succede proprio nulla.» E avresti ragione, in effetti. Ma capita spesso che il nulla sia proprio ciò di cui abbiamo bisogno.

A raccontarlo bene è stato Henry Miller, uno scrittore e un reporter americano, bravissimo nel suo mestiere perché tutte le volte che usciva di casa era talmente attento al mondo che niente per lui risultava insignificante. Si sentiva come un immenso occhio con le gambe, non poteva fare altro che guardare e guardare.

> Dal momento in cui si osserva con attenzione una qualsiasi cosa, spesso un semplice filo d'erba, tutto diventa un mondo a sé, misterioso, imponente, indicibilmente ingrandito. Quasi un mondo «irriconoscibile». Lo scrittore sta all'agguato di questi istanti unici. Come una bestia da preda, si getta sul suo piccolo grano di nulla.

L'istante unico di cui parla Miller è quello in cui riusciamo a mettere da parte tutto ciò che abbiamo già imparato sulle cose, e le guardiamo per come esistono in sé stesse, nel presente, ritrovandoci a osservare con cura l'ombra di un fiore o a scrutare il tremolio luminoso di un lampione. Ed è vero, da fuori potremmo risultare un po' matti, o forse dei fannulloni che non hanno altro da fare che mettersi a fissare il nulla, eppure, se abbiamo dalla nostra le parole per descriverlo, ogni grano di nulla è preziosissimo. Puoi moltiplicarlo per creare interi universi narrativi. È un gesto così potente che viene da pensare a Sant'Agostino, quando nelle *Confessioni* racconta la creazione secondo i cristiani: Dio crea il mondo dal nulla attraverso il *logos* – un termine del greco antico che vuol dire «discorso», «parola».

Il mondo esiste perché è stato pronunciato, descritto. Dunque, non importa se quello che vedi non ti sembra subito interessante, quel che devi fare è soltanto provare a dirlo con le tue parole, attraverso il tuo sguardo: da quel momento esisterà in un altro modo, che è soltanto tuo.

Va bene, adesso però non montiamoci la testa. Ogni narratore torna con i piedi per terra, nella ricchezza della realtà quotidiana, senza però dimenticare quanto potere creativo riesce a sprigionare il nulla quando viene raccontato.

E ADESSO SCRIVI

11. Raggiungi il parco della tua città o il boschetto vicino al tuo paese. Senza documentarti prima, cerca di identificare il maggior numero di alberi e piante, di animali: segna su un taccuino tutto ciò che vedi. Poi immagina di trasformare quel luogo in un'immensa foresta, e scrivi un racconto avventuroso in cui un personaggio deve affrontare un'infinità di pericoli per adempiere a un grande destino.

Puoi utilizzare i dati sulla fauna e sulla flora così come li hai scritti, oppure puoi modificarli dandogli nuovi nomi, proprietà benefiche e terribili, scatenando tutta la tua fantasia.

Soluzione: Sai che Emilio Salgari non si è mai mosso da Torino? Però faceva lunghe passeggiate sul Lungo Po. In inverno il fiume era gonfio d'acqua, in estate invece si seccava e apparivano sulla sua superficie larghe macchie di alghe filamentose. C'erano trampolieri, gabbiani e anatre, c'erano cormorani che si tuffavano in un punto per riemergere a molti metri di distanza con un pesce in bocca. E c'erano scoiattoli e forse volpi. Alla fine di queste passeggiate o magari già mentre camminava tra i cespugli, Salgari immaginava di essersi inoltrato in una foresta equatoriale. Non era più a Torino, ma in

Malesia, c'erano tigri e pirati da affrontare, oceani e vascelli e tesori. C'erano dei meravigliosi libri di avventura: i suoi!

12. Ascolta tre suoni diversi. Dopodiché, dimentica da dove provengono. Descrivili facendo finta di non avere idea di quale sia la fonte.

Soluzione: Il motore di un'auto in partenza si trasforma in un gigante che russa, magari è Polifemo e i tuoi personaggi sono dentro l'*Odissea*. Oppure un tuono è diventato un grosso mobile trascinato sul pavimento del piano di sopra: che cosa stanno facendo, di nuovo, i vicini?

Questo è uno di quegli esercizi utili a rompere l'abitudine. Se pensiamo che ogni effetto derivi sempre dalla stessa causa, finiamo di farci domande. E le domande sono fondamentali per chi scrive, soprattutto quando scopri che le risposte possono essere molto diverse da quelle che ti aspettavi.

13. Cammina al tuo ritmo normale. Stabiliamo che questa è una velocità di base, diamole valore 4. Adesso, prova a seguire queste indicazioni di ritmo, vai in ordine:

- Cammina a velocità 5; 6; 7;
- Cammina a velocità 5;
- Cammina a velocità 3; 2; 1;
- Cammina a velocità 4;
- Cammina a velocità 7; 8; 9; 10;
- Cammina a velocità 5;
- Cammina a velocità 3; 2; 1;
- Fermati.

Ora fai la stessa cosa, ma scrivendo. Crea una trama ispirata a questi movimenti: prima un bel climax ascendente, poi si torna alla situazione iniziale, finché la situazione precipita in un climax discendente, piano piano risale, e poi le cose iniziano a migliorare una dopo l'altra, molto velocemente finché qualcosa non riporta tutto alla situazione iniziale. Quindi si chiude con un climax discendente.

Soluzione: Prima di passare alla pagina, il corpo può aiutarci a lavorare sulla gradualità e sul ritmo.

Non facciamo l'errore di pensare che la scrittura riguardi soltanto il momento in cui mettiamo una parola dietro l'altra sulla pagina. Come avrai ormai capito, questa è solo una parte del mestiere.

14. Fai una lista di cose che potrebbero accadere nel mondo in un secondo. Poi rileggila. Com'è cambiata la tua percezione di questa minuscola unità di tempo?

Soluzione: Un terremoto, un bacio, un fulmine, uno starnuto, un sì, un no, un morto, un vaso rotto, una risata, un tradimento, una nascita. Quante cose possono succedere in un secondo? Di solito non ci pensiamo – e come potremmo? Vivere sarebbe impossibile. Eppure, quando vogliamo scrivere qualcosa possiamo esercitarci a dilatare certi istanti di tempo per riuscire a guardarli meglio e capire se contengono qualcosa che può interessarci e ispirarci. Usa i tuoi superpoteri!

15. Scegli un quadro, quello che preferisci. Osservalo e poi descrivi cosa sta capitando al di là della cornice. Qual è la scena che non si vede?

Soluzione: Gli scrittori e le scrittrici hanno questo potere magico: rendere visibile l'invisibile. Come? Seguendo le tracce che l'invisibile lascia sul terreno del reale. Così, se il quadro che hai scelto raffigura un paesaggio naturale, tu avrai seguito quel piccolo sentiero oltre la cornice e magari avrai trovato un villaggio. Se era un quadro astratto ti sarai perso insieme alle linee e ai colori, in un universo metafisico che ti avrà posto una domanda. Oppure oltre il quadro avrai trovato soltanto un'altra parete, ma avrai scoperto che non è quella di casa tua, ma del palazzo diroccato di un vecchio nobile decaduto, che del quadro che hai scelto ha proprio la versione originale e la tiene lì appesa, coperta dalle ragnatele. E così via, perché ogni limite è illusorio.

4. *Spolverare*

Se pensiamo a Lev Tolstoj e alla sua vita, ecco che lo immaginiamo su un treno – Tolstoj adorava i treni – mentre attraversa la grande Russia coperta di neve; oppure lo vediamo nella sua tenuta di campagna, appeso alla sbarra che compie i suoi esercizi di ginnastica mattutina: Tolstoj teneva moltissimo alla propria forma fisica. O ancora ci viene in mente in bicicletta – pare che nel 1895 la Società dei ciclisti di Mosca gli regalò una splendida Rover con cui scorrazzava nella steppa; e possiamo persino figurarcelo mentre affronta le sfuriate della moglie Sofja, perché a scorrazzare fino a tardi nella steppa a 67 anni poi la gente si preoccupa. Tuttavia, mai ci verrebbe in mente di immaginare Tolstoj mentre fa le pulizie. Eppure, ecco una chicca. Nel suo saggio *I russi sono matti*, Paolo Nori raccoglie una scena accaduta davvero, e ce la restituisce: Tolstoj con lo straccio in mano, sta spolverando la sua camera. Quando arriva di fronte al divano, però, si ferma, ha un dubbio: l'ha già spolverato, oppure no? E più si impegna, più ricordarselo gli sembra impossibile. Tutto quel che riesce a pensare è che se la vita di tanti uomini e donne, seppur così complessa, riesce a scorrere in maniera inconsapevole, è proprio «come se non ci fosse stata». Ed eccolo, lapidario e definitivo: se non stiamo attenti alla nostra vita è come se la nostra vita non esistesse. E se non stiamo attenti a noi stessi è come se, alla fine, anche noi non ci fossimo davvero.

Ma cosa significa in questo caso non esserci?

Vuol dire non essere in contatto con la nostra percezione, con i nostri sensi. Quante volte sei così impegnato a pensare, o peggio a rimuginare, che dimentichi cosa c'è intorno a te? Tutti i giorni fai la stessa strada per tornare a casa e se qualcuno ti domanda se lungo il percorso ci siano marciapiedi alti o bassi, negozi di cartoleria o ferramenta, palazzi o giardini, dai informazioni vaghe, non sai bene cosa rispondere. Così sfuma ogni stupore, la bellezza si smarrisce.

Eppure, lo sai già, se soltanto ti fermi a osservare con attenzione, la vita si riempie subito di storie e personaggi. Per non parlare di te stesso! Anche la tua è una storia interessante, anche tu sei a tutti gli effetti un personaggio.

Pensa ai posti in cui sei stato, gli eventi dolorosi o pieni di gioia che hai attraversato, le emozioni che hai provato, le cose che hai detto e che hai desiderato. Oppure, facciamola più semplice: sai quanto dice di te il contenuto dei tuoi cassetti, della tua borsa, delle tue tasche? Pensa a quanto della tua personalità può emergere dal colore dei tuoi calzini: coloratissimi o tutti neri? Oppure a quel che raccontano le fotografie nascoste dentro il tuo portafoglio, le monete straniere che conservi dai viaggi passati. E in tasca hai un fazzoletto? Una caramella? Un accendino? E vogliamo parlare di che cosa c'è dentro il tuo frigo? Perché, ce l'hai un frigo, no? Oppure adesso sei in hotel e mangi al ristorante, o magari sei in campeggio ad arrovellarti su come cucinare quella latta di lenticchie senza l'apriscatole che hai dimenticato a casa? E perché sei lì, come mai sei partito? Sei in vacanza o scappi da qualcosa?

Forse adesso stai sorridendo, persino scuotendo la testa, ma la verità è questa: la tua vita può essere un racconto meraviglioso. E allora accorgiti di te, nota i tuoi gesti, il modo in cui muovi le mani quando parli, il modo in cui sorridi. Lo sapresti descrivere? Sapresti descrivere il tuo viso, adesso, a memoria, senza sbirciare allo specchio?

Non importa cosa sei abituato a fare. L'abitudine è la peggiore nemica della vita, come ci ha detto poco fa Tolstoj. Da adesso in poi, accendi l'attenzione su te stesso, mostrati interesse. Guardati. Guardare è un atto di amore.

Una precisazione, Tolstoj, con permesso: siamo abbastanza certi che sarebbe d'accordo se ora decidessimo di fare una distinzione tra il grigiore dell'abitudine e la pura, purissima noia.

Nel primo caso si tratta di ripetere automaticamente dei gesti, senza essere presenti a noi stessi; nel secondo caso, invece, siamo di fronte a una preziosa opportunità, quella di approfittare del vuoto per lasciar correre i pensieri, perché le idee si risveglino, si stiracchiano e prendano vita. E ci vuole tempo per risvegliare le idee, non arrivano subito, bisogna annoiarsi un po'. L'importante è non perdersi d'animo. Altrimenti ciò che butteremo sulla pagina sentirà l'influenza della nostra frustrazione, della nostra rabbia, della nostra insoddisfazione, della nostra tristezza. E finiremo per scrivere qualcosa che non ci piace.

Un momento! A meno che l'idea sia quella di descrivere proprio un personaggio frustrato, arrabbiato, insoddisfatto o triste. Allora ci guarderemo dentro e andremo a cercare esattamente quei sentimenti, riportando alla memoria le situazioni che li hanno scatenati, cercando di richiamare ogni dettaglio per utilizzarlo dentro la nostra storia.

Le emozioni che proviamo sono come quel paio d'occhiali da cui guardiamo la realtà. Se sono scuri verrà fuori un mondo cupo, se le lenti saranno sporche allora risulterà confuso, se invece sono pulite allora raggiungeremo il mondo nella sua bellezza più autentica. È come quando ci svegliamo al mattino con il piede giusto, o con il piede sbagliato: la stessa giornata può avere significati del tutto opposti, perché cambia la narrazione che ne facciamo.

È così: il nostro mondo interiore agisce sul nostro sguardo. Anzi, possiamo dire che il nostro mondo interiore *è* il nostro sguardo.

C'è un bellissimo racconto di Tobias Wolff che si intitola *La pallottola nel cervello*.

Un uomo, Anders, va in banca; è quasi l'ora della chiusura e i cassieri sono piuttosto lenti, parlano tra loro, non si preoccupano più di tanto della clientela, al punto che davanti agli sportelli si è formata una lunghissima fila. E nella fila serpeggiano le prime lamentele, due signore in particolare si voltano verso Anders per criticare una delle dipendenti che invece di fare il suo lavoro si è messa a chiacchierare.

Non c'è da stupirsi, sono cose che capitano continuamente, Wolff ci racconta una situazione quotidiana. La sola cosa che, leggendo, ci salta all'occhio è il carattere aspro del protagonista, di Anders. Fin dalle prime righe, l'autore ce lo descrive come un critico letterario famoso per la sua *noncurante ferocia*, e di questo tratto ce ne accorgiamo presto. Quando le due donne gli si rivolgono per condividere il fastidio, la scontentezza nei riguardi dei dipendenti della banca, pur pensandola allo stesso modo lui inizia a prenderle in giro, a trattarle con sufficienza. Utilizzando un sarcasmo tagliente, le canzona elencando una serie di tragiche ingiustizie che capitano nel mondo: operazioni chirurgiche andate male, bombardamenti, guerre... sportelli di banca chiusi.

Capiamo che la noncurante ferocia non riguarda solo le recensioni dei romanzi, dunque, ma si estende a ogni aspetto della sua esistenza. Anders è inevitabilmente un uomo cinico, distaccato, vagamente caustico. E quel giorno, come probabilmente tutti gli altri, non sembra importargli niente di ciò che ha intorno, se ne infischia della fila, delle due donnette, di quello che fanno o non fanno i cassieri.

È – ci dice Wolff – un uomo che non prova più alcun interesse per la vita, è annoiato, nel modo in cui spesso sono annoiati i personaggi dei racconti e dei romanzi.

Capita spesso, e per fortuna: senza la noia non esisterebbero molte delle nostre storie preferite. Alice sarebbe ancora nel giardino di casa sua, a sbadigliare di fianco alla sorella che legge un libro senza figure e senza dialoghi. E Ismaele? Sarebbe rimasto a Manhattan. E vogliamo parlare di Emma Bovary?

Nel momento che precede le loro avventure, i protagonisti delle storie sono come imprigionati in una certa apatia, in un certo tedio. Sono disattenti, languiscono, è come se non riuscissero più a percepire la meraviglia dell'esistenza.

E Anders non sembra sottrarsi a questa regola.

Tuttavia, se la storia rimanesse questa, avremmo solo incontrato un personaggio un po' antipatico che deve aspettare in fila il turno allo sportello. Ma nei racconti come nei romanzi, lo sappiamo, le cose tendono sempre a complicarsi.

E infatti dopo poco entrano nella banca dei rapinatori.

Passamontagna calati sul viso per non farsi riconoscere, pistole spianate, gergo da criminali, e un'intera banca che si paralizza, terrorizzata. Fra tutti, l'unico che resta impassibile è proprio Anders. Non solo sembra che l'entrata in scena dei malviventi non lo allarmi, ma lui si prende persino la briga di prenderli in giro, esattamente come ha fatto con le due donne in fila poco prima. Ma se le signore si sono limitate a reagire con sdegno, i rapinatori sono molto meno gentili e, soprattutto, hanno una pistola carica. E parafrasando Čechov, se nel primo atto di un dramma compare una pistola, prima della fine quella pistola dovrà sparare.

Infatti, quello che succede – siamo più o meno a metà del racconto – è che a un certo punto il rapinatore, vedendo Anders sghignazzare, gli si avvicina e lo minaccia. Ma minacciandolo sbaglia la pronuncia di un verbo. Anziché chiedergli «*Capisci?*», gli viene fuori un «*Capischi?*». Una cosa piccola, un errore. Anders, però, è un critico letterario famoso per la sua noncurante ferocia, quindi si mette a… sghignazzare. Proprio così. Non riesce a trattenersi e, ridendo della grossa, ripete ad alta voce: «*Capischi*», «*Capischi*».

La pistola a questo punto spara. Spara dritto in testa ad Anders.

Quando leggiamo questa scena del racconto ci rimaniamo malissimo. Non solo perché tutto accade molto velocemente e noi proprio non ce lo aspettavamo, ma anche perché da che mondo è mondo sparare così è una cosa che non si fa.

Quando Hitchcock presentò il soggetto di *Psycho* alla Paramount, la casa di produzione americana rifiutò di finanziare il film – e all'epoca Hitchcock aveva già girato film come *L'uomo che sapeva troppo*, *Rebecca - La prima moglie*, *Notorius* e *La finestra sul cortile*. Hitchcock era già famosissimo e affermato, insomma, e se la Paramount rifiuta è soprattutto perché nel soggetto, ad appena un terzo del film, Janet Leigh muore. Proprio lei, che fino a quel momento sembra essere il protagonista del film. Alla fine, per finanziarsi il film Alfred Hitchcock deve ipotecare la casa. Per fortuna, però, è una scommessa vinta. Con buona pace della Paramount, *Psycho* è il suo più grande successo commerciale.

Tutto questo per dire che, eccetto rari casi, far morire l'eroina o l'eroe a metà della storia è una di quelle cose che proprio non si devono fare. Non si uccide il protagonista perché per quanto sia antipatico, per quanto sia sgradevole, è pur sempre il nostro protagonista, è con lui che si identificano gli spettatori o i lettori. E anche qui, in *La pallottola nel cervello*, quando Anders muore siamo appena oltre la metà della storia, perciò ci domandiamo: se adesso il protagonista esce di scena – e con una pallottola nel cervello non è che si possa fare molto altro – che succede nel resto delle pagine?

Sorprendentemente, la scena rimane sua grazie a un cambio nella percezione del tempo – e dell'interiorità di Anders.

Nella maggior parte dei racconti ben riusciti, prima del finale l'eroe ha una profonda trasformazione. Capisce delle cose, muta il suo sguardo sulla realtà, cresce, diventa più consapevole. Lo stesso succede ad Anders. Se prima era distaccato, cinico, annoiato, ecco che adesso la sua attenzione si rinnova, è interessato alla vita. Anche se si tratta di una vita passata.

La pallottola, ci dice Wolff, innesca una crepitante catena di trasferimenti di ioni e neurotrasmissioni che trasporta Anders in un ricordo. Un ricordo lontano, della sua infanzia. È estate e Anders sta giocando in un campo da baseball, dove a un certo punto arriva un ragazzino che lui non ha mai visto e non rivedrà più dopo questa partita. Quando gli altri gli chiedono in che posizione vuole giocare, il ragazzino risponde interbase. Dice: «Interbase è la migliore posizione che ci sono». Fa un errore grammaticale – un altro: proprio come quello del rapinatore. È una frase sbagliata a cui però Anders non reagisce con la derisione, come succede in banca. Invece, assapora il suono di quell'errore inaspettato, che ha una musicalità tutta sua. Si rigira la frase in testa, la ripete perché è bellissima, speciale, e lo affascina.

Mentre Anders muore è questo che succede, il suo ricordo. Un ricordo che prende tutto il tempo e tutto lo spazio della dipartita. Anders abbandona il mondo gustandosi l'incanto di questo errore, di cui torna capace di cogliere tutta la bellezza e la sorpresa.

Ecco cosa ci dice Wolff con il suo meraviglioso racconto. Che non soltanto dobbiamo stare attenti alla realtà che abbiamo intorno, alla nostra quotidianità, al modo in cui dormiamo e a quel che abbiamo nella nostra borsa o nelle nostre tasche: dobbiamo guardare anche a quel che succede dentro di noi, ai nostri ricordi, alle nostre emozioni.

Se vogliamo scrivere bene – e se vogliamo vivere pienamente – dobbiamo sempre essere in contatto con la nostra interiorità: la nostra memoria, il nostro sentire, il nostro desiderare. E appena ci renderemo conto di quanta vita conteniamo, saremo così felici di esplorare ciò che abbiamo dentro che sarà facile scrollarci di dosso ogni noia.

E ADESSO SCRIVI

16. Nel 1986, la scrittrice francese Marguerite Yourcenar crea un libricino intitolato *I trentatré nomi di Dio*. Si tratta di trentadue brevi poesie e un disegno, che rappresentano la bellezza e la miseria degli esseri umani e del mondo che abitano. Per Yourcenar, l'insieme di tutto questo può essere considerato ciò che chiamiamo Dio: il pane, un'ape, il muso quieto del bue, il tocco della mano sulle cose, il silenzio fra due persone che si vogliono bene… la lista è lunga.

Prova, adesso, a scrivere anche la tua! Guardati attorno e nomina i trentatré nomi di Dio.

Soluzione: È una lista profondamente personale, può contenere qualsiasi cosa. Ma soprattutto è uno strumento prezioso per sapere qualcosa di più su chi sei, sul modo in cui guardi, sulla realtà che crei attraverso il tuo sguardo. Perciò rileggila, modificala nel tempo, allungala, condividila con gli altri.

17. Pensa al personaggio più cattivo che ti viene in mente. Può arrivare dalla letteratura o dal cinema, l'importante è che sia assolutamente imperdonabile. Adesso descrivilo brevemente, come se fossi sua madre.

Soluzione: «Eddai, il piccolo Freddie Krueger ha avuto un'infanzia devastante, io ho fatto il possibile... ma non è bastato. Tesoro della mamma, bisogna capirlo.»

È facile accorgersene: i nostri sentimenti rispetto alle cose che vediamo sono influenzati da ciò che pensiamo di queste stesse cose. Sono pregiudizi, convinzioni più o meno fondate, o semplicemente le conseguenze del rapporto specifico che abbiamo con una persona, un luogo, un oggetto, un'idea. Consideralo quando scrivi, cercando di trovare i punti di vista che su un tema, magari, ti mancano. Non per forza per cambiare posizione, ma per scegliere la prospettiva che ti è davvero vicina, anziché quella che ti è capitata. Perché il modo in cui vediamo il mondo esterno è profondamente influenzato dal modo in cui sentiamo il nostro mondo interno. Ti sarà capitato di fare una scenata per una piccolezza, solo perché quel giorno eri di cattivo umore. Oppure, ti sarà successo di prendere inaspettatamente bene una brutta notizia, solo perché quel giorno il tuo livello di autostima era particolarmente alto. O ancora, ci sono quei momenti in cui non ti piaci un granché, e quegli altri in cui senti di brillare di una bellezza mozzafiato. Eppure, tu sei sempre tu.

Quando guardiamo qualcosa, dobbiamo essere consapevoli ciò che vedremo non sarà solo il risultato meccanico dei nostri occhi che osservano un oggetto reale o della nostra mente che valuta un dato di fatto, ma si tratta anche di cosa dice il nostro cuore, di cosa in quell'istante ci preoccupa o ci rende felici.

E mentre scriviamo è bene considerare questo dialogo continuo tra dentro e fuori.

Serve a te, per riuscire a fare delle scelte lucide, mentre hai la penna in mano. E anche ai tuoi personaggi, al momento in cui prenderanno vita, agiranno, andranno nel mondo narrativo che hai costruito. Perché loro funzionano proprio come gli esseri umani reali: ciò che vivono dipende dal loro mondo interiore. E un bravo scrittore o una brava scrittrice è capace di mostrarlo.

18. E se fosse il mondo a guardare te, che cosa vedrebbe?

Descriviti da fuori, fingendo di non conoscerti: il modo in cui cammini, sorridi, i gesti che fai, i luoghi in cui ti fermi. Ricorda: non sai niente di te, tutto ciò che pensi, al massimo, lo devi indovinare.

Soluzione: Hai scelto una scena casalinga, o ti sei osservato in un luogo pubblico? Ti sei soffermato su una parte del tuo corpo, in particolare? Hai descritto la tua voce? Era una scena ambientata nel presente o nel passato?

In ognuno di questi casi, avrai notato che, ancora una volta, ciò che ha inizialmente guidato la tua osservazione sono i giudizi che hai su di te. Se hai fatto bene questo esercizio, però, a un certo punto ti sarai fermato. Uno a uno, hai provato a fermare la mente, per concentrarti esclusivamente sui dati di fato: delle dita lunghe, i capelli biondi, il seno piccolo, le gambe corte e storte, gli occhi azzurri, un sorriso che si mostra di fronte alle vetrine delle librerie e ai cuccioli di cane che zampettano per strada, una voce fina e spezzata quando parla di ciò che ama. E così avanti, in questo esperimento difficilissimo, che può raccontarti qualcosa di chi sei, al di là del tuo sguardo.

19. Che cosa stavi facendo, tu, mentre cadevano le Torri Gemelle? E mentre moriva la regina Elisabetta? E dov'eri quando l'Italia ha vinto i mondiali, nel 2006?

No, questo non è un interrogatorio. Serve a capire un'altra cosa: che per quante migliaia di persone possano aver assistito a un evento, possano averlo sfiorato, o mancato del tutto, la tua prospettiva su questo stesso evento resterà inedita. Perché il tuo sguardo è uno solo nel mondo, non ce n'è uno uguale. Ogni persona è unica, e vivrà ogni esperienza in maniera del tutto personale. Scegli un evento storico degli ultimi trent'anni e raccontalo dal tuo insostituibile punto di vista.

Soluzione: Che cosa insegna questo esercizio? Che per quanto sia stata raccontata più o meno ogni cosa, e sebbene quasi tutti i libri mai esistiti parlino fondamentalmente di due cose: amore e morte, noi possiamo continuare a scrivere lo stesso.

E a scrivere in modo originale. Perché non si tratta tanto dei contenuti di una storia, ma quanto del modo in cui ogni scrittore o scrittrice decide di raccontarli.

Anche se parla di amore o di morte, ogni libro ben fatto, ogni racconto che valga la pena di essere letto, contiene lo sguardo unico di un singolo individuo che, anche se il mondo è vecchio, è nato nuovo.

20. Pensa agli ultimi cinque anni della tua vita: concentrati sulle cose più e meno belle che ti sono capitate, riporta alla mente gli snodi fondamentali, se ce ne sono stati; torna sulle emozioni che hai provato, le parole che hai detto o ascoltato.

Ricorda le persone, i luoghi, gli oggetti. Poi, per ogni anno, scegli una canzone che lo rappresenti. Crea la tua playlist e ascoltala tutta in una volta.

Soluzione: È scappata una lacrimuccia? Non c'è da vergognarsi, anzi. È bellissimo se capita! Ci dimostra che spesso la musica non ha nulla da invidiare alle parole: è perfettamente in grado di raccontare una storia, anche la nostra.

E se alla playlist aggiungi un album di fotografie? L'assaggio della carbonara che preparavi con gli amici dell'università? Allora l'effetto è potenziato. Però, questa volta, un fazzoletto solo non basta.

5. Il senso del limite

È il 7 agosto 1974. Chi guarda in su vede il funambolo Philippe Petit mentre attraversa lo spazio tra le due Torri Gemelle del World Trade Center di New York. Posa i suoi passi sul cavo d'acciaio senza protezione e fa otto volte avanti e indietro, per 45 minuti.

È una mitologia che nasce in poco meno di un'ora: l'uomo che cammina nel cielo.

Un gesto di straordinario incanto e leggerezza, ma che è allo stesso tempo la somma di un'infinità di ore di preparazione atletica, il massimo della concentrazione e del vuoto della mente, una progettualità precisa e ardita, tra controllo e abbandono. In quell'istante, e nelle foto che lo ritraggono, non puoi distinguere cosa sia tecnica e cosa sia istinto, cosa talento e cosa coraggio. Il suo gesto è un tutt'uno.

È vero, leggendo il saggio che ha scritto, *Trattato di funambolismo*, si scoprono continue e ossessive descrizioni di pratiche ed esercizi, un'attenzione minuziosa ai materiali, al cavo, alle prove, eppure, ogni precauzione sarebbe quasi inutile senza la consapevolezza che lassù non ci sono compagni di viaggio, che il funambolo è solo, ed è davvero troppo occupato per avere paura della vertigine o per non averla, e allora si abbandona a quel disequilibrio. Oltre ogni accortezza di natura tecnica, è soltanto la capacità di stare nel presente in ogni singolo passo che determina la sua salvezza.

Andrea Loreni, funambolo italiano che viaggia su grandi altezze, dice esattamente così: per imparare il disequilibrio serve accettazione, la capacità di lasciarsi attraversare dal vento come da tutto ciò che nella vita può accadere, con flessibilità e mente vuota, liberata.

Tutto ciò ti ricorda per caso qualcosa?

È facile accorgersene: scrivere è un gesto che ha a che fare sia con il controllo della materia narrativa, sia con l'abbandono al fluire e allo scorrere delle parole. Tu scrivi, qui e ora, e a un certo punto hai prodotto cento pagine figlie di una sola idea, un'ossessione sospinta così in alto dalla tecnica, che infine la tecnica scompare per lasciare solo lo spazio alla magia, all'intensità della storia.

Eppure, a volte la pagina bianca ci blocca. Anzi, *noi* ci blocchiamo di fronte alla pagina bianca. Da qualche parte, dentro di noi, c'è una resistenza che portiamo avanti, con ostinazione. Ripetiamo a bassa voce: «Non ci riuscirò mai», oppure «Ecco, non mi viene in mente nulla, mi succede sempre così».

Quando usiamo le parole *mai* o *sempre*, di solito stiamo dando forma a un rifiuto. Ma contro cosa stiamo lottando, esattamente? A cosa stiamo dicendo no? No al pericolo, no al rischio, no allo sforzo, no al cambiamento. Resistiamo, e facciamo anche una gran fatica.

Per attraversare questo sentimento, facciamoci aiutare da un oggetto incredibilmente versatile e colmo di occasioni per una bella epifania: un libro. In particolare, vogliamo leggere *Bestiario* di Julio Cortázar. Il racconto che apre la raccolta si intitola *Casa occupata*. La storia è questa: fratello e sorella abitano in un vecchio appartamento di famiglia, a Buenos Aires. Una sera, intorno alle otto, il fratello sente alcuni rumori provenire dalla sala da pranzo. O forse è la biblioteca? O il fondo del corridoio? In ogni caso, chiude a chiave la porta che separa lui e la sorella da quei luoghi della casa. Da quel momento, i due decidono di vivere da questo lato, quello che gli resta.

Non sembrano sorpresi, ma solo attraversati da un lieve turbamento. Lei posa per qualche istante il lavoro a maglia e lui prepara il *mate*. Nei giorni seguenti, a tratti, vengono colpiti dal dispiacere di aver perso qualche oggetto lasciato dall'altra parte, come la pipa di ginepro o un paio di pantofole. Per il resto, la vita continua come prima e, anzi, entrambi concordano che ridurre l'incombenza delle pulizie dell'intera casa non sia poi così male.

Qualche giorno dopo, i rumori sono passati al di qua della porta chiusa a chiave, nella cucina, nel bagno, sempre più forti fino a giungere alle loro spalle. A questo punto, il fratello chiude di colpo un'altra porta ed entrambi rimangono nell'atrio.

Si guardano e scoprono di non aver fatto in tempo a prendere nulla, non i gomitoli per il lavoro a maglia, né altro...

Il fratello possiede ancora l'orologio al polso e nota che, quando escono in strada, sono le undici di sera. Allora chiude bene la porta d'ingresso e butta la chiave nel tombino: che a nessun poveretto venga in mente di entrare in casa per rubare, non certo a quell'ora e con la casa occupata.

Cortázar non ci racconta mai chi sia o cosa sia quest'entità occupante, così per i lettori diventa il simbolo di tutto ciò che a volte, nella vita, ci allontana da un luogo fisico o mentale. Può essere l'esercito che ti costringe fuori dal tuo Paese e dalla tua abitazione, una malattia, un divorzio o uno sfratto; oppure un fantasma, un'idea simbolica e astratta che fa in modo di farti uscire dalle tue sicurezze, dalle abitudini, dalle tue fissazioni, dalla tua routine coerente e solida, dalla tua pelle.

Lo sappiamo, accadono quei momenti in cui, per necessità o desiderio, ti trovi fuori casa e magari è buio. Così è il gesto di scrivere. È un mettersi in pericolo, un coraggioso tuffarsi nel vuoto – un vuoto che puoi riempire tu, ma solo se affronti la vertigine, ti spogli delle maschere e degli schermi. Si tratta di decostruire, prima ancora di mettersi a costruire.

Se ci pensi, ha senso: altrimenti dove trovi lo spazio, se è già tutto occupato?

Ma cosa ci vuole per lasciare andare le resistenze più interne, le più forti, molto spesso le più invisibili? Innanzitutto, un luogo sicuro potrebbe aiutare. Parliamo di una situazione in cui la tua percezione del pericolo non sia così stressante da impedirti di imparare qualcosa, e al contempo non sia così poco pericolosa da non farti imparare niente. Anche qui, mettersi insieme agli altri può farti sentire al riparo.

Se, per esempio, dovessi lanciarti da un trampolino, ma sapessi che la zona di mare in cui arriverai è già stata ispezionata dai tuoi amici (niente scogli, niente meduse) che ti stanno aspettando lì sotto con il sorriso, e che tutt'al più se posizioni male un braccio o una gamba potresti uscirne con un livido lieve, di quelli che passano in pochi giorni... beh, saltare sarebbe più facile.

In ogni caso, all'interno di questi due parametri del non troppo facile - non troppo difficile, cioè dentro al perimetro instabile in cui si impara, si possono percorrere strade diverse. Il corpo ce ne insegna due: la strada dello sforzo e quella del riposo. Cominciamo dalla prima.

Nel suo saggio, *L'arte di correre*, lo scrittore giapponese Haruki Murakami ci spiega il senso della maratona, e lo fa in relazione al suo essere scrittore, oltre che maratoneta. Perché una maratona può essere fatta anche senza scarpe da ginnastica: si può partecipare a seminari intensivi di scrittura da diciotto o ventiquattro ore, in un luogo lontano dalle distrazioni. Si possono organizzare rituali quotidiani che provochino stati di shock o di sorpresa, come mettere la sveglia ogni notte per sei mesi alle tre del mattino e chiedersi: che cosa ho appena sognato? Oppure ancora scrivere un'ora al giorno dalle sei del mattino alle sette, mentre tutti dormono e la luce dell'alba colora i tetti delle case di fronte.

Questo tipo di pratica potrebbe dimostrarti che non è così impossibile lavorare otto ore al giorno, avere una famiglia e intanto scrivere un libro, tutto insieme. Ciò che è fondamentale per riuscirci è la costanza negli allenamenti, che è anche una caratteristica imprescindibile per le maratone con le scarpe da ginnastica.

La strada dello sforzo ci impone di spingerci verso il senso del limite, ci sprona a essere consapevoli del fatto che a volte capita di farsi attraversare da *stati di intensità*.

Esiste però un altro modo, del tutto opposto, per ottenere simili risultati. È questo che prescrive la strada del riposo: sperimentare stati di totale abbandono fisico. Infatti, anche attraverso situazioni di calma e pratiche di benessere possiamo riuscire ad abbandonare le nostre resistenze.

Pensa, per esempio, a quando fai un bel bagno caldo: i muscoli si rilassano, gli occhi si chiudono, il respiro rallenta ed ecco che il mondo ti sembra subito un posto migliore, meno minaccioso. Lo stesso capita quando fai una passeggiata in un bosco e passo dopo passo ti sintonizzi con il tempo calmo delle piante, con il tuo ritmo naturale che niente ha a che fare con la sovrastante frenesia quotidiana. Sono momenti in cui le difese servono a poco, quel che invece emerge è una grande sensazione di accoglienza, proprio come quando ci abbandoniamo a un lungo pianto e accettiamo di guardare in faccia un dolore – che poi, se è vero che dopo ci sentiamo più vulnerabili, siamo anche molto più liberi. Abbiamo lasciato andare le nostre emozioni represse e adesso c'è più spazio per il nostro io autentico. E se non hai voglia di piangere, puoi sempre provare con una danza liberatoria: muoviti, salta, allungati, striscia, rotola, occupa spazio. Ti accorgerai, piano piano, che il corpo ti parla e, più lo ascolti, più lui scioglierà ogni rigidità.

L'avrai già capito: entrambe le strade sono valide, e lo sono ancor di più quando le percorriamo tutte e due, un po' alla volta. Sforzo e rilascio, infatti, si possono vedere come due aspetti speculari della stessa faccenda. In entrambi i casi si tratta di conquistare, per pochi giorni o per un momento soltanto, il concetto di *apice*, cioè il punto limite, il numero cento nella tua scala, unica e personale, di *intensità*. Vivere sulla tua pelle il massimo della percezione e poi… tornare a casa.

Alle pulizie quotidiane, al lavoro, allo sport, agli amici, e alla scrittura: quel gesto semplice e immobile grazie a cui stai costruendo un mondo altro, che nasce, ormai lo sappiamo, dalla tua capacità di guardare attraverso il tuo corpo.

Non è un caso, infatti, che molti dei termini che si usano abitualmente tra gli addetti ai lavori appartengano al campo semantico della fisicità. Potrebbe capitarti di sentir pronunciare, anche dall'editor più composto, definizioni quali: il respiro della parola, lo sguardo del personaggio, il corpo del romanzo, la voce narrante, la voce di uno scrittore o di una scrittrice. Si scrive con il corpo, si scrive con i sensi, si scrive con l'istinto e anche, certo, con la ragione. Ma che si scrive con la ragione lo sapevamo già, probabilmente siamo ben allenati.

Non ci resta che affinare il resto. Come?

Ormai lo sai: guardando fuori dalla finestra, gustandoti i momenti di noia, viaggiando attraverso il tuo mondo interiore, coltivando il tuo sguardo, e poi esplorando i quartieri di una città o camminando a piedi nudi sul prato, imitando i gesti di una persona o di un animale, portando l'attenzione sulle tue reazioni fisiche, sperimentando con i tuoi limiti, l'altezza, il buio, tutti gesti che sembrano inutili, ma che basta compiere due o tre volte per sentire la differenza.

Praticare tutto ciò è assolutamente indispensabile per scrivere libri? Forse no, eppure può trasformare questo mestiere in un gesto più avventuroso, più efficace e sicuramente più piacevole.

Dunque, accogli la realtà, tutta intera, falla tua. E quando scrivi, dalla memoria del tuo corpo, dall'energia che sprigiona e governa, lascia che emergano le immagini, le parole, le storie che già ti appartengono, e fai che possano venire al mondo come bolle di sapone dalla pipa di gesso, uscire dalla memoria impressa nel tuo corpo sensibile.

Dai alle tue parole il potere di esistere, in forma viva e che duri nel tempo.

E ADESSO SCRIVI

21. Mettiti in una situazione scomoda. Ok, senza esagerare. Non vogliamo che tu venga arrestata né che divorzi o che tagli ogni rapporto con la tua famiglia d'origine.

Prova con qualcosa di piccolo: parla a una persona che sai che non ti risponderà, chiedi scusa per un torto di cui ti vergogni, canta ad alta voce, balla in una stanza piena di gente, iscriviti a un corso di arrampicata in palestra se soffri di vertigini – la parete della palestra è alta solo qualche metro e contornata di materassi.

Insomma, sposta l'asticella un po' più in su, poi racconta come ti senti e cosa hai capito.

Soluzione: Molte delle resistenze che abbiamo spesso sono infondate. Derivano da vecchie convinzioni, paure sepolte, che basta portare alla luce perché si dissolvano in un attimo.

Per scrivere abbiamo bisogno di libertà. Perché la libertà di parola e di stampa non riguarda solo l'articolo 21 della Costituzione italiana. Ha a che fare con tutta la serie di limiti e di tabù che ci auto imponiamo. Allora impegniamoci a scovarli e poi disfiamocene. Riguadagniamo la nostra libertà di parola.

22. Sei Jeffrey Lebowski e ti hanno appena ficcato la testa nel gabinetto di casa tua. Descrivi cosa vedi e cosa senti da lì. Per rinfrescarti le idee, cerca su internet la scena del film *Il grande Lebowski*.

Soluzione: Questo esercizio serve a capire due punti fondamentali: il primo è che a seconda di ciò che un personaggio fa, del luogo in cui si trova e del suo stato emotivo, la sua realtà cambia, perché cambiano le sue percezioni – Lebowski non sentirà le minacce dell'uomo come le sentiamo noi spettatori, probabilmente ne capterà dei pezzi perché ogni mezzo secondo ha la testa sott'acqua, e poi gli arriveranno a volume molto più alto perché l'uomo grida proprio sulle sue orecchie. E magari non le starà neanche ascoltando: tutta la sua attenzione è dedicata a individuare quei pochi momenti in cui la testa è fuori dal gabinetto, per prendere una salvifica boccata d'aria.

Il secondo punto fondamentale è che per costruire una scena non devi avere paura delle cose che fanno un po' schifo. Per scrivere ti serve ogni parte della realtà e alcune parti, a volte, sono dei gabinetti sporchi.

23. Può sembrare un consiglio buffo, ma ti promettiamo che ha una sua motivata utilità: almeno una volta a settimana, concediti l'esperienza di portare il tuo corpo a terra e iniziare a rotolare. Sarebbe bello che tu potessi provare su superfici diverse, anche se prima di tutto conviene fare pratica su un pavimento di legno o un ampio tappeto. Poi, potrai provare a sperimentare altre situazioni, anche all'aperto!

Ecco le indicazioni per cominciare: chiudi gli occhi e ascoltati per un paio di minuti, rilascia il peso a terra e le tensioni muscolari, abbandona testa e cervicale, senti la presenza delle tue braccia e delle tue gambe accanto a te, noti come sono capaci di darti informazioni sul tipo di terreno a cui sei appoggiato? Poi, inizia a rotolare. Cerca un movimento continuo, lasciati guidare dalla curiosità e dalla morbidezza.

Soluzione: Com'è andata? Adesso lo saprai bene: ogni territorio ha bisogno delle sue accortezze: un comodo materasso o un pavimento pieno di coperte sono diversi dalla sabbia tiepida di una spiaggia verso sera o da un prato asciutto. Profumi, ostacoli, insetti o altri tipi di incontri sono proprio dietro l'angolo. Cosa hai fatto quando li hai incrociati?

Noi ti suggeriamo di accoglierli, di non farti bloccare, di continuare l'esplorazione con curiosità. E soprattutto di sentire, e respirare.

Questo è un buon modo per rientrare in contatto con il tuo corpo e con l'ambiente che lo circonda. È un modo per fidarti.

24. C'è un momento, poco prima di arrivare a casa, in cui il nostro corpo inizia a rilassarsi e a sentirsi al sicuro. È una sensazione che aumenta a mano a mano che procediamo, finché infiliamo la chiave nella toppa ed entriamo, posiamo il cappotto, ci rilassiamo sul divano.

Ma quali sono gli elementi fisici che ti suggeriscono di essere in prossimità del tuo luogo tranquillo? Come fai a sapere di essere a casa?

Soluzione: Forse, prima di adesso, non avevi notato che è merito di quell'esatta disposizione degli alberi se tu sai di essere quasi arrivato nel tuo luogo sicuro. Oppure di quella scritta sul muro, volgare e mezza sbiadita, proprio prima di svoltare l'angolo della tua strada.

Prestare attenzione è una forma di gratitudine, ed è bello ringraziare le parti di realtà che ci danno un'indicazione certa nel caos del mondo, che sanno sempre rassicurarci. E poi, anche i personaggi delle tue storie proveranno una sensazione simile. E quando torneranno nelle loro case, tu saprai come mostrare l'emozione che li accompagna.

25. Scrivi una scena in cui un personaggio si trova in isolamento, e una in cui si trova in solitudine.

Quali sono le differenze nel suo stato d'animo?

Soluzione: Una ragazza è in prigione, chiusa nella cella di massima sicurezza; oppure un ragazzo mangia da solo alla mensa della scuola, nessuno vuole parlare con lui.

Invece, guarda questa scena qui: una ragazza è in aeroporto, sta andando a fare una vacanza a New York. Ha deciso di partire da sola, perché vuole scoprire cosa vuol dire uscire dalla propria zona di comfort. Se avrà voglia di parlare con qualcuno, si farà qualche amico lì. Tutta l'avventura è ancora da scrivere.

L'isolamento è uno stato fisico ed emotivo che non viene scelto, ma subìto. È doloroso, e quando ci si trova in mezzo non si capisce bene come venirne fuori. C'è bisogno di tempo, di un grande lavoro. Ma si può fare, si può fare sempre.

La solitudine invece ha più a che fare con la libertà personale: è il tempo che noi scegliamo di passare con noi stessi. Un tempo in cui impariamo a conoscerci meglio e a volerci bene: è prezioso, dedichiamocelo sempre.

2

Maturare un'ossessione

Scuola Holden con Monica Acito, Giulia Binando Melis, Lorenza Ghinelli, Martino Gozzi ed Emiliano Poddi

L'assioma è cristallino: la tua ossessione non è una mela. Perciò, anche quando ti sembrerà matura, non coglierla. Osservala, piuttosto.

Vedrai che la tua mente cercherà di circoscriverne il perimetro provando a darle una forma conosciuta: è una tentazione rassicurante, ma tu resisti. Non avere fretta di trovare i contorni. Non ancora, almeno.

Continua a guardare.

Se lo farai con attenzione, ti accorgerai che la tua ossessione informe si muove, per la precisione palpita. Forse questo verbo ti accenderà nella mente l'immagine di un cuore che a sua volta potresti, per associazioni affatto libere, immaginare rosso.

Come ti abbiamo detto, resisti. Anche perché pure il colore è un campo insaponato: il filosofo tedesco Ludwig Wittgenstein diceva che «non esiste nessun criterio universalmente riconosciuto per stabilire che cosa sia un colore». Questo perché ogni individuo, essendo unico, potrebbe vedere il mondo in maniera altrettanto singolare, colori inclusi.

Ma riprendiamo le fila: la tua ossessione non è una mela, quindi non coglierla.

È informe e palpita, e per adesso lascia che sia così.

Continua a osservarla e gira pagina.

1. Un'ossessione è un'ossessione è un'ossessione (e che Gertrude Stein ci perdoni)

Nel suo celebre saggio *L'arte di correre*, Haruki Murakami dice che la scrittura è «un'attività pericolosa, una perenne lotta con i lati oscuri del proprio essere». È per questo che, per scaricare la tensione e sbarazzarsi di tutte le tossine accumulate, lui corre. Ma non corre soltanto per questo motivo, non lo fa solo per curarsi: potremmo dire che la corsa vale anche come *prevenzione*. Spieghiamoci meglio.

Lo scrittore e il maratoneta hanno in comune almeno tre capacità fondamentali: mantenere un ritmo costante per molto tempo, superare i momenti di difficoltà e grande fatica, centrare l'obiettivo giornaliero (i chilometri, le parole). Così, Murakami rispetta un allenamento piuttosto rigido e regolare. Scrive tassativamente ogni mattina, per circa quattro ore. Di pomeriggio invece nuota, ma soprattutto corre coprendo distanze di circa dieci o più chilometri. Alle 9 di sera si corica per poi ricominciare, l'indomani, tutto daccapo.

La ripetizione come mantra, la coazione a ripetere come pratica meditativa. Una routine di scrittura, uno stile di vita, una gabbia che può contenere qualcosa di informe, tipo un'ossessione. E Murakami non è l'unico a seguire un rito.

Agata Christie rimuginava sulle proprie storie distesa nella sua vasca da bagno di stile vittoriano. Margaret Atwood scrive sempre prima a mano, John Steinbeck riusciva a lavorare in serenità solo in presenza di dodici matite perfettamente temperate. Jack Kerouac macinava pagine al lume di una candela, che spegneva solo a obiettivo terminato – si vocifera che abbia scritto *On the road* su un'unica striscia di carta: chissà che faccia deve avere fatto Robert Giroux, il suo editore, quando gliel'ha srotolata davanti. Marcel Proust, invece, adottò un approccio da rock star: fece foderare la propria stanza di sughero. Victor Hugo arrivò al punto di farsi nascondere i vestiti per aggirare la tentazione di uscire senza avere terminato il lavoro. E per essere certo di consegnare *Notre-Dame de Paris*, pare sia arrivato a farseli bruciare (non prendere ispirazione da Hugo, immagina piuttosto modalità meno incendiarie). E Vittorio Alfieri? Prima di scrivere, d'abitudine, si faceva legare alla sedia da Elia, il suo servitore. Capisci da te che, sapendo questo, la celebre frase «volli sempre volli fortissimamente volli» assume un significato, come dire, più vivace.

L'elenco di scrittrici e scrittori dalle routine bizzarre potrebbe dipanarsi all'infinito come l'intestino di un gigante, ma che ce ne faremmo? Alla fine, sono solo persone che organizzano il tempo come possono o come il loro privilegio permette, gente che cerca di trovare quella «stanza tutta per sé» di cui scriveva Virginia Woolf. Poco importa che la stanza esista davvero o che invece si tratti di uno spazio mentale, sacro e inviolabile, come quello che J.K. Rowling seppe crearsi in una vita ordinaria, seduta al tavolino di un ordinario bar.

In realtà, tutte le tue abitudini possono dirti molto di chi siamo: il bisogno di contenimento che svolgono può rivelare i nostri punti fragili. Le discipline che scegliamo testeranno la nostra tempra. E, soprattutto se abbiamo scelto di dedicarci alla scrittura, dovremmo tenere a mente che i rituali hanno qualcosa di misterico e dirompente, essendo in grado di generare quelle che Murakami ha definito «intuizioni estetiche».

Per esempio, potresti scoprire che per scrivere hai bisogno di avere con te una penna particolare o di chiuderti in una specifica stanza della casa. Potresti avere bisogno di gente intorno o di completo isolamento. Magari sentirai il bisogno di farlo di notte oppure di giorno, alla luce del sole, per dipanare le ombre che ogni storia che si rispetti, a prescindere dal genere letterario a cui si apparenta, porta con sé. Lo senti, che il modo e il luogo sono importanti, che possono creare le giuste condizioni per permettere maieuticamente alla scrittura di affiorare con tutto il suo potere sommerso.

Eppure, le routine sono solo gabbie, schemi contenitivi, spesso necessari o quantomeno utili, ma non determinano né rivelano la tua ossessione.

Agata Christie scrisse (non sappiamo se in vasca o fuori): «Non è tanto il delitto in se stesso che interessa, quanto ciò che si nasconde dietro».

Ecco, proviamo a sostituire la parola delitto con *ossessione* e potremo avvicinarci al cuore della *cosa*.

Secondo Nietzsche «ogni spirito profondo ha bisogno di una maschera: e più ancora, intorno a ogni spirito profondo cresce continuamente una maschera [...]».

Se pensi a tutte le situazioni che hanno contribuito a ordire la trama della tua esistenza, ti sarà facile visualizzare almeno alcune delle molte maschere che ti hanno permesso di avanzare nei giorni. Salvaguardando le tue profondità, certo, ma anche preservando il tuo equilibrio mentale.

Anche la scrittura funziona così. Dietro le scene che le scrittrici e gli scrittori più capaci hanno saputo restituirci, si agitano sempre peculiari e intense visioni del mondo. Una scena è spesso la maschera di uno stato d'animo, di un presagio, addirittura di un'iperstizione. Dietro le scene meglio riuscite vibrano e palpitano mondi complessi, animati da atmosfere definite che dicono molto più di ciò che appare.

Ogni scena è una composizione. Persino gli oggetti non sono solo oggetti, come ricorda Roland Barthes in *L'ovvio e l'ottuso*: «costituiscono eccellenti elementi di significazione». Non coglierne la portata significa vivere una vita intera senza considerare le correnti sotterranee che muovono le storie. Significa, in sostanza, scrivere male. Ergo, scrivere *bene* implica un dialogo continuo con ciò che il mondo nasconde, e soprattutto con ciò che noi stessi nascondiamo *qui dentro*. Si tratta di imparare ad avere a che fare con la propria ossessione, riuscire a canalizzarla, a raccogliere quella materia informe e palpitante e mascherarla in parole, in frasi, in storie, come in un processo alchemico.

Pertanto, non c'è bisogno di privarti delle maschere con cui ti muovi nel mondo – no, neanche per idea –, ma di provare a immaginare cosa, *chi* può nascondersi dietro. E non è certo detto che tu lo sappia già.

Ma eccola qui, la magia della scrittura. Forse una delle più grandi che è in grado di fare: rivelare qualcosa di te che ancora non sai. Qualcosa di fondamentale, che ti spaventa e ti anima, e che scorre sottopelle, in un posto difficile da raggiungere senza una penna in mano.

La storia, qualunque storia deciderai di narrare, è infatti molto simile a un'epidermide tesa sotto cui pulsa il sangue della tua ossessione, un sangue che irrora l'intera tua opera, rivelandosi, grazie alla narrazione che ne farai, come una personale visione del mondo, il tuo guardare – lo abbiamo visto nel capitolo precedente, che questo è un tema centrale. Il tuo sguardo, proprio come una goccia, continua a cadere battendo sullo stesso punto fino a creare un buco, che tu ne sia consapevole o meno. La profondità e il diametro di questo buco, come la geografia che comporrai osservandolo, riveleranno a te e al mondo la tua ossessione, e la tua visione dell'esistenza.

E ADESSO SCRIVI

1. Ecco una lista di domande per indagare la tua ossessione.

- Qual è la cosa che ti fa più vergognare?
- E il tuo *guilty pleasure*?
- Qual è il piatto o la bevanda a cui non potresti mai rinunciare?
- Qual è l'azione illegale per cui saresti disposto a fare una notte in carcere?
- Se potessi essere un'altra persona, chi sarebbe?
- A cosa pensi prima di andare a dormire?
- Quando entri in una libreria, dove ti fiondi?
- Hai mai preso una nota, a scuola? Perché?
- Il film o il cartone che hai visto più volte nella vita?
- La canzone che ascolti più spesso?
- Se potessi scegliere, quale sarebbe il tuo superpotere?
- Qual è lo sfondo del tuo cellulare?
- Qual è la tua o il tuo regista preferito?
- E il tuo autore o autrice?
- Qual è l'app che utilizzi più spesso?
- La tua stagione preferita?
- L'ora del giorno in cui ti senti più carico di energia?
- Qual è, per te, il posto più bello del mondo?
- Preferisci lavorare in solitaria o in gruppo?

- Qual è il tuo nickname?
- Dove si trova il tuo nascondiglio preferito?

Soluzione: Immaginale come delle porte. Forse, lì per lì, non ti servirà a niente descrivere lo sfondo del tuo cellulare. Magari non è neanche una foto, ma un'immagine monocromatica che hai scelto a caso. Ma dov'eri quando l'hai scelta, ricordi? E se non ricordi, ti chiederai lo stesso perché hai deciso di avere sotto gli occhi quel colore tutti i giorni, quello e non un altro. Va bene, potresti non avere una risposta, potrebbe essere stata una scelta puramente istintiva, non ti importa molto dello sfondo del tuo cellulare. Okay.

Ma come mai non ti importa? Che cosa pensi dell'uso che facciamo della tecnologia nel nostro quotidiano? A cosa rinunceresti, se utilizzassi il tuo cellulare con più frequenza e interesse? Che cosa guadagneresti se lo utilizzassi di meno? Perché, invece, non riesci a separartene? Che cosa ti dà, più del resto degli oggetti che hai a disposizione? E quali sono questi oggetti? Quali di questi sopravvivono alla dipendenza dai social?

Ed eccolo, il paesaggio della tua ossessione, che si intravede laggiù, oltre la porta semiaperta.

2. Incredibile! È successo di nuovo: quella certa cosa ti ha messo un'altra volta nei guai.

Di cosa si tratta? Racconta.

Soluzione: L'attrazione per i luoghi abbandonati, la passione per la velocità, l'amore per le torte al cioccolato, ognuno di noi ha la propria sete, e a volte è così tanta che non sentiamo più nient'altro: raccomandazioni, regole, divieti, nemmeno il semplice buon senso.

E quando finiamo nei guai, per qualche minuto giuriamo che questa è la volta buona per smettere.

E poi ricominciamo.

Ma qual è la parte di noi che viene alimentata da questa fissazione? Perché non riusciamo a disciplinarla?

Lo dicevamo, le nostre ossessioni hanno a che fare con la nostra parte più irrazionale. Perciò, perché non sbirciarci un po' dentro?

3. C'è un lato di te che, a tuo avviso, gli altri non capiscono? Raccontalo.

Soluzione: Può essere un tratto della personalità, la passione sfrenata per qualcosa di bizzarro o il modo in cui ti vesti. In ogni caso, hai la certezza che quella parte di te è autentica ed è per questo che, anche se a volte ti fa sentire la solitudine, continui a coltivarla. Ed è importantissimo che tu lo faccia. Non solo perché "non dobbiamo farci influenzare dal giudizio degli altri" (certo, questo è un buon consiglio), ma perché lì dentro c'è qualcosa della tua ossessione. Qualcosa che, se scrivi, potrebbe fiorire su carta. E una volta diventata una storia, se è una storia riuscita, potrà addirittura arrivare agli altri. Gli stessi che inizialmente non la capivano. Ma tutto questo non è che lo fai per loro, lo fai per la storia che porti. Perché quella cosa lì tu ce l'hai dentro, e amandola così tanto, lavorandoci così tanto, sei riuscito ad attuare tutte le sue potenzialità narrative.

Un esempio di questa magia?

Una ragazza molto introversa trova lavoro in un piccolo *convenience store* di Tokyo. È un lavoro part-time, quel tipo di impegno che tutti considerano provvisorio. Lei, però, ci rimane tantissimi anni: ama quel posto, sta bene lì. E anche quando inizia a scrivere *La ragazza del convenience store*, la storia di Furukura Keiko (una ragazza molto introversa che ha iniziato a lavorare molto giovane in un piccolo *convenience store* e poi ci rimane per diciotto anni) e grazie a questo libro diventa una scrittrice famosa, non smette comunque di lavorare in quel posto, che è per lei ormai una piacevole ossessione.

Questa è la storia vera di Sayaka Murata, una delle scrittrici giapponesi più affermate che, piuttosto che abbandonare il *convenience store* dove ha sempre lavorato, ha scritto per anni durante la notte. L'unico motivo per cui ha lasciato il suo amato negozio è perché, almeno così si dice, un fan troppo entusiasta non le permetteva di servire i clienti in tranquillità.

2. *Trovare la forma*

Quindi: che forma deve avere un'ossessione? Non ce n'è certo una giusta. Ma per fare un esempio, possiamo cominciare a darle la sagoma della Sainte-Victoire, la montagna francese ossessivamente ritratta dal pittore Paul Cézanne. La raffigurò molte volte e sempre dalla stessa prospettiva, ma variandone la rappresentazione. Con l'idea di carpire la sua essenza, di avvicinarsi alla verità della montagna – una verità percepita e perciò soggettiva, certo, ma pur sempre una verità – la dipinse riducendola in forme geometrizzate via via più semplici. Protagonista del post-impressionismo, si lasciò assorbire dall'urgenza di svelare una forma attraverso una pratica di semplificazione (apparente!) della figura. Quella pittura compulsiva, quella specie di riscrittura continua e di ridefinizione del reale consegna, a chi osserva l'opera, una visione unica e irripetibile: quella dell'artista. Anche se, bisogna dirlo, non c'è nulla di ossessivo nella pittura, tantomeno nella pratica della pittura. L'ossessione (e che anche Rilke ci perdoni) è nell'occhio di chi guarda.

E cos'è che vede il tuo occhio? Che cosa non può smettere di scrivere la tua mano? È vero, al contrario di quel che possiamo pensare, queste domande non offrono risposte immediate. Le nostre ossessioni sono talmente insite in noi che quasi non ci accorgiamo di averle. Sono parte della nostra personalità e della nostra storia, e solo un'analisi attenta, un lento smascherare, può rivelarcele.

Un dettaglio importante: un'ossessione, per quanto ami rannicchiarsi là dove – dentro di noi – non abbiamo ancora esplorato, non è per forza qualcosa di negativo. La sua abitudine a stare negli angoli oscuri ha soltanto a che fare con un certo bisogno di tranquillità. Così incastonata dentro di noi, la nostra ossessione può essere certa che nessuno venga a mandarla via, neanche tu. E perché pensa di correre questo rischio?

Be', perché anche se non ha una valenza negativa (magari scoprirai che la tua ossessione non ha a che fare con il controllo, la morte, l'autodistruzione, ma che riguarda la felicità autentica, la comunione tra persone, la bellezza), è pur vero che ha un grande potere su di te.

Pensa a quando scrivi: qualsiasi cosa ti spinga a prendere la penna in mano, ti imporrà, una volta davanti al foglio, di raggiungere un'esattezza. A tutti i costi.

Facciamo un esempio. Spostiamoci sulle colline del New England e torniamo indietro nel tempo. Siamo nel 1956, a dicembre, quando uno scrittore di belle speranze va a far visita al suo mito letterario, Emanuel Isidore Lonoff, che vive ormai da anni leggendariamente recluso in casa, intento solo a leggere e soprattutto a scrivere.

Il giovane scrittore si chiama Nathan Zuckerman, un personaggio che compare in diversi libri di Philip Roth. Questo si intitola *Lo scrittore fantasma* ed è il primo romanzo in ordine di tempo di cui Zuckerman è protagonista nonché io narrante.

La situazione è piuttosto tipica: un allievo al cospetto di un venerabile maestro dal quale ci si aspetta una rivelazione, una lezione o perlomeno qualche buona dritta sulla scrittura. Per esempio, come lavora Lonoff? Qual è il suo metodo? Quale il segreto della celebrata perfezione del suo stile?

«Io prendo le frasi e le giro» dichiara Lonoff. E non soltanto una volta. Legge una frase e la riscrive, poi va a mangiarsi qualcosa per pranzo, rincasa, e la rigira di nuovo. Prende un tè e quando finisce torna sulla frase e la rimette a nuovo. Poi si siede sul sofà, riflette, si alza, cancella tutto e ricomincia da capo. Una vita intera spesa a scrivere frasi, a girarle e a rigirarle. E il risultato matematico può essere, come nel caso della giornata tipo descritta da Lonoff, pari a zero – nessuna frase all'attivo, il romanzo fermo al punto in cui lo si era lasciato la sera prima. Eppure, se per caso, anche soltanto per un giorno, interrompesse questo suo trantran, lo prenderebbe – giura – una noia matta, sarebbe certo di star perdendo tempo. Se anziché scrivere frasi (per poi magari cancellarle subito dopo) dovesse prendere un caffè con un amico, partecipare a una festa o partire per un viaggio, se facesse insomma quello che comunemente chiamiamo *vivere*, Lonoff avrebbe la sensazione di sprecare la propria esistenza.

Facciamo un altro salto indietro, stavolta di una decina di anni. Siamo nel 1947, a Orano, Algeria francese, ossia l'ambientazione di *La peste*, dello scrittore Albert Camus.

Fra i personaggi del romanzo ce n'è uno che sembra aver elevato a sistema il «metodo Lonoff». Si tratta di Joseph Grand, modesto impiegato comunale e aspirante scrittore. Nella sua sala da pranzo spicca un tavolo sommerso da fogli fitti di cancellature e coperti da una calligrafia microscopica. È il lavoro di una vita, l'opera cui l'uomo dedica tutte le sue energie. In particolare, confessa al dottor Rieux che gli fa visita, è l'incipit a dargli il tormento. Si tratta della descrizione di un'amazzone che percorre i viali fioriti del Bois de Boulogne in groppa a una elegante giumenta saura.

Grand spiega a Rieux di essersi prefissato due obiettivi. Quello a breve termine: far sì che il ritmo della frase suggerisca l'andatura del trotto – un-due-tre, un-due-tre. Quello a lungo termine: consegnare alla casa editrice un manoscritto di una tale perfezione formale da far esclamare a tutti *chapeau*, giù il cappello. Grand si immagina proprio la scena: editor e correttori di bozze che, conclusa la lettura, in segno di ammirazione si scappellano davanti all'autore. Il dottor Rieux è abbastanza sicuro che editor e correttori di bozze, mentre sono al lavoro in ufficio, non indossino il cappello, il che rende la scena auspicata da Grand tecnicamente impossibile, ma si guarda bene dal farlo notare al suo interlocutore.

Il quale, mentre a Orano infuria la peste, continua instancabile a riscrivere la frase, a girarla e a rigirarla, a spostare parole e a sostituire aggettivi. In una versione, per esempio, la giumenta saura cavalcata dall'amazzone non è più elegante ma nera. In questo caso il dottor Rieux proprio non riesce a trattenersi e spiega a Grand che «saura» non indica una razza bensì un colore, il biondo tendente al fulvo – in ogni caso non il nero. Dunque, «nera» e «saura» non possono coesistere.

Ma Grand non demorde. Giorno dopo giorno si accanisce su

quella dannata frase, con l'unico risultato che dopo ogni revisione l'incipit del suo romanzo appare sempre più impacciato, claudicante, goffo. Più che un rapido trotto quello della giumenta saura è un vero e proprio percorso a ostacoli, disseminato di aggettivi e inciampi che intralciano il ritmo e impediscono alla povera giumenta – saura o nera che sia – di arrivare in fondo al Bois de Boulogne. Alla fine, Grand si ammala.

Certo, a Orano c'è un'epidemia, ma a quel punto il dubbio del lettore è che a ridurre l'uomo quasi in fin di vita sia stata non tanto la peste quanto piuttosto la scrittura. Approfittando del suo stato di semi-incoscienza, Rieux dà una sbirciatina ai fogli sulla scrivania che tanto lo avevano incuriosito già al primo incontro e fa una scoperta sconvolgente: Joseph Grand è praticamente Jack Nicholson in *Shining*.

Per essere precisi e senza usare anacronismi: nelle centinaia di fogli manoscritti cui Grand si è dedicato per tutta la vita non compare che un'unica frase, quella della giumenta saura, riscritta mille volte, modificata, girata, rimaneggiata, ritoccata, rielaborata fino allo sfinimento dell'autore. Grand, che si è accorto di essere stato smascherato, ha appena la forza di invitare Rieux a gettare tutto nel fuoco, e Rieux esegue.

Sarà un caso, ma il giorno dopo Grand torna in gran forma.

Jack Nicholson invece no: in *Shining* fa una brutta fine. Anche lui, per settimane e settimane, ha riscritto la stessa frase migliaia di volte – «Il mattino ha l'oro in bocca» – e anche lui viene smascherato (dalla moglie). Ma a differenza di Grand non fa in tempo a rinsavire, anzi. Jack Torrance, così si chiama il personaggio di Stephen King portato sullo schermo da Kubrik, morirà congelato nel labirinto dell'Overlook Hotel. E congelato all'incipit rimarrà per sempre anche il suo romanzo, Jack si è perso nel labirinto della prima frase e non ne è più uscito.

Ora, c'è da dire che non sempre finisce così male, anzi. L'ossessione per la riscrittura ha portato a grandi risultati. E se non ti fidi, ecco la storia di un libro che potremmo forse chiamare il nostro preferito: *Cent'anni di solitudine*.

Gabriel García Márquez iniziò a ruminare questa splendida storia fin dall'infanzia, quando i racconti di sua nonna Tranquilina Iguarán cominciarono a pungerlo come mosconi: lei lo aveva allevato narrandogli leggende degli indios, avventure di bambini nati con la coda di porco, mostri, creature oscene, vecchi con le ali.

E quando gli venne in mente di mettere tutte quelle immagini su carta, forse non poteva sapere, almeno non fino in fondo, quanto quel gesto si sarebbe rivelato lento e minuzioso: Gabo, come lo chiamavano gli amici, era capace di trascorrere anni e anni su un solo capitolo, e nel frattempo dedicarsi alla fioritura e alla germinazione di capitoli e di scenari collaterali, ma senza mai perdere di vista la limatura ossessiva del resto, una cura ai limiti del patologico, con l'obiettivo di raggiungere un ideale di perfezione oscena, scandalosa, meditata.

Era ossessionato da quel libro, tanto da rinchiudersi per un periodo, negli anni Cinquanta, in un alberghetto delle Rue Cujas a Parigi frequentato solo da latinoamericani. Lì dentro rimaneggiava e lucidava le pagine senza sosta. Quella solerzia – o quella pazzia – intenerì la vecchia padrona di casa, al punto che la donna gli condonò il debito che era salito a ben 123.000 vecchi franchi. Ma quel periodo dedicato solo e unicamente alla scrittura terminò presto: nel 1958 tornò in Colombia per sposare la sua fidanzata Mercedes Barcha (da cui avrà poi due figli, Rodrigo e Gonzalo), e nel 1959 riprese il lavoro giornalistico, abbandonato bruscamente per via della dittatura di Gustavo Rojas Pinilla.

L'anno seguente, però, un ulteriore periodo di miseria e insoddisfazione personale lo portò ad abbandonare nuovamente il giornalismo, e – questa almeno era l'intenzione – il suo romanzo. Demoralizzato, arrivò, alla fine del 1964, ad annunciare all'amico Álvaro Mutis che non avrebbe più scritto, mai più. La scrittura, da sempre il suo più grande amore e salvezza, gli era divenuta di colpo estranea e ostile, come una nuova nemica con cui combattere e che non faceva altro che rifilargli fallimenti anziché i successi che aveva sempre sognato.

Per fortuna, come ci insegnano le storie migliori, proprio quando si tocca il fondo, ecco che qualcosa fa riaffiorare l'animo dal pantano torbido della disperazione. Per Gabo, quel qualcosa furono ancora una volta i mosconi instancabili che gli ronzavano in testa e che sussurravano le storie della nonna Tranquilina: non le avrebbe lasciate morire nella polvere del ricordo, le avrebbe tramandate e avrebbe proseguito con il romanzo.

Lo decise – o il romanzo lo decise per lui – durante un viaggio verso Acapulco, per una vacanza estiva con la famiglia. I viaggi in auto erano sempre stati una fonte di ispirazione per Gabo e mettersi al volante gli consentì ancora una volta di rilassarsi e vagare con la mente. Senza neppure rendersene conto – come capita a molti – si affidò alla saggezza del corpo per tenere l'auto in carreggiata mentre la sua immaginazione si librava nello spazio e nel tempo, lungo le strade polverose e assolate della memoria.

Poi, d'un tratto, ebbe un'intuizione. Un'idea. Un'immagine gli apparve davanti agli occhi: l'immagine che avrebbe poi aperto il romanzo, permettendogli di legare insieme tantissimi elementi – luoghi, persone, odori, nomi, dettagli – che da anni gli ronzavano in testa. Gabo fu costretto ad accostare bruscamente e a scendere dalla macchina. Temeva che quel nucleo embrionale di romanzo potesse svanire di colpo, con la fulminea rapidità con cui gli si era presentato, se non gli avesse dedicato la necessaria attenzione. Secondo la leggenda, in quegli istanti febbrili di eccitazione e concentrazione, sul ciglio della strada che portava alle spiagge di Acapulco, Gabriel García Márquez compose nella mente la prima, memorabile frase di Cent'anni di solitudine.

E, sempre secondo la leggenda, una volta rientrato nella sua Opel, Gabo proseguì il viaggio fino a destinazione. Nei giorni successivi si sforzò di essere un padre presente e paziente mentre i figli giocavano con la sabbia, raccoglievano conchiglie e si tuffavano in mare. Scriveva come poteva, nei ritagli di tempo, tra un'attività e l'altra, tra un gioco e l'altro. Finché l'amatissima Mercedes non lo convinse che, sebbene la vacanza fosse appena iniziata, bisognava tornare a casa anzitempo: se n'era accorta, qualcosa era scattato durante quel tragitto in auto e adesso la questione era molto semplice: Gabo doveva scrivere.

Così tornarono indietro, lui si liberò alla svelta di tutti gli impegni precedenti, raccolse cinquecento dollari per sopravvivere durante il periodo di scrittura ed entrò per la seconda volta nel romanzo. Era l'inizio del 1965. I cinquecento dollari finirono presto e la moglie Mercedes fu costretta a impegnare il televisore, la radio e l'automobile; il giradischi fu uno dei pochi oggetti che mantenne in casa, perché Gabo amava ascoltare Bartók, Debussy e i primi LP dei Beatles quando non era impegnato a disegnare i volti di Ursula, José Arcadio Buendía e Remedios la Bella.

Ed eccoci alla seconda clausura: Márquez si arroccò in una stanzetta del suo appartamento, che chiamava «la cueva de la mafia», la caverna della mafia: non fece altro che scrivere, arrivando a un totale di 1300 pagine che poi, nella versione definitiva, ridusse a 490.

Accumulò così tanti debiti, che, se il libro non fosse stato il successo che desiderava, avrebbe impiegato chissà quanti anni per poterli saldare tutti.

Invece, andò bene. Andò benissimo. E noi, oggi, lo ringraziamo. La parte curiosa di questa storia è però che, nonostante le peripezie, per Gabo, lo sforzo maggiore non fu quello di totalizzare 1300 pagine, ma di arrivare a 490. Perché, secondo te?

E ADESSO SCRIVI

4. La situazione è questa: Don Abbondio si è appena imbattuto nei bravi, circostanza in cui non si è certo dimostrato un cuor di leone. D'altronde, spiega Manzoni...

Il nostro Abbondio non nobile, non ricco, coraggioso ancor meno, s'era dunque accorto, prima quasi di toccar gli anni della discrezione, d'essere, in quella società, come un vaso di terra cotta, costretto a viaggiare in compagnia di molti vasi di ferro.

Prendi questa famosa frase e prova a girarla. Come farebbe Joseph Grand, il personaggio di Camus, ma senza impazzire. Bastano quattro differenti versioni.

Soluzione:

a. Non era nobile e neppure ricco e men che meno coraggioso. Viveva in una società violenta, lo sapeva fin da ragazzino. Gli altri, i potenti, erano vasi di ferro. Lui un vaso di terracotta costretto a viaggiare in mezzo a loro.

b. Se n'era accorto subito, ancor prima di raggiungere gli anni della maturità: il mondo era un carro pieno di vasi di ferro, mentre lui – che non era né nobile né ricco né coraggioso – sapeva di essere un vaso di terracotta.

c. Un vaso di terracotta, ecco come si sentiva. Un vaso che, costretto a viaggiare in mezzo a vasi di ferro, rischiava in ogni momento di andare in mille pezzi. I vasi di ferro erano tutto ciò che lui non era: ricchi, nobili, potenti. In un mondo simile, come avrebbe potuto essere coraggioso?

d. Nobile? Figuriamoci. Ricco? Per niente. Coraggioso? E come avrebbe potuto: fin da ragazzino si era reso conto di essere circondato da vasi di ferro, lui che per natura e per nascita era fatto di terracotta. Ecco in che razza di società era costretto a vivere.

5. «Mi fu sempre caro quest'ermo colle», scrisse Giacomo Leopardi. Oppure no? In effetti, la frase originale non suona esattamente così. Infatti, il verso dell'*Infinito* contiene un'anastrofe, cioè una figura retorica che inverte l'ordine abituale delle parole, trasformando la frase in questo modo: «Sempre caro mi fu quest'ermo colle».

Ahh, molto meglio. Ma come mai?

Oltre al fatto che la frase di Leopardi ha più musicalità, cominciando con «sempre caro» crea in noi un'attesa. Ci chiediamo: a chi o a cosa può essere rivolto questo affetto, questo sentimento d'amore con cui già abbiamo iniziato a empatizzare?

Con un luogo e con uno tipo di sguardo immaginifico che nasce proprio grazie a questo luogo. Mica poco, per una manciata di parole. Leopardi era un maestro e su questo non si discute. Però, lo strumento che ha utilizzato non è esclusivo, possiamo servircene anche noi.

Parti da queste frasi e scrivi tre anastrofi di tua invenzione.

- I lupi vagavano nell'oscurità della notte.
- Un gattino sbucò dall'interno della scatola regalo.
- Le margherite del deserto fioriscono sotto il sole cocente.

Ricorda che l'ordine abituale delle parole è soggetto, verbo e predicato.

Soluzione: Quale elemento della frase hai voluto mettere in risalto? Se hai scelto la paura, potrebbe essere andata così: «Nell'oscurità della notte, vagavano i lupi».

Se hai scelto la tenerezza, avrai scritto qualcosa del genere: «Dall'interno della scatola regalo, sbucò un gattino».

Se invece hai cercato l'incanto, la poesia, magari ti saranno venuti in mente i parchi naturali della California o della Namibia, dove il terreno brullo riesce comunque a fiorire. «Sotto il sole cocente, fioriscono le margherite del deserto.» Insomma, usare l'anastrofe vuol dire essere un po' burattinai, e portare chi legge proprio dove vuoi tu.

6. Recupera l'ultimo racconto che hai scritto. Osservalo con attenzione, cerca lì dentro il cuore dell'argomento – quel che è importante dire, quel che davvero brilla, tra tutto il resto delle parole –, e poi lucidalo: è il momento del *labor limae*. Sì, anche se avevi già fatto una seconda stesura!

Soluzione: Ecco cosa potresti aver ottenuto:

1. *Chiarezza e coerenza.*

Riscrivere ci aiuta ad aggiustare il tiro: sciogliamo qualche paragrafo contratto, rivediamo la sintassi, aggiungiamo o togliamo alcune battute di dialogo, verifichiamo che i riferimenti a personaggi, luoghi o eventi siano coerenti in tutto il testo.

2. *Pulizia.*

Riscrivere ci spinge a scovare gli errori di grammatica e di ortografia, rivedere la punteggiatura, sostituire i trattini lunghi a quelli corti, uniformare il tipo di virgoletta utilizzato per i dialoghi e correggere tutto ciò che può rovinare la pulizia della pagina. (L'apostrofo al posto dell'accento avrebbe potuto compromettere la credibilità del testo? Oh sì.)

3. *Uno stile più netto.*

Riscrivere ci permette di ascoltare la nostra voce autoriale senza farci distrarre dalla produzione del contenuto. Così, facciamo qualche ritocco per avvicinarci al nostro tono, per affinare il nostro stile.

4. *Respiro.*

Riscrivere ci obbliga a eliminare le ripetizioni: ecco che la lettura si fa più fluida, più piacevole, e chi legge potrà respirare meglio.

5. *Ascolto.*

Riscrivere significa riuscire a capire se abbiamo detto ciò che volevamo dire. Ma, soprattutto, se abbiamo detto ciò che la *storia* voleva dire.

3. Less is more

«La brevità», scrive Anton Čechov in una lettera, «è sorella del talento». Ora, ci si può certamente domandare perché «sorella» e non – mettiamo – «figlia» o «cugina» o «nipote», ma al di là del grado di parentela ciò che intende Čechov è chiaro: per essere brevi bisogna essere bravi. E la brevità che raccomanda ha un elevato peso specifico nonché una certa profondità. Sulla superficie della pagina occupa poco spazio, ma il bello è che puoi scavarci dentro.

A volte, poi, si ha proprio l'impressione di precipitare, come ci succede da due secoli a questa parte quando arriviamo al decimo capitolo de *I promessi sposi*: una ragazza costretta a diventare monaca, un seduttore senza scrupoli, lei che cede alle sue avances.

Nel *Fermo e Lucia*, com'è noto, la storia di Gertrude era quasi un romanzo nel romanzo. Occupava ben sei capitoli, si diffondeva in particolari scabrosi sulla relazione con Egidio e comprendeva perfino il delitto, commissionato dai due amanti, di una suora che aveva scoperto la loro tresca.

Nella versione definitiva si legge semplicemente che Egidio, «da una sua finestrina che dominava un cortiletto di quel quartiere, avendo veduta Gertrude qualche volta passare o girandolar lì, per ozio, allettato anzi che atterrito dai pericoli e dall'empietà dell'impresa, un giorno osò rivolgerle il discorso».

Segue il celeberrimo:

La sventurata rispose.

Poco spazio sulla pagina, appena tre parole. Come se i capitoli del *Fermo e Lucia* fossero stati risucchiati da un buco nero. Gli effetti di questa sparizione sono molteplici e straordinari.

Uno: l'autore ha scansato la censura, all'epoca piuttosto solerte.

Due: il lettore finisce con l'immaginarsi una vicenda a tinte ancora più fosche di quella raccontata nella versione estesa.

Tre: assieme all'immaginazione, Manzoni ha suscitato nel lettore anche un senso di profonda pietà per quella povera ragazza.

Quattro: ci sembra di vederlo, Manzoni, mentre posa la penna sul foglio con l'aria di chi pensa «non fatemi dire, è troppo doloroso».

Manzoni aveva un buon maestro – tutti noi ce l'abbiamo.

«Quando vi siete innamorati?», chiede Dante a Francesca da Rimini. O per essere più precisi, come vi siete rivelati l'uno all'altra? Francesca racconta che lei e Paolo stavano leggendo un libro su Lancillotto e Ginevra. Arrivati al punto in cui i due si baciano, Paolo si avvicina tremante a Francesca e la bacia. Dice Francesca:

«Quel giorno più non vi leggemmo avante.»

Sono le sue ultime parole, e tra pochi versi si chiuderà anche il canto V dell'Inferno (con uno dei tanti svenimenti di Dante nella *Commedia*). Paolo e Francesca smettono di leggere un attimo prima che lo facciamo anche noi. Dunque non ci resta che immaginare il resto, scandagliare i sottintesi, ricostruire tutto ciò che Francesca non racconta per pudore e perché troppo doloroso.

Diversi gironi più in basso, quando Dante incontra il conte Ugolino, la storia si ripete. Anche il suo racconto si chiude in modo brusco, con un verso ancora più ambiguo e allusivo di quello di Francesca:

> «Poscia, più che 'l dolor, poté 'l digiuno.»

Cosa significa? Semplicemente che Ugolino, rinchiuso nella torre e stremato dalla fame, smette di vivere e perciò di soffrire? Oppure che alla fine ha dato ascolto ai suoi figli, i quali prima di morire uno dopo l'altro si erano offerti in sacrificio per lui? «Tu ne vestisti / queste misere carni, e tu le spoglia.»

Davvero Ugolino si è mangiato i figli?

Quella usata prima da Dante e poi da Manzoni è una figura retorica dal nome inquietante (suona un po' come una malattia dello stomaco): aposiopesi. È una parola che viene dal greco e indica l'allontanarsi da un argomento passando sotto silenzio tutto ciò che ancora resterebbe da dire. Una reticenza, insomma – altro modo possibile per indicare questo artificio stilistico. Un critico sopraffino, Gianfranco Contini, non accontentandosi di nessuna delle due definizioni, se n'è inventata una terza. Quelli di Dante sono «colpi di glottide», improvvise occlusioni del varco attraverso cui passa la voce. Smettendo di parlare all'improvviso, quando invece ci sarebbe ancora moltissimo da dire, Francesca e Ugolino ci spalancano avanti un abisso.

E a proposito di abissi, senti qui. Harrison Ford è un dottore che viene ingiustamente condannato a morte per aver ucciso la moglie, ma mentre viene tradotto in carcere riesce a scappare. Tommy Lee Jones è il poliziotto incaricato di riacciuffarlo, un autentico segugio. Il film si intitola *Il fuggitivo*.

In una scena famosa, i due avversari si ritrovano dentro una specie di grosso tubo d'acciaio, un condotto che finisce dritto su una vertiginosa cascata. Harrison Ford è in trappola: davanti a lui c'è Tommy Lee Jones, dietro c'è appunto l'abisso della cascata.

Poi un primo colpo di scena: Tommy Lee Jones perde l'equilibrio, e con l'equilibrio perde pure la pistola, che viene raccolta da Harrison Ford. I ruoli si sono invertiti, adesso è il poliziotto ad avere le mani in alto mentre il fuggitivo lo tiene sotto tiro.

Ma anziché un colpo, Harrison Ford spara una frase: «*I didn't kill my wife*», non ho ucciso io mia moglie.

E Tommy Lee Jones, sempre con le mani in alto, risponde a suo rischio e pericolo: «*I don't care*», non me ne frega niente.

Ma nemmeno a quel punto Harrison Ford preme il grilletto. Si volta e – secondo colpo di scena – esegue un tuffo nella cascata dal coefficiente astronomico. Ovviamente sopravvive, perché siamo solo a metà film.

«*I didn't kill my wife.*»
«*I don't care.*»

Due battute di dialogo, due autobiografie in formato ristretto – e d'altronde le circostanze non consentivano ai due antagonisti di sciorinare il curriculum completo. Erano sotto pressione, e la pressione dev'essere un'altra sorella del talento.

Ma ecco cosa, almeno a nostro parere, si sarebbero detti Harrison Ford e Tommy Lee Jones se avessero potuto conversare con più calma.

Harrison Ford: «Senti, lo so che sei un bravo poliziotto e che se mi hai inseguito fin qui non è certo per tornartene in centrale a mani vuote. Ma guardami bene: ti sembro un assassino, io? Fai questo mestiere da chissà quanti anni, ne avrai visti di assassini. Io sono un dottore, io le persone le curo, non le ammazzo, per la miseria. E ti pare che andavo ad ammazzare proprio mia moglie, l'essere che amo… che amavo di più sulla faccia della Terra?».

Tommy Lee Jones: «Sai che ti dico? Che probabilmente hai ragione. No, non mi sembri proprio il tipo da fare una cosa del genere, men che meno a tua moglie. Però hai ragione anche su un altro punto: io faccio il poliziotto, e non ti so nemmeno dire da quanti anni perché è come se lo facessi da sempre. Anche da piccolo, quando si giocava a guardie e ladri, io ero sempre una delle guardie. Vedi, ciascuno di noi è nato per uno scopo: io per prendere quelli che scappano. Perciò amico, anche a costo di beccarmi una pallottola, voglio essere sincero con te: che tu sia o no un assassino per me è uguale. Mi hanno detto di arrestarti – ed è esattamente quello che farò». Con o senza pistola.

Da 205 parole a 8. Da 1300 pagine a 490. Forse ora sappiamo perché García Márquez ha faticato così tanto a ridurre le pagine del suo capolavoro, ma anche che l'ha fatto per un'ottima ragione. *Less is more*, anzi, *menos es más*.

E ADESSO SCRIVI

7. E a proposito di formati ristretti, ecco la fulminante versione di *Edipo a Colono* di Achille Campanile.

Personaggi: un messo e una sentinella.

Un messo: Edipo c'è?
Una sentinella: No, è a Colono.

(Sipario)

Fai come Campanile: cerca di ridurre cinque grandi classici della letteratura o del teatro ad altrettanti dialoghi di due sole battute. Un modo per divertirsi, certo: ma anche per allenarsi alla brevità.

Soluzione: *I promessi sposi*. Personaggi: Renzo e Lucia.

Renzo: E dopo la peste?
Lucia: Promesso, promesso.

Romeo e Giulietta. Personaggi: Romeo e Giulietta.

Romeo: Piacere! Romeo… Montecchi.
Giulietta: Shit.

Il ritratto di Dorian Gray. Personaggi: Dorian Gray e il Ritratto.

Il ritratto: Ti trovo bene.
Dorian Gray: Io no.

Novecento di Baricco. Personaggi: Un passeggero e Novecento.

Un passeggero: Permesso! O forse scende anche lei.
Novecento: Magari la prossima volta.

Il dottor Jekyll e mister Hyde. Personaggi: Jekyll e Hyde.

Jekyll: Cosa bevi?
Hyde: Mah, direi il solito.

8. Adesso pensa a una situazione complicata da sciogliere, e scioglila in un dialogo di appena due battute.

Soluzione: Breve giallo:
– Chi è l'assassino?
– Io.

9. *Attraversò mentre il semaforo diventava rosso.*

Ecco un esempio di *flash fiction*, una mini-narrazione che funziona perfettamente. Anche se fulminea, questa storia è immersa nel flusso del tempo, nelle sue tre dimensioni di passato, presente e futuro – un pilastro imprescindibile dei racconti.

Non sappiamo cosa succederà al protagonista (verrà investito? Si salverà?), né abbiamo un'idea precisa di cosa sia accaduto prima (sta attraversando la strada intenzionalmente? Che cosa lo spinge a farlo mentre il semaforo è rosso?). Siamo in bilico, come funamboli sul filo di un'unica misteriosa frase. È un momento carico di tensione. E la tensione, dice Raymond Carver, fa bene alla circolazione sanguigna.

Dunque, avanti. Prova tu! Scegli sei parole e crea la tua *flash fiction.*

Ricorda che se una storia (anche brevissima) funziona davvero, significa che riesce a innescare quel dialogo tra chi scrive e chi legge, tra chi sceglie le parole e chi le interpreta, che è fondamentale per una buona narrazione. E le emozioni che può scatenare sono tante, profonde, perfino spaventose! – Stephen King ha sostenuto che la storia più terrificante che abbia mai letto sia *Knock* di Fredric Brown, che è un racconto di sole due frasi:

> L'ultimo uomo sulla Terra sedeva da solo in una stanza. Bussarono alla porta.

Soluzione: Dice la leggenda che mentre si trovava al Lüchow's, un ristorante nell'East Village, Hemingway scommise con i presenti che avrebbe scritto un romanzo di sole sei parole. In palio c'erano dieci dollari, una cifra considerevole negli anni Venti. Non avendo a disposizione della carta, dispiegò davanti a sé un tovagliolo e lo buttò giù:

> *For sale. Baby shoes. Never worn.*

In vendita. Scarpe da bambino. Mai indossate. Nel ristorante della scommessa (se c'è stata davvero) è facile immaginare che sia calato il silenzio, si sarà sentito solo il fruscio delle banconote. Dopodiché Hemingway avrà ripiegato il tovagliolo su cui aveva scritto la frase, l'equivalente del chiudere un libro.

Ora, sono in teoria possibili diverse interpretazioni. Magari al bambino queste scarpe proprio non piacevano, oppure ne ha ricevute in regalo due paia identiche. Mica deve per forza esserci sotto una tragedia, giusto? Poi rileggi la frase e ti convinci che no, non c'è verso di essere ottimisti: qualcosa di terribile è senz'altro accaduto. Perché?

Intanto Hemingway (o chi per lui) aveva promesso un romanzo, e dove c'è un romanzo ci sono anche drammi, conflitti, avversità, nodi da sciogliere. Chiunque abbia messo in vendita queste scarpe da bimbo mai indossate è un personaggio, ed è l'unica cosa che sapremo mai sul suo conto – quindi non può che essere per lui una questione seria e importante.

Impressione che viene rafforzata da punteggiatura, ritmo, tono e struttura. Abbiamo tre frasi nominali, ossia prive di verbo, come del resto prevede il format dell'annuncio (per inciso:

un racconto può anche travestirsi, assumere cioè le sembianze di un'altra forma di comunicazione, vedi alla voce «romanzo epistolare»). L'assenza dei verbi rende il tono secco, tagliente, lapidario, come se ogni singola parola costasse sofferenza a chi è costretto a esprimerla, tanto che tra una frase e la seguente è necessario osservare una pausa lunga, riprendere fiato – ecco perché ci sono punti fermi e non virgole. Inoltre, i tre segmenti sono schierati in ordine crescente di intensità. *For sale*: qualcosa è in vendita, per ora niente di allarmante.

Baby shoes: le scarpe da bambino fanno tenerezza e in genere non si vendono ma tutt'al più si regalano, senza la fretta di sbarazzarsene che traspare da questo annuncio.

Never worn: non sono mai state indossate, il bambino non ha potuto, non ha fatto in tempo.

Sono tre rintocchi, queste frasi. Suonano come una campana a morto.

Se questo mini-romanzo ti sembra troppo triste, niente paura. Le frasi si possono girare, lo sappiamo, e in un attimo cambia tutto:

Scarpe da bambino in vendita!!! Come nuove!!!

Il contenuto è pressoché identico, ma qui di sicuro non è morto nessuno. Tutto ciò che si sente è il desiderio di invogliare all'acquisto i potenziali clienti a forza di punti esclamativi e di messaggi promettenti. Controindicazioni: questo non è un racconto e nessuno ti darà dieci dollari per averlo scritto.

4. *La parola giusta*

Ricapitolando: che cosa hanno in comune Lonoff, Grand, Torrance, García Márquez, Čechov, Manzoni, Dante, Harrison Ford e Tommy Lee Jones (o meglio, i loro sceneggiatori)?

A rispondere è Gustave Flaubert, che fa a tutti gli effetti parte di questo strambo gruppetto. L'autore di *Madame Bovary*, come il resto dei suoi compagni, oltre a essere un grande scrittore era un grande *riscrittore*. Più precisamente, la sua vita letteraria è sempre stata una ricerca spasmodica di ciò che lui chiamava *le mot just*, la parola giusta, la frase esatta, quella che non può essere sostituita da nessun'altra. E a quanto pare, Flaubert aveva talmente interiorizzato questa ricerca ossessiva che la ritroviamo anche dentro le pagine di *Madame Bovary* – lo sappiamo, il sentimento di generale frustrazione e impotenza che affligge la protagonista del romanzo è quello dell'autore stesso («*Madame Bovary, c'est moi*»). Ma, insomma, a un certo punto il narratore dice più o meno questo: noi percuotiamo una caldaia incrinata pensando di tirare fuori una musica sopraffina, capace di commuovere le stelle, ma in realtà facciamo un gran baccano, buono solo a far ballare gli orsi.

Qui sta la paura più terrificante di chi scrive: la paura che la forma non segua il contenuto, che lo svilisca, lo tradisca. Il timore di non riuscire a rendere lo spirito di ciò che si agita sulla pagina, la nausea di non restituire a chi legge quel senso di autenticità. Eppure, questa responsabilità non può essere affidata solo alla prova embrionale della prima stesura, perché la prima stesura, per statuto ontologico, non può reggere questo peso, non è progettata per sopportare un compito che deve sopravvivere all'autore stesso. Così, si scrive e si riscrive, nel tentativo inesausto di lasciare la propria impronta di eterno nella mente di chi legge, nel patrimonio umano delle storie.

Lo strambo gruppo di accaniti riscrittori è in realtà molto più ampio, perché include sostanzialmente ogni grande autore e grande autrice.

Vladimir Nabokov affermava di aver riscritto qualsiasi cosa più volte, e si vantava delle sue matite intatte e ben appuntite: «Le mine sono sopravvissute alle mie gomme».

Ernest Hemingway non aveva dubbi, e affermava candidamente: «La prima stesura di qualsiasi cosa è merda».

E ha detto la sua anche Samanta Schweblin, una delle più talentuose scrittrici sudamericane contemporanee. Nella raccolta di racconti *Uccelli vivi*, riflette, tra le altre cose, anche sulla prima stesura, dandoci almeno tre indicazioni fondamentali.

Uno: la prima stesura è un oggetto in potenza, qualcosa che vive tra i tempi verbali, qualcosa che è sul punto di essere, che non è ancora, che ha bisogno del nostro secondo, terzo, centesimo intervento per potersi dispiegare in tutta la sua pienezza.

Due: la prima stesura è un male necessario: quasi come uno sciroppo da ingoiare, qualcosa da assumere o farsi somministrare per stare meglio. Come se non fosse soltanto una porzione di testo, ma un cerchio d'acqua, una linea d'ombra da attraversare, un piccolo cancello arrugginito che vuole essere ripulito.

Tre: guardiamo la prima stesura in controluce, possiamo osservare il volto dell'opera che sarà. E per vedere questo volto dobbiamo tirare fuori tutto il nostro coraggio (e anche di una buona dose di incoscienza), e fare una cosa molto curiosa: dobbiamo fidarci più del futuro che del presente, dobbiamo fidarci più di ciò che sarà che di ciò che abbiamo tra le mani. Dobbiamo compiere lo sforzo di metterci in condizione di accantonare ciò che vediamo, in favore di ciò che poi si manifesterà al nostro sguardo.

Altrimenti si commette un grave errore: quello di pensare di saperne più del testo.

Sì, perché il testo conosce le sue ragioni, le conosce molto più di chi le scrive. E a un certo punto, come diceva Gabriel García Márquez, chi scrive deve scegliere tra se stesso e la sua opera.

E la risposta giusta, se credi davvero nella storia che hai scritto, è sempre la seconda. E da quel momento sarà l'opera a dettare le sue leggi, saranno i suoi personaggi a muoverla; tutto ciò che dovrai fare è tenere il passo, seguire, tradurre l'eco in parole esatte. E la cura assidua che dedicherai alla tua opera sarà sì un comportamento ossessivo, ma anche una forma d'amore, un modo di stare al mondo e di resistere ai suoi urti. Come ha detto la splendida poetessa Wisława Szymborska, è «la gioia di scrivere. / Il potere di perpetuare. / La vendetta di una mano mortale».

E ADESSO SCRIVI

10. Pensa a qualcosa, qualsiasi cosa. Descrivila con una frase, una frase che sia più precisa possibile.

Un momento, però. Non si tratta di mettersi a fare l'inventario di tutti i dettagli che vedi, qui si fa scrittura creativa, non antiquariato. Infatti, il materiale con cui lavoriamo è cosa viva: ascoltala, e individua il suo cuore pulsante. È questo che devono mettere in luce gli aggettivi che sceglierai. E dato che si parla di cose vive: mettila anche all'interno di una scena.

Per esempio, iniziando la tua frase con un verbo che indica un'azione.

Soluzione: Hai mai letto *Pastorale americana*, di Philip Roth? È un libro stupendo, per diverse ragioni. Una di queste è che contiene tutta una serie di descrizioni essenzialmente esatte, che ci lanciano dritti al cuore di ciò che l'autore vuole farci vedere. Per esempio, a un certo punto troviamo la descrizione di una vagina.

Per la precisione, quella della giovane Rita Cohen che, in una scena tutt'altro che romantica (no, non sveleremo nulla), si mostra allo Svedese, il protagonista di *Pastorale americana*.

Roth inizia descrivendo il tessuto delle labbra con quattro aggettivi. E se si fosse fermato lì, avrebbe comunque fatto a chi legge un servizio splendido: membranoso, venato, screziato, cereo – a cereo, ovvero di materiale simile alla cera, forse non avremmo mai pensato. Fin qui, siamo già piuttosto stupiti.

Ma poi arriva una similitudine: dice che questo tessuto ha la stessa lucentezza da «tulipano umido» della carne appena scuoiata, che è un gran gioco di prestigio, perché è una sorta di metafora della metafora: la carne scuoiata, viva e brillante di sangue fresco, è associata alla lucentezza di un tulipano leggermente bagnato, magari dalla pioggia appena terminata o dalla rugiada del mattino.

E a questo è a sua volta associata la vagina di Rita Cohen, in un misto di violenza e tenerezza che descrive bene la scena da cui proviene (quella di una manipolazione, di un ricatto doloroso) e la persona che crudelmente lo mette in atto: Rita Cohen, appena una ragazzina.

(Avevamo detto niente spoiler? È che a svelarci tutto è stato Philip Roth, con questa frase magistralmente costruita, che contiene già tutto ciò che dobbiamo sapere sulla scena – avanti, apri *Pastorale americana* e vai a cercarla!)

11. Non facciamo il capitombolo: una buona frase può stare dovunque. In tre righe o dentro mezza, in una descrizione o in una battuta di dialogo, e può brillare per la scelta accurata degli aggettivi, o per un verbo piccino come la serratura di una porta, da cui sbirciare un mondo intero.

Perciò, l'esercizio è questo: scrivi un brevissimo dialogo concentrandoti non tanto sulla ricercatezza del linguaggio, ma sulla forza dei concetti che esprimi. Per andare al cuore della situazione, bastano poche parole.

Soluzione:

> Quando ebbe finito mise via la pinzetta, si medicò la ferita con della garza, poi si alzò e si tirò su i pantaloni e passò il kit al bambino perché lo rimettesse al suo posto.
> «Ha fatto male, vero?», disse il bambino.
> «Sì. Ha fatto male.»
> «Tu sei molto coraggioso?»
> «Insomma, così e così.»
> «Qual è la cosa più coraggiosa che tu abbia mai fatto?»
> L'uomo sputò un grumo di catarro e sangue sulla strada. «Alzarmi stamattina», disse.

La riconosci? È una scena di *La strada*, di Cormac McCarthy. McCarthy ha individuato un preciso dolore, un dolore fortissimo e universale, e l'ha messo in bocca al suo protagonista, facendoglielo dire in sole due parole: *Alzarmi stamattina*.

Chi è che non ha sentito pungere lo stomaco, leggendo questa battuta? Chi è che non l'ha mai pensato, almeno una volta nella vita? E allora il coraggio non è sempre un miracolo, per ognuno di noi? Alzarsi dal letto, nonostante tutto quel che capita, non è un atto commovente?

Cormac, ci manchi moltissimo.

12. Pensa a qualcosa di preciso, che conosci bene: un elemento del paesaggio, il dettaglio di un oggetto, l'espressione sul volto di una persona, perfino una persona tutta intera.

Dopodiché cerca la parola, una soltanto, che da sola basta a renderlo, a rappresentarlo.

Soluzione: Nell'incipit di *Opera struggente di un formidabile genio*, Dave Eggers scrive:

> Di là dalla finestra alta e stretta del bagno il cortile di dicembre è grigio e triste, gli alberi si stagliano calligrafici.

Calligrafici. Esiste un aggettivo più adatto per descrivere la sagoma degli alberi scuri, in lontananza? Alberi alti, e poi più bassi, e di nuovo alti, e medi e alti ancora, in un lungo alternarsi di curve e di altezze sulla riga del paesaggio, in un'unica grafia che sembra appartenere alla stessa mano.

Calligrafici. Non esiste un'altra parola per dire questo. Eggers ha trovato *le mot just*.

5. Il mondo che abiti

È un'evidenza che i grandi autori e le grandi autrici sappiano tradurre gli eventi che sconvolgono la loro epoca in materiale narrativo. Le opere rappresentano, a prescindere dalla consapevolezza di chi le scrive, un barometro molto preciso del senso comune del tempo. Prendiamo in esempio la seconda metà del Settecento. In Inghilterra nasce il romanzo gotico, con le sue atmosfere cupe, i castelli diroccati, le morti cruente e, più in generale, l'attrazione per tutto ciò che è terrificante, mostruoso, abnorme, inverosimile, in poche parole: soprannaturale. È il seme da cui, più tardi, germoglieranno celebri romanzi ottocenteschi come *Frankenstein* di Mary Shelley o *Dracula* di Bram Stoker, in un momento storico in cui la domanda che muove molte storie è: dove sta il confine tra vita e morte?

Sono le nuove scoperte scientifiche e mediche a fornire il materiale narrativo: se quando il cuore smette di battere, il corpo non muore immediatamente, allora i cadaveri sono davvero tali, se contengono ancora della vita? E se alcune parti della salma possono muoversi quando stimolate con una scarica elettrica, allora il corpo potrebbe essere rianimato per intero? Che tipo di creatura diventerebbe, in quel caso? E più in generale: quand'è che una persona è morta davvero? Di qui, il terrore diffuso di essere sepolti vivi e il dilagare delle storie sui non morti (zombie, fantasmi, vampiri) – ah, *fun fact*: fu proprio in quel periodo che vennero create le *safety coffins*, quelle bare dotate di sistemi d'allarme attivabili dall'interno. Ma andiamo avanti nel tempo: *Lo strano caso del dottor Jekyll e Mr. Hyde* di Robert Louis Stevenson è un testo che si apre al Novecento, dunque alla scoperta della psicanalisi e dell'inconscio. Oppure, *La macchina del tempo* di H.G. Wells. È il 1895 ed è normale che la lente di ingrandimento sia puntata sulle paure della società postindustriale, sul futuro incerto. Insomma, esistono ossessioni che sono figlie del tempo che le scrittrici e gli scrittori sono chiamati a vivere, e che i libri sono chiamati a incarnare. Ma vale anche per il cinema: che dire del film *L'uomo dagli occhi a raggi X*, di Roger Corman? La storia segue il dottor Xavier, uno scienziato ossessionato dal superamento dei limiti della vista umana, che sviluppa un siero in grado di far vedere oltre lo spettro visibile, ma con conseguenze devastanti. La presunzione del protagonista può essere considerata l'incarnazione della febbre che ha contagiato le persone durante il boom economico nell'immediato dopoguerra, portandole a pensare che tutto fosse possibile.

Non è quindi un caso che dopo le bombe sganciate su Hiroshima e Nagasaki il 6 e il 9 agosto 1945 la narrativa e il cinema siano stati attraversati dallo spettro della minaccia nucleare. Da *Fahrenheit 451* di Ray Bradbury passando per *Io sono leggenda* di Richard Matheson, *Incidente nel deserto* di Octavia Butler, *La civiltà del vento* di James Ballard, *Il signore delle mosche* di William Golding, *La strada* di Cormac McCarty, noterai tu stesso che innumerevoli altri titoli inizieranno ad affiorare alla tua mente come se avessi gettato nel mare dei tuoi pensieri, giusto per stare in tema, una bomba.

Allora, bisogna chiedersi: quali sono le ossessioni del nostro tempo, e quindi anche del tuo?

Il cambiamento climatico lo è senz'altro. E continua a restarlo il nucleare. Poi c'è la guerra, purtroppo c'è sempre la guerra. Il precariato perenne, l'impossibilità di costruire un futuro che profumi di solidità. E le alluvioni, ma qui torniamo al cambiamento climatico e come vedi siamo già nella ruota ossessiva dei pensieri circolari. Storie di migrazioni, di catastrofi, di umanità alla fine.

Devi dunque diventare abile a intercettare le ossessioni che ti connettono agli altri e alla nostra epoca, perché le tue storie trarranno linfa vitale (e a volte radioattiva) proprio da lì. Detto ciò, non si tratta certo di fare libri a tema, cercando di infilare nella trama quante più questioni calde riusciamo a farci stare – eh no, che porcheria. Si tratta invece di essere attenti, osservare il mondo, immergersi nella realtà e dare voce alle sue contraddizioni, alle sue tensioni e ai suoi silenzi. Ma di farlo perché è un gesto inevitabile, non per rispondere meccanicamente a un trend. Infatti, se sarai radicato nel tuo tempo, non potrai fare a meno di tessere una narrazione che respira e si alimenta della vita stessa – e la vita è intrisa, a seconda di quando la viviamo, di una serie di ossessioni profonde. Ossessioni private e collettive, che abiteranno la tua trama in maniera naturale, solo se la tua priorità non sarà testimoniare queste ossessioni, ma raccontare una storia autentica.

E ADESSO SCRIVI

13. Scegli un tema che, a tuo avviso, ossessiona le persone oggi. Dopodiché scrivi un racconto. Hai carta bianca.

Soluzione: Spesso, quando sentiamo parlare di ciò che ossessiona la società, istintivamente ci tagliamo fuori dal discorso, come se per noi, come singoli individui, il discorso fosse più complesso e non amalgamabile ai problemi degli *altri*. Eppure, noi siamo gli altri.

E quando ci permettiamo di approfondire quei problemi, di

scendere a fondo nelle ossessioni del nostro tempo, finiamo per accorgerci di questo: ci siamo dentro fino al collo.

Ecco, la scrittura è un ottimo modo per fare questa immersione, per prendere certi terrori ed esorcizzarli, ops… *esercitarli*, ci correggerebbe Stephen King. In effetti, ha ragione: qui non si tratta di liberarci dai problemi, ma di affrontarli, di attraversarli.

14. Così, al brucio: scegli uno di questi soggetti e dì la tua, prendi posizione.

- I diritti LGBTQI+
- Il conflitto israelo-palestinese
- La Paleo Diet
- L'eutanasia
- Gli OGM
- La cancel culture
- L'auto-tune
- Il botox
- Il sistema elettorale statunitense
- L'AI

Soluzione: No, non importa se per questo esercizio ti sei sentito più a tuo agio nel prendere posizione sul botox rispetto ai diritti LGBTQI+, perché non ti abbiamo chiesto di scegliere il tema più importante di cui, secondo te, nella società odierna è fondamentale discutere (in quel caso, speriamo non avresti risposto ancora «il botox»). Si trattava soltanto di capire dove si collocano i tuoi interessi, le tue fisse, le tue competenze, di mappare le tue conoscenze e di raccogliere un indizio su quale potrebbe essere, per te, la strada più percorribile per affacciarti alla realtà, anche nelle pagine dei tuoi racconti o dei tuoi libri.

15. Ce li hai un paio di amici un po' matti? Di quelli a cui chiederesti più o meno qualsiasi cosa e sai che ti risponderebbero di sì?

Allora scorri la rubrica e cerca i loro numeri: trovane tre o quattro, invitali al parco, in spiaggia o, se è abbastanza grande, nel tuo giardino, per proporgli un esperimento. Si chiama *Staring Backward*, ed è la performance che l'artista Filippo M. Ceredi ha messo in atto nel 2018 in piazza Maggiore, a Bologna, in cui un gruppo di persone camminano all'indietro osservando l'ambiente che li circonda. I passanti li guardano stupiti, disorientati: è davvero una scena surreale! Ma cosa stanno cercando di fare?

Stanno cercando di riappropriarsi di uno spazio pubblico attraverso un'esperienza collettiva, attraverso il loro *corpo collettivo*. E perché si cammina così, come gamberi?

Perché si tratta di guardare il mondo che ci stiamo lasciando... dietro. Prova a fare questo esperimento anche tu – ma se qualcuno ti chiede, racconta che l'idea non è tua, e neanche nostra. Poi invitalo a fare parte del corpo collettivo!

Alla fine, confrontatevi sull'esperienza e annota le vostre sensazioni.

Soluzione: All'inizio sarà stato un po' strano per tutti e per tutte. Chi guardava non avrà capito che cosa stesse succedendo, e avrà fatto un po' di resistenza alla richiesta di prendere parte all'esperimento, magari non avrà neanche accettato. Altri, invece, si saranno buttati e avranno preso parte al corpo collettivo insieme a te e ai tuoi amici. Dopo un po' di incertezza (in effetti, camminare al contrario non è qualcosa che ci viene proprio naturale) avrà sentito quella forza che ci attraversa quando il nostro corpo si espande in tanti corpi, e ci sentiamo di essere molto di più.

E questo camminare nella direzione opposta avrà finito per farvi sentire, proprio come voleva l'ideatore della performance Filippo M. Ceredi, una sorta di cinepresa, dove i vostri occhi sono l'obiettivo che si allontana lentamente dal soggetto. Lo abbandona, in un atteggiamento che rinuncia a qualsiasi pretesa di appropriazione intenzionale del luogo. Che si limita a riceverlo per immagini senza pretendere di possederlo, perché l'intenzione è soltanto attraversarlo, esserne parte.

Questa particolare attitudine non vi fa sentire nessun campanellino?

È l'attitudine perfetta per chi scrive: ricevere il mondo, sapendo che tutto ciò che potrà stringere tra le mani sarà soltanto la sua immagine. È questa che metterà sulla pagina. Un'immagine tanto vicina alla realtà quanto chi scrive sarà disposto a rispettare il suo carattere cangiante e collettivo.

6. *Mirare al centro*

Vittorio Reta, un poeta che meriterebbe di essere maggiormente ricordato, nella sua opera poetica *Visas* (dedicata a un'altra straordinaria poetessa, Patrizia Vicinelli) scrisse: «So che al mio silenzio non ho avuto risposta perché non miravo mai al centro».

Partiamo da qui, dalla necessità di mirare al centro di ciò che senti di dover raccontare. Per poterlo fare, proviamo a tirare le fila di quanto detto finora e a scoprirne le ricadute pratiche.

Domanda numero uno

Prima di tutto: nelle tue giornate a cosa pensi? Sapresti dare un colore ai tuoi pensieri? Prova a chiederti cosa quelle tonalità rappresentano per te, cosa ci vedi davvero, a quale sentimento si accompagnano. Essere consapevole dei tuoi meccanismi, delle tue tensioni e delle tue paure può permetterti di abbandonare molte ingenuità e di operare scelte strutturali e stilistiche più interessanti di quelle che il nudo istinto ti porterebbe a fare.

Pensa a Dino Campana: lasciamo da parte tutti i riferimenti tendenziosi e le morbose curiosità legate alla sua vita privata, e interessiamoci invece al suo orfismo, alla sua ossessione per Nietzsche, alla passione divorante che lo legava a Sibilla Aleramo, al racconto degli internamenti in manicomio e alle fughe. Sì, tutto questo ci importa nella misura in cui può rivelarci i moti profondi che hanno animato la sua poetica e il suo stile lirico e bruciante (la poesia *Barche amorrate* ne è un fulgido esempio).

Se invece leggerai il saggio di Haruki Murakami di cui abbiamo parlato all'inizio, scoprirai che l'autore non è davvero ossessionato dalla corsa, ma dai cambiamenti del proprio corpo, dalla necessità di controllarlo attraverso una disciplina ferrea che è anche metafora della disciplina dello scrivere, in quanto capace di modellare e strutturare un testo. Di dargli, in sostanza, una forma.

Okay, forse una domanda sola non basta a raggiungere il centro dei tuoi moti profondi, soprattutto se si tratta di tradurli in parole, di trasformare parte di quel materiale incandescente nelle pagine di un racconto o di un libro – diciamo un libro: puntiamo in alto.

Dunque, vediamo se qualche altra domanda ci può aiutare.

Domanda numero due
Quale delle tante storie che ti attraggono merita di diventare un libro?

Consiglio spassionato: lascia perdere ogni logica di mercato, evita di pensare a cosa può portare un romanzo in classifica o ai premi più ambiti. La realtà è che esistono troppe variabili in campo, perciò concentrati soltanto su quello che puoi controllare. A essere ancora più onesti, concentrati su quello che *ti chiama*.

Esistono branchi sterminati di storie interessanti e avvincenti che sguazzano libere nell'oceano della vita: cercare di pescare la migliore è semplicemente un'idea folle. Magari hai una cugina che ha avuto una vita epica, pazzesca, una storia da farci romanzi, saggi, film e remake. Magari sei inciampato su un fatto di cronaca a cui non riesci a non pensare e sei certo che ne verrebbe fuori un documentario o una serie tv da urlo. Magari le frasi che senti scambiare dal panettiere sotto casa tua possono accenderti un'idea incredibile. Vedi, le storie sono ovunque, pullulano, germinano, alcune muoiono nell'ombra, ma solo per concimare il terreno di altre storie che germoglieranno portando con sé la memoria di tutto quello che non è stato raccolto per tempo.

Il tuo problema resta il criterio di scelta. E l'unico possibile ha a che fare con la tua ossessione. Può essere quella di una vita o una soltanto temporanea, ma di certo, a vincere, è quella che non riesci a estirparti dalla mente. Magari è la storia che razionalmente non sceglieresti – troppo dura, lunga, apparentemente noiosa, impegnativa o personale. Perché inoltrarsi in un territorio selvaggio quando potremmo trascorrere una piacevolissima giornata alle terme? Meglio allora scegliere qualcosa di più facile, d'impatto, di moda, qualcosa che funziona di sicuro?

Eppure, la realtà è che non possiamo mai essere sicuri, non c'è nulla che possiamo sapere in anticipo. Perciò, la domanda da porsi è: preferisco scrivere male una storia pazzesca di cui non mi importa granché e che altri scriveranno senz'altro meglio, o preferisco raccontare qualcosa che mi spaventa, ma che mi riguarda e mi coinvolge nel profondo, al punto da avere la certezza che quella storia stia aspettando proprio me?

Assumerci la responsabilità di quello che ci ossessiona è l'unico modo per metterci a scrivere ciò che abbiamo il diritto di scrivere. Anche se questo ci fa tremare le gambe e se la nostra urgenza di raccontare è così tanta da sembrare quasi irrazionale. Un po' come l'orco della nostra infanzia: sebbene a pensarci ci prenda una paura matta, dobbiamo lasciarlo parlare. Forse ha qualcosa di fondamentale da dirci.

Domanda numero tre

Bene. Sei abitato da una storia che su di te ha più potere di tutte le altre. E bruci dal desiderio di scriverla. Il primo passo è stato fatto, ti stai allenando a mirare al centro, ma sei ancora lontano dallo scoccare la freccia.

La terza domanda da porsi è questa: qual è il momento giusto per iniziare a scriverla?

Siamo abituati a credere che ci sia un moto di propulsione interna che ci spinge a prendere la penna in mano, e che rende impossibile resistere al richiamo della pagina bianca del quaderno o del monitor. È vero, questo moto esiste, ma in quella spinta creativa (e soprattutto maieutica) il giudizio si frantuma, ed esiste soltanto l'urgenza della scrittura – tutto questo è legittimo e persino auspicabile, ma solo per quanto riguarda una prima e ingenua (per quanto appassionata) stesura. Ricordi quel che diceva Hemingway? La prima bozza di qualsiasi cosa è sempre una merda.

Be', spesso anche la seconda lo è.

La notizia straordinaria è che questo ci rende liberi di osare, di conoscerci, di osservare tutto ciò che è imperfetto e quindi dolorosamente vero anche negli aspetti più retorici, ridondanti e stereotipati.

Perciò il momento giusto per scrivere è adesso, subito, anche se quel che verrà fuori non sarà ancora tessuto in una trama robusta. Quella verrà, non dubitarne. Tu però inizia. E soprattutto rileggiti con calma, dopo avere fatto decantare le pagine per qualche giorno. Solo allora inizierai a capire cosa hai scritto davvero, al di là della storia che avevi intenzione di scrivere.

Forse, questo sarà il primo momento in cui potrai davvero mettere a fuoco la tua ossessione. In questa fase non ti parlerà soltanto attraverso la trama, ma soprattutto attraverso lo stile e le scelte lessicali che hai messo in campo, molto probabilmente senza troppa consapevolezza. Vedi, in narrativa possono esserci parole, ripetute soprattutto in prima stesura, che potranno rivelarti stereotipie lessicali camuffate da ripetizioni, e ossessioni che di te hai sempre ignorato.

Se scriverai diversi libri potrai addirittura scoprire che ci sono temi ricorrenti e situazioni su cui tendi a tornare. E non è mai intenzionale. Lo noterai portando una storia dal buio alla luce.

Cosa intendiamo per luce? L'incontro tra il tuo immaginario strutturato (ossia la storia che diventa trama) e i suoi lettori e lettrici, il momento in cui è toccato dal loro sguardo e dalle loro personali interpretazioni.

Ultima domanda: il centro

Ricapitoliamo: rispondere alle prime domande ti è servito a capire che quella storia la dovevi raccontare; sì, proprio lei. Come quando ti innamori di una persona e non sai perché quella e non un'altra. Accade. È inevitabile. Tu e *la* storia siete fatti per danzare insieme. Ma se vuoi che la danza non ti lasci al centro della pista esausto e senza fiato, dovrai imparare a conoscerne i passi, i moti convulsi, le pause: ecco a cos'è servito rispondere alla terza domanda. A capire che, di solito, il vero momento in cui la storia nasce è dopo aver buttato giù la prima bozza. Attraverso le riscritture potrai rafforzare il senso di ciò che dici, potrai fare quello che un eccellente scultore o un'eccellente scultrice sa fare con la pietra, o Cézanne con la Sainte-Victoire.

Leggiti e rileggiti, sarà come cercarti nello specchio. O sbirciare dietro la maschera.

Ed eccoci arrivati all'ultima domanda: dopo aver risposto alle altre, ti senti in *pace*?

No: allora riparti daccapo, le risposte non erano quelle giuste – non in assoluto, certo. Non erano giuste per la persona che sei ora, in questo momento della tua vita.

Sì: hai raggiunto l'occhio del ciclone. Perché è vero, la tua ossessione si agita e borbotta e ti chiama, ma quando tu rispondi, quando la segui e la attraversi, ecco che raggiungi il punto calmo in cui, finalmente, vi incontrate davvero.

Forse: è tutto giusto, non ripartire daccapo. Fidati di questa stilla pacifica e vai avanti, scrivi, resta in ascolto. Osserva, non fare nient'altro.

Ormai lo sai, la tua ossessione non è una mela. E non devi coglierla, per nessuna ragione al mondo. E non perché coglierla è peccato (l'abbiamo detto, non è una mela – non è *la* mela), ma perché un'ossessione, se davvero è degna di questo nome, non matura mai davvero, ma permane appesa al ramo della tua mente come un frutto succosissimo e ctonio che chiede continuamente di essere colto, quando invece dev'essere soltanto acutamente osservato. Ascolta ciò che si agita sul fondo, coraggio.

E ADESSO SCRIVI

16. Scrivi un racconto che inizia così: *È ciò che vuole. Sopra ogni cosa, nient'altro che questo.*

Soluzione: Potremmo quasi dire che, in fondo, ogni racconto inizia così. E se non si tratta del racconto di chi abita la storia, senz'altro è quello di chi la scrive. Infatti, ormai lo sai, ogni creazione artistica (e la letteratura non fa eccezione) ha alla base un'ossessione.

Qualcosa che è più di una semplice fissa per qualcosa, ma un'attrazione implacabile e nevrotica, e la sua forza a volte può farci anche paura. Ma di fronte a questa paura gli artisti e le artiste cosa fanno? Si consegnano. Si mettono al servizio della propria ossessione e la celebrano. Sì, è una sorta di possessione.

17. Un personaggio ripete ossessivamente un gesto: pesta tre volte lo zerbino con il piede destro prima di entrare in casa. Racconta perché.

Soluzione: Potrebbe essere una casa condivisa: quando lui è fuori dentro vivono i fantasmi, e quando lui è dentro i fantasmi vanno a farsi un giro. E i tre colpi sullo zerbino sono la loro parola in codice.

Oppure è una sorta di casa viva, come quei pesci isola dei film che a un certo punto aprono gli occhi e sfoderano le pinne. Insomma, i tre colpi servono a evitare che la casa si spaventi.

Invece no, mettiamo da parte la fantasia: questo personaggio è terrorizzato dagli insetti, e battendo lo zerbino si assicura di farli scappare prima che lui ci metta entrambi i piedi sopra.

O magari è un rito: se pesta il piede tre volte tutto andrà bene, non litigherà con la moglie e potrà andare a dormire sereno.

E se fosse parte della sua storia personale? È un gesto che gli ricorda la sua giovinezza da ballerino di tip tap, però in casa non si può esercitare perché è vietato tenere le scarpe; fuori casa invece non sta bene. Allora ha scelto un ambiente neutro, una terra di nessuno: lo zerbino. *Tac, tac, tac.*

18. Dopo tutti questi esercizi, forse sei riuscito a farti un'idea del colore, della forma persino del nome della tua ossessione.

Bene, allora adesso prova a scrivere una tua descrizione, omettendola: descriviti senza la tua ossessione.

Soluzione: Che cosa rimane? Sicuramente moltissimo. Eppure, la senti: manca. Non sei tu. Cioè, sì, sei tu, ma non fino in fondo.

Allora, se per caso non avessi ancora individuato la tua ossessione, questo può essere un buon esercizio per rivelarla. Che cos'è quel dettaglio che, se ti viene tolto, è in grado di ridurre la tua personalità? Di renderti incomprensibile e sfocato? Avanti, eccolo.

3

Iniziare

Scuola Holden con Annalisa Ambrosio,
Martino Gozzi, Loredana Lipperini,
Flavio Nuccitelli, Andrea Tarabbia

Ora, forse, ti sentirai come alla fine di maggio, quando arriva il vento mite e la sera inizia ad avere un profumo diverso, un'aria più affidabile. La temperatura che senti, però, non dipende dalla stagione, ma dalla maggiore prossimità a quel fuoco, a quel nucleo caldo e ineludibile che anima il tuo scrivere.

Sì, la tua ossessione, quel ricco carburante che spinge ogni parola verso la pagina e a cui, piano piano, ti stai avvicinando. Se sei arrivato fin qui, sarai forse riuscito a nominarla, sarai quasi riuscito – quasi – rispondere alla domanda fondamentale: *perché scrivi?*

Dunque, è fatta? Si parte? Eh no, mica è così semplice. Di domanda non ce n'è soltanto una – almeno cinque, diremmo. In questo capitolo ci impegneremo a nominarle tutte. Tu, però, prometti: impegnati a rispondere.

1. Chi?

Il 14 ottobre 2013, durante la *Reading Agency's annual lecture,* Neil Gaiman fa un intervento dal titolo: *Why our future depends on libraries, reading and daydreaming,* perché il nostro futuro dipende dalle biblioteche, dalla lettura e dal sognare a occhi aperti. Difende, come avrai capito, il diritto a leggere e l'accesso pubblico alla lettura. Lo fa come lettore e come scrittore, ed è forse nei panni di quest'ultimo che ci dice qualcosa che è in effetti ovvio, ma non sempre ci ricordiamo: *Fiction is the lie that tells the truth.*

La finzione è la bugia che dice la verità. Che cosa intende Neil Gaiman?

Che se è vero che le storie sono il frutto dell'immaginazione, è anche vero che l'immaginazione è quella di chi scrive: una persona in carne e ossa che abita un mondo reale, ed è sempre da lì che arriva il suo sguardo. Dunque, ogni opera di finzione nasce e, in fondo, racconta qualcosa che ha che fare con il mondo da cui si origina, perché quando scriviamo una storia, quello che facciamo è, in effetti, modulare il grado di vicinanza o di distanza dai fatti.

Non siamo veramente in grado di elaborare qualcosa dal nulla, lo facciamo intrecciando dati e modelli con cui siamo entrati in contatto: ogni paese inventato è una mistura di luoghi che abbiamo attraversato e ogni personaggio è un agglomerato di persone che abbiamo conosciuto o desiderato – funziona un po' come nei sogni. E potremmo dire che i sogni, per quanto assurdi e lontani dalla nostra realtà quotidiana, sono irrimediabilmente *nostri*.

Ora, scrivendo siamo un po' più lucidi di quando sogniamo – o per lo meno lo siamo alla seconda, terza, quarta stesura (è per questo che riscrivere è fondamentale, l'abbiamo visto nel capitolo precedente) – ma, anche in questo caso, il risultato dipende dal contenuto della nostra testa, dalle sue bizzarrie e dalla sua unicità. È anche per questo che l'idea per cui tutti i temi siano già stati trattati – l'amore, la guerra, il viaggio – non dovrebbe preoccuparci troppo. Perché, anche se molti autori e autrici li hanno raccontati in precedenza, non lo abbiamo ancora fatto *noi*, che avremo sempre l'occasione di aggiungere il nostro pezzetto di verità.

E quando parliamo di verità non ci riferiamo soltanto all'autenticità degli eventi narrati (te lo racconto perché è successo veramente), ma anche – e se si parla di fiction, diremmo, soprattutto – all'autenticità dell'emotività narrata (te lo racconto perché le emozioni che genera sono reali) e dei comportamenti umani (te lo racconto perché sono proprio queste le cose che, nella vita, ci muovono). Infatti, i grandi romanzi sono quelli che ci fanno vivere *per davvero* un mondo che non esiste nella realtà, ma che ci sembra tale grazie alle emozioni che mette in scena, che suscita e con le quali riusciamo a immedesimarci.

In un'intervista al «New Yorker» del 2018, Salman Rushdie ha detto:

> Quando leggiamo un libro che ci piace, o addirittura che amiamo, ci troviamo d'accordo con il suo ritratto della vita umana. Sì, diciamo, questo è il nostro modo di essere, questo è ciò che facciamo gli uni agli altri, questo è vero.

Attenzione, dunque. Scrivere a partire da noi stessi non significa intessere un racconto ombelicale, tutt'altro: significa portare sulla pagina ciò che, per quanto personale e intimo possa sembrarci, abbiamo profondamente in comune con gli altri esseri umani – perché mica scrivi solo per te stesso, giusto?

Così, c'è anche un altro aspetto da considerare: la cultura in cui chi scrive è immerso, ovvero ciò che nell'Ottocento tedesco era chiamato *zeitgeist*, lo spirito del tempo. Perché noi siamo, necessariamente, un prodotto del nostro tempo. Siamo il risultato di una serie di condizionamenti sociali, politici e culturali che creano, insieme a noi, la nostra identità (e anche le nostre ossessioni condivise, se ricordi bene).

Perciò, tutto ciò che produrremo sarà indissolubilmente legato allo spirito del nostro tempo, anche dovessimo scrivere storie ambientate «tanto tempo fa, in una galassia lontana lontana...». Anche se dovessimo ritrovarci a scrivere di noi, proprio di noi come protagonisti di un romanzo, non potremo che tirarci dietro il mondo intero.

A proposito, prendiamoci un momento per esplorare brevemente questo genere di scrittura: la scrittura di sé.

Uno dei motivi per cui ci ritroviamo di fronte alla pagina è rielaborare la nostra vita offrendo altre opzioni di percorrenza, immaginare nuovi sentieri rispetto a quelli che abbiamo intrapreso, oppure mondi diversi che avremmo voluto esplorare, vite alternative che avremmo voluto vivere e che magari abbiamo solo sfiorato. Ecco che tiriamo fuori un episodio dalla nostra personale cronologia e iniziamo a coltivarlo, a fare sì che da quel terreno crescano altri fiori. Può sembrarci facile, quasi ovvio, in fondo si tratta solo di scoperchiare la scatola dei ricordi e di dare una forma a ciò che peschiamo, per poi trascriverlo sulla carta. O no?

In effetti, no. Quando decidiamo di scrivere qualcosa partendo da noi stessi dobbiamo intanto scegliere che forma dargli, perché, lo abbiamo accennato, la nostra narrazione può assumere differenti gradi di oggettività, di emotività e di veridicità.

Vogliamo cimentarci in un'autobiografia, un memoir e un romanzo di autofiction? Vediamo come funzionano le possibilità principali.

L'autobiografia

È tradizionalmente intesa come il racconto cronologico della vita della persona che scrive. Ma chi è, questa a persona? Storicamente le vite di cui lasciare testimonianza eterna erano quelle delle figure di massima importanza (dove l'importanza coincideva ovviamente con il potere): imperatori, re, papi, conquistatori, santi. Nella società odierna, lo stesso ruolo di potere non lo incarnano più soltanto presidenti o regnanti, che continuano comunque a essere oggetto d'interesse – Barack Obama, Nelson Mandela, il principe Harry –, ma le celebrità, persone che hanno saputo raccogliere attorno a loro un grande consenso di massa. Allo stesso modo, le opere che nella nostra epoca hanno un grande richiamo sono quelle basate sulla curiosità dei lettori, quelle che permettono loro di entrare nella vita privata di una persona di cui conoscono solo l'immagine pubblica (ne sono un esempio *Open* di Andre Agassi, scritto da J.R. Moehringer, e anche *Chronicles: Vol 1* di Bob Dylan).

Inoltre, nel racconto autobiografico, la persona spesso accompagna la narrazione dei fatti a una riflessione personale che ha compiuto nell'atto stesso di recuperare i ricordi. Riordinare gli eventi che compongono la nostra vita ci permette di ricomporre un'immagine di noi stessi che riusciamo a guardare con una certa distanza, data anche dal tempo, e questo ci fa riflettere. La struttura di un'autobiografia si dividerà dunque in: una parte iniziale che racconta le fondamenta della vita di chi scrive (ricordi d'infanzia, famiglia, prime amicizie), una parte centrale che racconta i momenti cruciali che hanno orientato, definito o minacciato la propria realizzazione, e una parte conclusiva in cui si raccolgono i frutti delle sfide affrontate lungo la vita che ci è appena stata raccontata.

Qui sta il valore aggiunto dell'autobiografia (rispetto, per esempio, a un ritratto fatto su un articolo di giornale o a una pagina Wikipedia), ma che, al contempo, compromette necessariamente l'oggettività del racconto. Anche se si tratta di *non-fiction*, ovvero un'opera che presuppone che tutte le informazioni che leggiamo siano vere e che i fatti narrati siano reali – non è mai possibile essere davvero oggettivi nella narrazione di sé. Perché il sé è, per quanto ci sforziamo di guardarlo da fuori, sempre soggettivo.

Però, fa niente. Anzi, togliere *noi* dal racconto *di noi* potrebbe, in effetti, non funzionare.

Il memoir

Anche qui abbiamo un'opera di *non-fiction*, che quindi racconta fatti reali della vita di chi scrive. Che cosa cambia, quindi, rispetto all'autobiografia?

Innanzitutto, il memoir non si propone come il racconto esaustivo di una vita – dunque l'ordine cronologico dei fatti non è obbligatorio, anzi –, né tantomeno come un racconto oggettivo. Si tratta di un'opera dichiaratamente soggettiva nella quale la persona che scrive vuole ragionare su qualcosa di specifico che, in qualche modo, ha segnato, influenzato o modificato irrevocabilmente la sua storia.

Dunque, il fuoco narrativo non è tanto sui fatti in sé, ma sulle riflessioni che hanno generato, su ciò che si è raccolto e imparato o sulla fatica di superare un evento che ci si è trovati ad affrontare. Il memoir è una condivisione intima che ci fa sentire profondamente connessi con la persona che scrive ed è per questo che, più che verità e *fact-checking*, quello che chiediamo al memoir è l'*onestà*.

Per esempio, in *L'anno del pensiero magico*, Joan Didion ci racconta dell'anno in cui, dopo la morte improvvisa del marito, ha rimesso in discussione tutto ciò che pensava sulla morte, sulla vita, sulla fortuna, sul matrimonio, sui figli, sul dolore. Troviamo tracce della vita reale dell'autrice – letture e conversazioni – affiancate a stralci della sua interiorità, racconti su come riflette ed elabora il trauma, idee su come si può sopravvivere a una perdita, continuando a vivere. È un libro scritto con tale sincerità che diventa, anche per chi legge, un'esperienza di riflessione sulla fragilità dell'esistenza.

Infine, un'altra differenza con l'autobiografia è che il memoir non è necessariamente l'opera di un personaggio celebre, ma ha valore anche in quanto testimonianza di un evento storico o politico o un momento di rilevanza collettiva. Pensiamo, per esempio, a *Un giorno della mia vita* di Bobby Sands, che racconta la sua detenzione scrivendo direttamente dal carcere, di nascosto. Insomma, il memoir è in un certo senso più democratico: ogni individuo è un testimone valido, ogni sguardo è significativo perché contribuisce alla comprensione dei momenti cruciali della storia collettiva – tra l'altro, spesso dando luce a quelle prospettive altrimenti marginalizzate. E anche al di fuori degli eventi storici fondamentali, ogni sguardo aggiunge una sfumatura alla grande rappresentazione della condizione umana.

L'autofiction

La regola è molto semplice: ibridare gli elementi reali della vita di chi scrive (siano fatti o ricordi) con l'orizzonte di libertà della scrittura di finzione.

Dunque, la persona che scrive parte dalle proprie esperienze, che poi manipola per esplorare dinamiche emotive più profonde.

Uno dei massimi esponenti dell'autofiction è, probabilmente, Emmanuel Carrère, che ha raccontato, attraverso i suoi romanzi, molteplici parti di sé (tanto che la moglie, a seguito della separazione, ha imposto un contratto in cui gli proibisce di parlare di lei). Non a caso, in *Yoga* (2021), Carrère definisce la letteratura come *il luogo in cui non si mente*, ma precisa ai lettori che in questo ultimo libro non leggeranno tutta la verità, ma una trasposizione della verità, alterata da processi di eliminazione e revisione. Perché, se è vero che nel praticare l'autofiction bisogna concentrarsi su sé stessi come materiale narrativo, è anche vero che non ci si può neanche limitare al racconto della propria vita: quella è solo la base, il trampolino di lancio verso l'esplorazione di emozioni, temi universali come l'identità, la memoria, la percezione del sé.

E se il memoir è fedele ai fatti (sebbene li selezioni accuratamente dalla linea cronologica di una vita), l'autofiction può essere bugiarda nel racconto degli eventi – sebbene, mai, nell'autenticità delle emozioni che porta. È una mistura di sincerità e di libertà creativa, il luogo in cui sfuma il confine tra ciò che è reale e ciò che è immaginato.

Ovviamente, la distinzione tra queste tre modalità di scrittura di sé – autobiografia, memoir e autofiction – non è sempre netta; spesso, oltre a mescolarsi con altre forme si mescolano tra loro, creando forme narrative ibride.

Detto questo, anche se deciderai che nessuna di queste forme narrative fa al caso tuo, e a prescindere dalla percentuale di verità dalla quale deciderai di partire nello scrivere la tua storia, è bene sapere che ti troverai, in un certo senso, a scrivere sempre di te. Lo abbiamo visto, perfino la fiction nasce da un'auto osservazione, da un guardarsi in quanto individui e in quanto parti del mondo. Eh sì, anche per le storie vale il Postulato di Lavoisier per cui *nulla si crea, nulla si distrugge, tutto si trasforma:* ogni storia che scriviamo somiglia a qualcosa che esiste già, ma, soprattutto, somiglia a noi.

Il nostro preside Alessandro Baricco, nell'intervista a *Che Tempo Che Fa* del 28 gennaio 2024, ha dichiarato:

> Tutti i nostri libri sono dedicati a noi stessi. Tutti i libri degli scrittori contengono gli scrittori. Non illudetevi, non ci sono che libri autobiografici. [...] I libri sono talmente autobiografici che alle volte tu scrivi cose che non ti sono ancora successe e che ti succederanno.

È così che a questa prima domanda: *chi?* Non possiamo che rispondere con il nostro nome.

E ADESSO SCRIVI

1. Pensa alla tua storia preferita, che sia un libro o un film, basta che sia già stata scritta.

Ora ripercorri a mente tutta la vicenda, oppure valla a rileggere se non la ricordi precisamente.

Da questo momento il protagonista di quella storia sei tu. Riscrivi la trama in questo modo, adattandola alla persona unica che sei. Infine, rileggila, com'è cambiata?

Soluzione: Magari sei un grande fan di Harry Potter ed è questa la storia che hai scelto di riscrivere. Però, tu non hai proprio l'aspetto di Harry, sei di piccola statura e hai i capelli rosso fuoco. Gli occhiali li hai, invece. Ma la tua cicatrice è sul sopracciglio destro, segno indelebile di una colluttazione con il vicino di casa che ti rubava lo scivolo nei giardinetti condominiali, e che tu, per questa storia, non faticherai a chiamare Voldemort (in effetti, era quasi cattivo così). Durante l'infanzia hai scoperto di avere un potere particolare che, in questa storia, ti ha permesso di neutralizzarlo. Il tuo potere, fortissimo e inconfondibile, sono le puzzette. Puzzette fetide e mortali che ti hanno reso, ai giardinetti condominiali e perfino a scuola, una vera leggenda. Certo, c'era chi non condivideva la tua abitudine e ti osteggiava, facendo gruppo contro di te. C'era chi, invece, ti appoggiava sempre, seppur chiedendoti di controllare l'impeto quando eravate insieme, come la tua amica Hermione e il tuo amico Ron.

Un giorno, la cuoca della scuola cucina un'enorme zuppa di fagioli, che qualcuno tenta di trafugare. Scatta, allora, l'allarme: chi è che vuole rubarla?

Tu lo scopri presto: è Voldemort, il bambino dello scivolo, che vuole vendicarsi contro di te sfidando a gara di puzzette chiunque voglia mettersi in mezzo, senza pietà, senza risparmiare un solo bambino, senza il rispetto per il naso di nessuno, e senza farlo apposta... stiamo già raccontando una storia da cui l'originale si distanza già parecchio – e in questo caso, per fortuna!

Ciò che con una buffa parodia stiamo cercando di dire è che, qualunque sia la storia di partenza, lo sguardo attraverso cui la racconteremo la renderà unica. Così tanto, che potremmo perfino scegliere una trama conosciutissima e ritrovarci, alla fine, con in mano una vicenda del tutto irriconoscibile.

2. Racconta un fatto della tua vita, senza fare autofiction. Deve rispecchiare *esattamente* la realtà.

Soluzione: Se c'è un autore che ha preso seriamente la pretesa di verità dei lettori, quello è Karl Ove Knausgård, noto per la sua serie di romanzi autobiografici intitolata *La mia lotta* (*Min kamp*, in norvegese). Si tratta di sei volumi in cui l'autore racconta dettagliatamente la sua vita, scoprendo anche gli aspetti più personali e privati e, in effetti, non soltanto i suoi. Come ogni essere umano, le sue relazioni intime sono le stesse di almeno un'altra persona, come per esempio la moglie (non a caso, ex-moglie ormai) che, giustamente, non l'ha presa benissimo.

Ma diamo una sbirciata al tono dei libri, scegliamo qualche riga dalla prima parte del libro numero 1:

> Oggi è il 27 febbraio 2008. Sono le 23:43. L'autore di queste parole sono io, Karl Ove Knausgård. Sono nato nel dicembre del 1968, dunque, mentre scrivo, ho trentanove anni. Ho tre figli, Vanja, Heidi e John, e sono sposato in seconde nozze con Linda Boström Knausgård. Tutti e quattro stanno dormendo nelle stanze che mi circondano, in un appartamento a Malmö, dove abitiamo da un anno e mezzo.

Insomma, mancano giusto le coordinate geografiche. Ma questo non è nulla, perché Knausgård non ha timore di dire la verità su chi è, su cosa fa, come si comporta:

> Non dico mai quello che penso per davvero, non esprimo mai le mie vere opinioni, ma mi adeguo costantemente al mio inter-

> locutore, facendo finta che quello che dice mi interessi, tranne quando bevo perché in quel caso esagero in senso opposto [...]. Quando bevo, soffro anche di blackout e perdo completamente il controllo delle mie azioni, che nella maggior parte dei casi diventano disperate e idiote, ma a volte anche disperate e pericolose. Per questo non bevo più.

Questo è l'andazzo, sì. E al pubblico è piaciuto parecchio. La serie ha ottenuto un notevole successo e ha generato ampio dibattito per la sua franchezza e la sua capacità di esplorare le complessità dell'esistenza umana. E anche sulla nostra morbosa curiosità, che ci tiene incollati alle pagine di un libro ben scritto, certo, che racconta una storia interessante, è vero anche questo, ma soprattutto che dice a tutti gli effetti la verità su una persona.

Il testo più onesto che qualcuno può scrivere su se stesso considerando il fatto che il suo raccontarsi sarà sempre uno sguardo parziale sugli eventi, chiaramente. Ma in ogni caso: quand'è che ricapita un'occasione così?

2. *Quando?*

Lo scrittore inglese Martin Amis è morto nel maggio del 2023. Aveva settant'anni. Negli stessi giorni usciva in Italia il suo ultimo, bellissimo romanzo, *La storia da dentro*. (L'edizione originale era stata pubblicata nel Regno Unito nel 2020.) È un romanzo unico nel suo genere, perché ne contiene tantissimi altri. Come ci informa il risvolto di copertina, si tratta, in realtà, di uno zibaldone di pensieri, ricordi, appunti e citazioni. Ma si tratta, anche, di un manuale di scrittura. Di un insieme di racconti, immaginari e autobiografici. Di una serie di lunghi dialoghi e interviste con i suoi idoli letterari, nonché di una meditazione filosofica sull'amicizia e sulla morte. Di un esperimento di *life-writing*, per usare la sua stessa espressione.

E l'esperimento si apre con un preludio, che contiene già un ribaltamento: l'autore dà il benvenuto al lettore – o alla lettrice, in inglese *reader* è neutro – all'interno della propria casa.

Si comporta da perfetto ospite: lo invita a entrare, gli indica il bagno, gli offre un whisky. È inverno, il caminetto è acceso. Il nuovo anno è appena iniziato. Ci troviamo a Strong Place, un quartiere di Brooklyn. E a parte noi due – rivela Amis – in casa non c'è nessuno. Elena, sua moglie, arriverà più tardi, assieme alla figlia Inez. L'altra figlia, Eliza, è già al college, mentre i due figli del matrimonio precedente sono ormai grandi e non abitano lì. C'è tutto il tempo per conversare, insomma.

Non capita spesso, no? Chi scrive – se può – tende a custodire gelosamente la propria privacy, il proprio studio. La propria solitudine. Amis, invece, arrivato alla piena maturità anche letteraria, con diciassette romanzi e tre raccolte di saggi all'attivo, decide di spalancare la porta di casa e accogliere il lettore nello spazio molto *cozy* che si è costruito con il lavoro di una vita. Uno spazio che, come del resto il complesso edificio del romanzo, è attraversato da persone care, amici, celebrità del piccolo mondo letterario, fantasmi del passato, ossessioni e quelle che Gore Vidal definiva «chiacchiere di libri».

È un ribaltamento salutare perché – lo abbiamo già detto – non dobbiamo mai scordarci che prima o poi la nostra solitudine, e con essa la nostra storia, si dovrà aprire ai lettori e alle lettrici che stanno là fuori, oltre le mura della nostra stanza. E allora perché non rivolgere loro, prima ancora di dare avvio al racconto, un caloroso *Welcome*? Si tratta di un artificio retorico, beninteso: più avanti, Amis ci fornirà una descrizione del suo studio, o meglio di quello che lui chiama «un posto di lavoro in affitto», in una traversa di Portobello Road...

Però è vero che impostare il romanzo fin dalle prime pagine come una conversazione gli permette, tra le altre cose, di azzeccare subito un registro intimo, confidenziale, per nulla ingessato, e un'andatura narrativa sciolta, decontratta, libera di vagare tra le associazioni mentali, le note a margine e gli aneddoti personali. E così, in un batter d'occhio, Amis scorta il suo lettore verso un episodio in cui la figlia Eliza ha quindici anni e lui è stato invitato a tenere un discorso agli studenti della sua scuola media. Prima chiede quanti di loro vorrebbero scrivere nella vita – almeno i due terzi alzano la mano – e poi stabilisce un'analogia tra la scoperta di sé che matura con l'adolescenza e il mestiere dello scrittore (anche *writer* è neutro, naturalmente).

E dice agli studenti:

> In beata solitudine vi trastullate con i vostri pensieri e sentimenti, e a volte sui pensieri e sentimenti degli altri. In solitudine.
>
> Ecco, questa è la vita dello scrittore. L'aspirazione comincia adesso, intorno ai quindici anni, e se diventerete scrittori la vostra vita non cambierà mai. Io continuo a fare la stessa cosa mezzo secolo dopo, da mattina a sera. Gli scrittori sono adolescenti in stallo, ma felici di esserlo. Se ne stanno volentieri agli arresti domiciliari...

Adolescenti in stallo, ma felici di esserlo.

Agli arresti domiciliari. Anche questo è un ribaltamento sano, igienico, perché toglie alla solitudine quell'aura mistica carica di presunzione che avvertiamo, alle volte, nelle parole di chi parla pomposamente di scrittura. Essere adolescenti per tutta la vita e ascoltare la propria voce interiore – questo sì che è un programma!

Naturalmente, Amis sa bene che la faccenda è un po' più complessa. Potremmo addirittura dire che tutta la sua opera è un'esplorazione di questa complessità, da *Il dossier Rachel* al suo primo memoir, *Esperienza*. Nella *Storia da dentro*, oltre alle chiacchiere con Saul Bellow e Christopher Hitchens, Amis tratteggia le figure del padre, il famoso scrittore Kingsley Amis, e della sua compagna, la famosa scrittrice Elizabeth Jane Howard. Con amorevole attenzione, Amis descrive le loro diverse modalità di *stare* nella solitudine: Kingsley era disciplinatissimo, un «tritatutto» che si concedeva appena mezz'ora di pausa per il pranzo e che per il resto della giornata, quali che fossero le sue condizioni di salute, lavorava assiduamente nello studio. Elizabeth Jane Howard, l'autrice della fortunata saga dei Cazalet, era invece più discontinua e volubile: vagava per casa e si perdeva in mille attività, dalla cucina al giardinaggio, finché non correva nello studio e cominciava a battere sui tasti della macchina da scrivere. Quando riemergeva dopo quelle sessioni tempestose, aveva scritto più di quanto Kingsley avesse prodotto in un'intera giornata.

Eppure, non esiste né può esistere una regola che valga per tutti, e anzi ciascuno di noi è chiamato a trovare la propria modalità. Però è utile ricordare, come in un certo senso fa Amis, che essere adolescenti significa anche essere, almeno in qualche misura, assorbiti da sé stessi, appartati, placidamente indipendenti. E che in questo distacco può depositarsi una riserva di energia, oltre che di consapevolezza.

Forse – viene da pensare – dovremmo tutti imparare a stare un po' con noi stessi, per il nostro benessere prima ancora che per la scrittura, almeno quel tanto che basta per riprendere fiato, per lasciar decantare le emozioni o giungere a una decisione. In tutt'altra epoca, Blaise Pascal, maestro di pessimismo, pur augurandosi qualcosa del genere nutriva forti dubbi sulla riuscita dell'impresa. «Ho detto molte volte che tutta l'infelicità degli uomini viene da una sola cosa, e cioè il fatto di non riuscire a stare tranquilli in una stanza. Un uomo che ha ciò che gli serve per vivere, se sapesse starsene a casa in pace non uscirebbe per andar per mare.» Michel de Montaigne, maestro di relativismo, era più possibilista. «Bisogna riservarsi un retrobottega tutto nostro, indipendente, dove stabilire la nostra vera libertà, il nostro primo ritiro e la nostra solitudine. È là che dobbiamo ritrovarci abitualmente con noi stessi, in una tale separatezza che nessun dialogo o comunicazione con altri possa trovarvi spazio.»

E dove può essere questo luogo? Lo studio, il laboratorio. La camera da letto. La stanza tutta per sé, come chiedeva – legittimamente – Virginia Woolf. A te la scelta, che è *così* personale. Quanto a noi, ciò che possiamo suggerirti non è dove scrivere, ma come il luogo in cui scriverai influenzerà la tua pagina.

Però, aspetta. Ci stavamo chiedendo quale fosse il momento perfetto per iniziare. Dunque, rispondiamo a una domanda alla volta: *Quando?*

A sentire Martin Amis, e noi siamo d'accordo con lui, l'adolescenza è il momento perfetto, a patto che duri tutta la vita.

E ADESSO SCRIVI

3. Ricordi quando, da adolescente, ti chiudevi nella tua stanza con la musica in cuffia e tagliavi fuori il mondo?

Bene, prova a farlo di nuovo: scegli il tuo album preferito, stravaccati sul letto, e se ti fa sentire meglio puoi anche indossare quella cintura borchiata che ti piaceva tanto (tanto lo sappiamo che l'hai tenuta). Quindi ascolta la musica e lasciati ispirare. Quando ti sentirai soddisfatto spegni, siediti alla scrivania e scrivi un racconto breve che contenga, in qualche modo, quelle note. Basta un cenno, un'atmosfera condivisa, una certa parola importante, la reazione di un personaggio, il ritmo, il tono, un'immagine.

Soluzione: E mentre gli scrittori prendono ispirazione dalla musica, i musicisti prendono ispirazione dalla letteratura: per scrivere *Scentless Apprentice,* Kurt Cobain pensò a *Il profumo* di Patrick Süskind, un libro che lesse almeno dieci volte. E che dire dei riferimenti a *Il Signore degli Anelli* in *Ramble on*, dei Led Zeppelin? O di *Sympathy for the Devil,* il brano dei Rolling Stones che cita *Il Maestro e Margherita* di Michail Bulgakov? Oppure, pensiamo alla rilettura che Bruce Springsteen ha fatto di *Furore,* di John Steinbeck, in *The Ghost of Tom Joad.*

A volte poi, si parla di interi album: *Non al denaro, non all'amore né al cielo,* di Fabrizio De André, è ispirato all'*Antologia di Spoon River* di Edgar Lee Masters, e Edoardo Bennato ha dedicato alle fiabe due concept album di grande successo: *Burattino senza fili,* del 1977, che si rifà a *Le avventure di Pinocchio* di Carlo Collodi, e *Sono solo canzonette,* del 1980, che arriva dritto da *Peter Pan,* di James Berry: «*Seconda stella a destra, questo è il cammino...*».

Chi è che non sta già cantando?

4. Pensa a un'idea che ti convince, una di quelle che hai avuto da poco e che magari non hai ancora provato sulla pagina. Adesso rompi la tua solitudine e raccontala a qualcuno, anzi, a più di una persona. Confrontati. Poi scrivila sotto forma di racconto breve, o di poesia.

Quando, dopo un po' di riscritture, senti che il testo è pronto, torna dalle stesse persone e chiedi un parere. Ascolta, colleziona i consigli, scegli. Infine, ultima il lavoro.

Soluzione: *Nessun uomo è un'isola*, scriveva John Donne. Bene, in qualità di esseri umani, neanche gli scrittori e le scrittrici sono isole, e anche se per mestiere a volte devono prendere il largo, è bene che sappiano anche tornare indietro, che riescano a considerare gli altri come parte della stessa terra che li costituisce. In questo modo, le persone che ascoltano le nostre idee appena nate non sembreranno volercele rubare, ma ci regaleranno il loro punto di vista. E quando leggeranno i nostri testi finiti, non sembreranno volerli distruggere per una qualche forma di povera invidia, ma ci staranno offrendo una critica costruttiva.

Certo, le persone bisogna sceglierle bene: amici, professionisti, persone di cui si ha stima e che a loro volta stimano noi. Però è importante che ci siano, e che siano tante.

E se a volte ci sembra di non poterci fidare di nessuno, è perché forse siamo noi i primi a non considerarci così degni di fiducia: siamo quelli che borbottano, che manomettono, che rodono di gelosia. C'è solo un modo per rimediare a questo fatto: cambiare filosofia di pensiero.

Quando ti ritrovi a pensare «Lui non merita questo successo, sono meglio io», oppure «Lei è bravissima, io faccio schifo», tira un bel respiro e anziché pensare in termini di miseria, pensa in termini di abbondanza: «Lui merita questo successo e io merito questo successo», «Lei è bravissima e anche io lo sono», oppure «Lei e bravissima e anche io posso diventarlo, con impegno e un pizzico di fortuna, piano piano, ogni giorno».

Non ti senti già meglio?

Soprattutto, se conosci persone che hanno più esperienza di te o un particolare talento allora incontrale, chiedi consiglio, confrontati: coltiva la tua voglia di imparare. È quel che di più prezioso avrai sempre a disposizione.

3. Dove?

Il mestiere di scrivere si può compiere con niente: bastano una matita e un foglio, non è il caso di una abilità in cui una strumentazione migliore offre necessariamente un risultato che con mezzi più rudimentali sarebbe impossibile da ottenere. Per uno sciatore non è indifferente il paio di sci che indossa, per un musicista la qualità dello strumento fa una grande differenza, per un pasticcere avere o non avere un abbattitore è determinante, ma invece per lo scrittore no: le possibilità di lavorare con successo non cambiano se il suo metodo per scrivere è analogico o digitale, se la sua pagina è un lenzuolo oppure un sacchetto di carta. Data questa particolare condizione del gesto quasi puro e immateriale che lo scrittore compie quando scrive, potrebbe sembrare che non esistano poi tanti modi diversi di procedere e di cambiare l'effetto che appare sulla sua pagina, ma invece non è così.

Certamente la pagina che scriviamo è di molto influenzata dal posto in cui siamo, dalla posizione in cui ci troviamo e da tutto il rumore che abbiamo o non abbiamo di sottofondo.

William Faulkner, per esempio, ha scelto di scrivere il suo romanzo *Mentre morivo* in miniera: «scelto» è una parola grossa, faceva l'operaio, perciò si è trovato a scrivere in quella condizione molto particolare di caos, assenza di luce e grande stanchezza. A Fernanda Pivano, che lo intervistò più tardi, quando oramai Faulkner era un autore famoso, lui disse che scriveva «nelle ore di minor lavoro, tra la mezzanotte e le quattro del mattino, usando come tavolino una carriola capovolta». Nel 1929 aveva 32 anni e faceva il fuochista alla centrale elettrica dell'Università di Oxford, in Mississippi.

Come ha influito questo contesto sulla sua pagina, sul suo ritmo e sulla sua composizione?

Non c'è una risposta, o almeno non c'è per noi: per avere un quadro convincente e certo degli effetti bisognerebbe riportare indietro Faulkner e chiederglielo direttamente, ma è probabile che scrivere in un contesto scomodo, in una posizione fisicamente scomoda, abbia reso la sua prosa più assordante e la sua pagina più mossa, irrequieta. Se si legge *Mentre morivo*, che è una storia urlata e sussurrata a turno in capitoletti che danno progressivamente voce a tutti i suoi personaggi, viene da pensare che sia così. Ma magari, invece, l'autore nello spazio di calma maggiore possibile che è riuscito a ritagliarsi (quello notturno appunto), si è sentito di aver scritto pagine più dolci e meno furibonde di altre, proprio grazie all'habitat singolare in cui si trovava. Ciò che stiamo dicendo è che tra le tante consapevolezze che si sviluppano, quando si scrive, una di queste riguarda il modo in cui cambia quello che scriviamo in base al clima in cui siamo immersi mentre lo facciamo. Quindi, puoi mettere in conto che hai la possibilità di fare degli esperimenti per conoscerti meglio, per capire come varia il modo in cui scrivi se sei a casa tua o a casa di altri, se sei in un posto affollato, oppure in solitudine, se stai seduto oppure in piedi.

Se pensi che l'idea di scrivere in piedi sia folle, in realtà era lo sport praticato da alcuni grandi agonisti della specialità olimpica della scrittura come J.D. Salinger o Ernest Hemingway. Quest'ultimo di solito scriveva in camera da letto, svegliandosi all'alba e utilizzando tutte le prime ore del giorno; leggenda e testimonianze vogliono che poi alla fine si facesse una bella nuotata in piscina, per allungare i muscoli e anche per rilassarsi un po'. In una lunga intervista rilasciata al «The Paris Review» Hemingway dice anche che quando un personaggio si affacciava d'improvviso alla sua immaginazione lui cedeva e saliva nel suo studio, ubicato su una certa torretta di casa sua, dove finalmente si sedeva.

Ora, queste abitudini e questi rituali intorno alla scrittura a prima vista possono sembrare delle pose, interessanti per i giornali di gossip più che per qualcuno davvero interessato a scrivere una bella storia, ma non è vero: decidere *come* scrivere, *dove* scrivere, *in che posizione* scrivere è utile per produrre un certo effetto. A condizione che uno abbia un'esperienza sufficiente del proprio rapporto con la scrittura da sapere che cosa cambia da un mezzo all'altro, da un posto all'altro, da una posizione all'altra. Sono cose che si imparano con il tempo, senza stufarsi di osservare i risultati dei tanti esperimenti che si fanno.

Da qualche anno a questa parte c'è una grande scelta da fare, a monte della scrittura. Scrivere a mano o scrivere al computer?

Scrivere a mano sulla carta e scrivere a computer sono due operazioni che producono pagine completamente diverse. Se si scrive a mano ci si deve occupare della propria calligrafia: lo sforzo di imprimere lettera dopo lettera sul supporto produce una memorizzazione istintiva di alcune parole, siamo più lucidi su quello che abbiamo scritto. A mano si è del tutto liberi nell'organizzare lo spazio del foglio e, per quanto si sia precisi, non è possibile spaziare sempre nello stesso modo, come farebbe una macchina. Scrivendo a mano cancellare è possibile fino a un certo punto, dopo bisogna arrangiarsi, cioè ricopiare su un foglio pulito, oppure grattare via, rigare, arrampicarsi sui margini, scrivere più piccolo, lasciare dei messaggi in bottiglia ai nostri sé del futuro prossimo perché capiscano che cosa ci siamo detti. In cambio di tutta questa lentezza, che cosa si ottiene? Memoria, intensità, vicinanza.

Se si scrive al computer si va più veloci, la grafia è indifferente, un correttore ti segnala più o meno timidamente se hai messo un apostrofo di troppo, o se hai dimenticato un punto e virgola prima di un «perciò». Al pc è possibile contare con pochi comandi le battute, quindi si è più inclini a farlo, il senso di controllo è totale, e a volte può irretire un poco l'immaginazione, trasformare la nostra mente che scrive in un piccolo, efficiente ufficio contabile. Sullo schermo cancellare è semplicissimo, sovrascrivere non è necessario, modificare è un piacere, si può addirittura «trovare» un errore di cui ci siamo ricordati dopo avere scritto con più disinvoltura, e senza rileggere daccapo. Quali sono i vantaggi di affidare la composizione a un intermediario? Velocità di calcolo, oggettività, cancellazione immediata e pulita.

Tuttavia, un giusto o uno sbagliato non c'è. Anche se gli editori da tempo non accettano più di buon grado manoscritti che non siano dattilografati, cioè scritti al computer o a macchina –

cosa che comporta tra l'altro un giustissimo risparmio di carta – la verità è che niente ci impedisce di fare ciò che vogliamo: possiamo scrivere in un certo modo e poi ricopiare. Possiamo pure passare da un metodo all'altro. Siamo liberi di riscrivere su carta i passaggi che dobbiamo capire meglio, o di appuntare a matita le nostre bozze stampate per diventare i primi correttori di noi stessi. Toccare i fogli, sottolinearli e poi stracciarli. Va bene.

In realtà scrivere a mano o scrivere sulla tastiera non sono le uniche due possibilità.

C'è una terza via vecchia quanto il mondo che sta tornando di moda, rinnovata dalle nuove tecnologie tascabili che ci accompagnano tutti i giorni: il dettato vocale.

Che cosa cambia se anziché scrivere ci appuntiamo a voce ciò che desideriamo dire e solo dopo, in un secondo momento, lo mettiamo per iscritto? «Scrivere a voce» si può fare ed è un esercizio incredibilmente interessante anche per chi, fra noi, è alle prime armi.

Se iniziamo a raccontare oralmente la nostra storia è facile che le prime volte procederemo in maniera un po' confusa, andando avanti e indietro, senza la stessa attenzione ossessiva alle parole che avremmo davanti a un foglio bianco. Perché? Forse perché parlando il flusso veloce della nostra voce non può rallentare troppo, non può cancellarsi ma al massimo riformulare, forse perché parlando siamo abituati a sbagliare, a rielaborare, a chiarire, e alla fine siamo meno severi con noi stessi, più sciolti.

Registrarsi può esserci utile come riscaldamento per superare la paura di iniziare, o per capire come funziona la nostra voce. Dopo avere registrato poi possiamo sbobinare il nastro, cioè riascoltarlo trascrivendo ciò che sentiamo, parola per parola.

E il vantaggio qual è? Il primo è che, se ci viene un'idea memorabile e siamo in mezzo al traffico, è una delle poche possibilità che abbiamo. Un altro vantaggio consiste nel fatto che, nelle orecchie, la nostra voce diventa come un paesaggio da percorrere lentamente: per quanto siamo veloci a battere sui tasti, dovremmo comunque fermarci spesso, perché è improbabile che la nostra ribattitura stia al passo della parola. E allora finirà che con calma vediamo il paesaggio della nostra voce, impariamo a prevedere come si comporta, e intanto pensiamo a come si può aggiustare. Ci troviamo a valutare quello che ascoltiamo in termini di composizione.

In passato non c'erano icone di microfoni incorporate in schegge di litio e carbonio, ma era possibile parlare a lungo, memorizzare, e dopo riportare le parole nelle cose, sul foglio, o dove era possibile.

Non si tratta dunque di una nuova invenzione, anche questa di ascoltare prima la voce è da tempo una possibilità, che produce sulla pagina effetti di un certo tipo. Uno degli effetti più ricorrenti che si verificano in questo caso è che noi capiamo più nettamente che cosa tenere e che cosa lasciare, perché l'ascolto è lento ed evidenzia i passaggi di una storia o di un ragionamento che ci hanno annoiato perché non finivano mai.

Prima di iniziare a scrivere è interessante pensare a come scomodarsi, a quale condizione possiamo cercare per dare un certo volto alla nostra pagina e alle sue parole. Nel suo *Il libro delle case*, lo scrittore Andrea Bajani dice che per scrivere i suoi romanzi ha avuto bisogno di trovarsi nelle case degli altri, a casa sua per molto tempo non è stato in grado di farlo. Non è una posa: è così, è possibile, ma per saperlo bisogna provare. La stessa cosa capita con il materasso, duro o morbido che sia. Non tutte le schiene sono uguali.

E ADESSO SCRIVI

5. Imita J.D. Salinger (e tanti altri) e prova a scrivere l'inizio di una storia in piedi, possibilmente in un posto molto affollato. Riesci a concentrarti? Che cosa cambia rispetto alla posizione seduta? Com'è che queste condizioni influenzano il ritmo della tua pagina?

Soluzione: Non c'è una risposta esatta, com'è ovvio che sia. Un grande trambusto ci può spingere a essere più ordinati (resistiamo al caos, lo bilanciamo con accanita disciplina) oppure, al contrario, molto disordinati (ne siamo disturbati e non riusciamo a tenere il focus, oppure il trambusto ci piace e semplicemente ci abbandoniamo alle sue piacevoli scosse). Le nostre idee nel flusso dei rumori o dei pensieri degli altri possono prendere strade nuove e insospettabili (rubiamo espressioni, parole, cose che non avremmo mai scritto eppure: sono perfette!). E la posizione in piedi? Magari ci spinge a selezionare frasi brevi, parole chiave, ché non abbiamo un vero e proprio appoggio, è tutto temporaneo e non è il tempo per le meditazioni. Scarabocchiamo velocemente, in un angolo, un po' in allerta perché magari non ci va di dare spiegazioni a nessuno.

Comunque sia andata, questo esercizio è utile come osservatorio, per vedere se riprodurre certe condizioni porta sempre certi risultati oppure no. Puoi ripeterlo uguale, e puoi ripeterlo cambiando luogo e posizione: se, per esempio, fossi stato seduto sull'erba, in un bosco, non avresti magari scritto una poesia? In ogni caso, ricorda questo: quando la scrittura si incaglia nei suoi blocchi, un modo per liberarla dall'*empasse* consiste proprio nel cambiare posizione.

6. Scrivi un racconto breve, va bene qualunque storia. L'importante è che tu la scriva a mano: prima la brutta, e poi la bella, come si faceva a scuola.

Soluzione: All'Università di Harvard si scrive a mano: molti insegnanti vietano il computer per prendere appunti, e per gli esami si usa spesso carta e penna. Un vezzo?

Neanche per sogno. Semplicemente sanno bene che scrivere a mano coinvolge e stimola aree cerebrali maggiori di quanto faccia la digitazione sulla tastiera. Questo ci porta a sviluppare la memoria, il pensiero creativo, e a creare nuovi collegamenti di senso.

In effetti, è facile capire perché: scrivere impugnando una penna è più faticoso. Bisogna guardare il punto in cui si scrive, tenere d'occhio i margini, la grandezza delle lettere, e poi mica esiste un correttore a indicarci dove stanno gli errori, bisogna prestare molta attenzione. Quando invece scriviamo su una tastiera guardando lo schermo, spezziamo quella continuità tra l'occhio e il gesto concreto di unire una lettera all'altra.

Inoltre, quando scriviamo a mano esprimiamo la nostra individualità attraverso la calligrafia e il tratto personale, una cosa che con i font prestabiliti è impossibile. Esercitare la calligrafia però è un'abitudine lenta, meditativa: ma non è forse il caso di prenderci un po' di tempo, a volte, anziché correre cercando il massimo della produttività anche quando scriviamo i nostri racconti?

Ma, dicci un po', com'è andata la fase di riscrittura?

Probabilmente non avevi nessuna voglia di farla, ma quando ti sei deciso a iniziare hai riscoperto una certa piacevolezza: quella di concentrarti semplicemente sulla forma delle parole. Parole che uscivano dalla penna in flusso continuo, senza interruzioni (o quasi, se ti è capitato di fare qualche micro-correzione), nell'atto di ripercorrere il tuo racconto in un momento che era al contempo scrittura e lettura. Un momento assolutamente tuo.

4. Come?

Anton Čechov, senza dubbio il più grande scrittore di racconti che la letteratura abbia conosciuto, era un uomo generoso. Riceveva di continuo lettere di ammiratori, ma anche di parenti e amici, che gli inviavano i testi narrativi che avevano scritto e gli chiedevano un parere. Lui, a quanto ne sappiamo, li leggeva e rispondeva a tutti, e lo faceva con il suo tono gentile, ma in modo fermo e puntiglioso.

A Elena Šavrova, un'amica a cui diede una mano a pubblicare, scrisse, senza mezzi termini: «Il racconto è piuttosto prolisso: la tesi salta agli occhi, i dettagli colano come olio versato, viceversa i personaggi si notano appena. Ci sono figure superflue; ad esempio il fratello e la madre della protagonista. Ci sono episodi superflui; ad esempio gli avvenimenti e i discorsi prima del matrimonio».

A un'altra amica, Lidija Avilova, scrisse invece: «Il paesaggio lo sentite, vi riesce bene, ma non sapete distribuirlo, e ogni tanto capita sotto gli occhi quando non occorre; c'è un racconto che scompare addirittura sotto una valanga di brani descrittivi buttati a palate dal principio del racconto fino (quasi) alla metà».

In una di queste lettere, dovette trovare un modo gentile per commentare una noiosissima descrizione della natura che una signora aveva inserito, per pagine e pagine, all'interno di un racconto. Si parlava della primavera che si avvicina: il ghiaccio si scioglie, spuntano i primi boccioli, gli uccellini cinguettano... insomma si inanellava una serie di ovvietà, ma lo si faceva indugiando su ogni particolare, esasperando ogni suono, ogni colore, ogni minima percezione. Il risultato era deleterio per il racconto: i lettori, costretti per troppe pagine a entrare dentro forre e campi fioriti e a inseguire inutili rondini, perdevano il filo della storia e finivano per annoiarsi. Čechov scrisse all'autrice che, per quanto riguardava l'interminabile brano sulla primavera, lui avrebbe risolto il problema cancellando *tutto* e sostituendolo con un'unica, semplice frase: «L'erba era già verde».

È una frase sublime. In quel *già* c'è tutto – il disgelo, i boccioli, le rondini, le forre: tutto. Per scrivere – e soprattutto scrivere cose brevi, come in quel caso – bisogna sapere cogliere ciò che è essenziale per la storia e lasciare indietro tutto il superfluo.

Se è vero che un racconto non è certo un romanzo in miniatura – perché funziona secondo regole proprie –, è anche vero che iniziare a scrivere sperimentando con la forma breve può essere un'ottima idea. Sebbene creare un racconto ben fatto non sia necessariamente più semplice di scrivere un buon romanzo, è senza dubbio più rapido, non ci richiede lo stesso tipo di impegno nel tempo. Ciò significa che puoi divertirti a scrivere molti racconti, cercando di lavorare, di volta in volta, su certi aspetti essenziali della narrazione – uno dei racconti più belli di Gabriel García Márquez, *La donna che arrivava alle sei*, è nato perché Gabo voleva semplicemente esercitarsi con i dialoghi. Riuscire nella forma breve significa essere capaci di selezionare il materiale (magari togliendo quel personaggio o quella scena in più che non servono granché alla storia, come Čechov suggerisce a Šavrova), decidere in quale punto è opportuno fermare il racconto per descrivere un ambiente (come spiega ad Avilova), e sapere che cosa bisogna dire affinché la vicenda risulti comprensibile e cosa, invece, bisogna tacere. Insomma, tutte abilità che ti torneranno utili, dal momento in cui scrivere una storia ha sempre a che vedere con il trovare gli equilibri tra tutte le sue parti.

Inoltre, sono occasioni per saggiare le tue idee (reggono, quando stese sulla pagina?) e di trovare la tua voce (si tratta di attraversare molti stili prima di rinascere nel proprio). Il racconto è quindi una vera e propria palestra narrativa – noi, alla Scuola Holden, iniziamo proprio da qui. Anche quando gli studenti e le studentesse hanno come obiettivo finale il romanzo, ciò su cui lavoriamo innanzitutto è proprio il racconto – e per almeno un anno, eh, mica si scherza.

Ma, nella pratica: quanto è lungo un racconto? Che cosa, esattamente, lo distingue da un romanzo?

Sembrano domande inutili, ma non lo sono: e la prova è nel fatto che è difficile, a volte, dare una risposta univoca. Per esempio: *Una storia semplice*, l'ultimo, splendido libro di Leonardo Sciascia, viene venduto in un volume molto sottile, a sé stante, e se ne parla come di un *romanzo*. Ma si legge in un'ora, ha poco più di 50.000 caratteri. Non è forse un racconto?

Per rispondere, dobbiamo dare qualche numero (poi, promesso, non lo faremo più).

Anzitutto, bisogna definire che cos'è una *cartella editoriale*: è l'unità di misura con cui, in Italia, indichiamo la lunghezza dei testi. Una cartella standard è un foglio scritto che contiene 1800 caratteri (spazi bianchi inclusi), suddivisi in 30 righe da 60 battute ciascuna. A volte, ma è più raro, i caratteri sono 2000, ma in quel caso viene indicato.

In altri mondi editoriali, come quello anglosassone, non si ragiona a cartelle o caratteri, ma a *parole*. Vale a dire che, in Italia, qualcuno ti può commissionare un racconto, diciamo, di 5 cartelle (il che, approssimando per eccesso, significa che vuole un testo di massimo 10.000 caratteri), mentre negli Stati Uniti ti possono commissionare un testo di, per esempio, 500 o 1000 parole. Ognuno ha i suoi standard, e tutti sono arbitrari; quello anglosassone però ha un suo peso, perché sono stati gli americani tra i primi a proporre una distinzione fondamentale e a basarla sui numeri: hanno sostenuto che un testo che supera le 40.000 parole è un romanzo; un testo che non raggiunge quella soglia è un racconto. L'indicazione non è molto precisa, perché se in quelle 40.000 parole ci sono tanti monosillabi il testo sarà decisamente più corto di uno che gioca con la lunghezza dei vocaboli. Insomma: «Sì, sono stato io» è un testo di quattro parole e 17 caratteri; anche «Andai precipitevolissimevolmente a Casalpusterlengo» è un testo di quattro parole: ma i caratteri qui sono 51, cioè il triplo.

Se cerchi in rete, troverai moltissime tassonomie: c'è chi scrive che un racconto va dalle 4 alle 10 cartelle, che dalle 11 alle 50 c'è invece il racconto lungo (o novella), che da 51 a 150 si può parlare di romanzo breve e che, infine, sopra le 150 siamo nel romanzo vero e proprio; altri invece sostengono, all'americana, che un racconto breve ha meno di 7500 parole, un racconto lungo arriva al massimo fino alle 20.000, mentre un romanzo è breve se non ne ha più di 40.000...

Non c'è una regola precisa, insomma. Però, ecco, *Una storia semplice* è un testo di 26 cartelle, grossomodo: è una novella. Forse.

Lasciamo stare i numeri, dunque, che non dirimono del tutto la questione, e domandiamoci di nuovo: che cos'è un racconto?

Potremmo dire che un racconto è un testo narrativo in prosa che si legge in un colpo solo. Ecco, questa è una definizione poco tecnica, ma che funziona: si prende il libro dallo scaffale, ci si siede in poltrona, si comincia a leggere una storia e non si smette finché non è finita *perché la sua lunghezza lo consente*. Magari sono passati cinque minuti, perché la storia che abbiamo scelto è molto breve, magari un'ora: ma, di fatto, abbiamo letto *in un'unica seduta*.

Però non basta: uno magari è matto e insonne, e in un'unica seduta di una settimana legge tutto *Guerra e pace*. Bisogna aggiungere qualcosa. Questa: il racconto sviluppa, per lo più, una sola trama, vale a dire che contiene una singola idea, una sola immagine. Potremmo dire che ha un solo protagonista, il quale ha un solo problema da risolvere.

Per questo motivo non dice proprio tutto sulla vicenda e sul resto personaggi, anzi, neanche del protagonista stesso: sceglie di raccontare un momento particolare della sua vita.

Ricordi l'immagine dell'iceberg? Probabilmente sì, e l'avrai anche sentita un sacco di volte se ti interessi di scrittura creativa, e c'è un motivo: il processo di elisione è fondamentale. Chi l'ha formulato attraverso questa immagine è Hemingway, che diceva più o meno così: 7/8 di un iceberg sono invisibili, perché stanno sotto il pelo dell'acqua. Il compito dello scrittore di racconti è mettere in scena soltanto la parte che affiora in superficie, naturalmente tenendo conto di tutta la massa di informazioni e avvenimenti che sta sotto, quella che chiamava «la massa sommersa dell'iceberg».

In *Fiesta*, riferendosi a uno dei suoi primissimi racconti, scritto quando aveva 24 anni, ha spiegato un po' meglio che cosa intendeva: «In un racconto molto semplice intitolato *Fuori stagione* omisi il vero finale, nel quale il vecchio si impicca. Lo tagliai basandomi sulla teoria per la quale si può tagliare qualunque cosa fintanto che si sa cosa tagliare, e la parte tagliata rafforza la storia e fa sentire al lettore qualcosa di più di quello che ha capito».

Insomma, Peduzzi, il vecchio protagonista del racconto, agisce per tutte le 8 pagine della storia che lo riguarda *come qualcuno che ha già deciso di impiccarsi.* Attraversa Cortina in compagnia di due giovani tedeschi, marito e moglie; il marito cerca un posto per pescare, scortato da Peduzzi, che alla prima riga è già ubriaco. I gesti del vecchio sono frenetici, vuole che tutto il paese lo veda, farfuglia cose a volte incomprensibili e si guarda intorno come se cercasse qualcuno. Compare in lontananza, per una riga, sua figlia, che lo vede e si ritira velocemente. Sulla riva, il vecchio e i tedeschi bevono: gli occhi di Peduzzi luccicano, chiama il giovane «Caro», fa progetti sciocchi per il giorno dopo.

Non vediamo l'ultimo suo gesto, il suicidio. Leggiamo però una storia in cui un uomo agisce come qualcuno che ha deciso di compierlo. Questo modifica il suo comportamento, la velocità con cui muove gli occhi, la fame con cui si guarda attorno. Sulla parte sommersa dell'iceberg è inciso il motivo della sua decisione, il perché è un uomo disperato; forse c'è incisa anche la storia del difficile rapporto con la figlia, o con qualche concittadino. Magari Peduzzi, i tedeschi, non li porta solo a pescare. Ma questo noi non lo sapremo mai, perché ciò che Hemingway vuole raccontare è solo quell'ultimo pomeriggio.

Insomma, un racconto, per funzionare, deve contenere un segreto, qualcosa di non detto. È come se fosse una narrazione incompleta. La storia della vita di un personaggio va, idealmente, dalla A alla Z, ma quello che il racconto mostra ai lettori è soltanto il tratto M-P; solo chi scrive *sa* che cosa è capitato al protagonista da A a L, e probabilmente anche ciò che gli capiterà da Q a Z. Decide di non raccontarlo semplicemente perché la parte davvero interessante della storia è il tratto M-P.

E cosa deve avere, una storia, per essere interessante? Molte cose, naturalmente, ma una davvero fondamentale: scegliamo di raccontare proprio *quell'*episodio della vita di un personaggio perché in quel momento, o in quel tratto, gli è capitato qualcosa che l'ha fatto cambiare. Magari si è innamorato, oppure è morto, oppure ha capito che deve cambiare vita. E noi lo raccontiamo proprio per quello: perché in quel tratto, in lui, avviene il *cambiamento*.

Attenzione, però, il cambiamento non lo devi spiegare, lo devi mostrare – ed ecco di nuovo l'eco di Hemingway, che da lontano tuona: *show, don't tell!*

E con ragione. Ma solo: anche con la ferma intenzione di applicare questo metodo a tutto ciò che accade nella storia. Non spiegare mai quello che succede – il perché un personaggio fa una determinata cosa – e non spiegare nemmeno perché succede: lascia che parlino i fatti, i gesti, le azioni. Dopotutto, è così che succede nelle nostre vite, no? Nessuno ti spiega perché l'autobus che aspettavi non si è fermato: semplicemente, non si è fermato.

Se un tuo personaggio fa una cosa orribile, o stupida, non lo giudicare: lascia che la faccia, e seguilo. Sei il testimone delle sue azioni, non il loro giudice.

Allo stesso modo, non spiegare e non giudicare quello che qualcuno dice o pensa: lascia che lo dica o che lo pensi.

Soprattutto, non usare il racconto per esprimere le tue opinioni sulle cose che succedono nel mondo: la narrativa non va molto d'accordo con l'argomentazione. Immagina che, nel bel mezzo di un film, gli attori si fermino e, anziché continuare a discutere, o a fare l'amore, guardino in macchina e spieghino i motivi della loro discussione o dicano che il regista pensa che fare l'amore sia bello. Se hai un'opinione che pensi sia forte o interessante, non dirla tu. Mettila in bocca a un personaggio: fagliela esprimere in un dialogo, e fa' in modo che i suoi interlocutori la mettano in dubbio. Insomma, rendila dinamica, e tieni sempre a mente che, a volte, basta rendersi conto che l'erba era *già* verde.

E ADESSO SCRIVI

7. L'abbiamo detto, uno dei maestri del racconto breve è Ernest Hemingway. La sua regola dell'iceberg, recitiamola una volta ancora, sta nel raccontare solo quella parte della storia (che di solito coincide con azioni minime e quotidiane) capace di far intuire a chi legge che lì sotto c'è qualcosa di molto importante e profondo che riguarda le radici della vita. Qualcosa di enorme e spaventoso che ha a che fare con un senso – o un'insensatezza.

Per rispettare questa regola, Hemingway faceva innanzitutto tre cose: sceglieva pochi personaggi, li piazzava in un ambiente circoscritto e si guardava bene dal rimanere per troppo tempo dentro le loro teste – niente arrovellamenti, niente flussi di pensieri. Invece, li faceva parlare tra di loro.

Scrivi un racconto breve che funzioni proprio così.

Soluzione: Di' un po'. Hai scritto di qualcosa che conosci? O meglio, di qualcosa che hai *capito*?

Te lo chiediamo perché questo era, in effetti, un punto fondamentale. Scegliere un pezzo di mondo con l'idea di ridurlo all'essenziale, di levare finché non resta la sostanza, è qualcosa che puoi fare solo se quel pezzo di mondo lo conosci bene. Perché, è vero, si tratta di tracciare poche linee, ma devono essere quelle giuste. Altrimenti non è un profilo, è uno scarabocchio.

Per fortuna, però, ognuno di noi è in grado di tirare fuori qualche argomento che sente di aver vissuto a fondo, addirittura compreso; una di quelle due o tre cose di cui è abbastanza sicuro. Quali sono le tue?

8. Notte. Che cosa vuol dire? Quali regole valgono quando cala il buio, e quali, invece, non valgono più? Anziché dircelo, scrivi un breve racconto.

Soluzione: Un altro grande scrittore di racconti è Franz Kafka, che nelle sue opere, anche le più brevi, riesce ad affrontare temi universali con grande sottigliezza e profondità psicologica. Il momento della notte, in particolare, appare con una certa frequenza.

Prendiamo in esempio *La passeggiata improvvisa*, che ritrae quel momento esatto in cui, dopo cena e già vestiti per andare a dormire, quando magari c'è brutto tempo e siamo seduti al tavolo già sparecchiato insieme a qualche famigliare, giocando o lavorando, quando:

> le scale sono già buie e il portone sbarrato, quando ora, nonostante tutto, ci si alza presi da un disagio improvviso, ci si cambia la giacca, si ricompare subito vestiti per uscire, si dichiara di dovere andare [...], quando ci si ritrova in strada, con membra che rispondono con particolare mobilità alla libertà inattesa che si è loro procurata, quando per quest'unica decisione si sente raccolta in sé ogni capacità di decisione [...] noi, saldissimi, neri per l'assoluta nettezza dei nostri contorni, battendo con le mani dietro le cosce, ci si innalza alla nostra vera figura.

E poi aggiunge, alla fine che:

Tutto si rafforza se, a quell'ora di notte, si va a trovare un amico, per vedere come sta.

Ma rimaniamo con Kafka, di notte, dentro una passeggiata che però sborda in un altro racconto, poco distante da questo: *I passanti*, in cui l'autore descrive quella gente che nelle ore più buie ci passa accanto correndo. Eppure non l'acchiappiamo, come invece faremo di giorno, non interveniamo. Due persone si inseguono? Va bene:

> forse quei due hanno inscenato l'inseguimento per divertirsi, o forse stanno dietro a un terzo, forse il primo viene inseguito benché innocente, forse il secondo vuole ucciderlo e dunque diventeremmo complici del delitto, forse quei due non sanno nulla l'uno dell'altro, e ciascuno corre per gli affari suoi, verso il proprio letto, forse sono entrambi sonnambuli, forse il primo ha con sé un'arma.
>
> E, alla fine di tutto, noi non potremmo essere stanchi o ubriachi di troppo vino? Siamo contenti quando non vediamo più neanche il secondo.

5. *Che cosa?*

Ed eccoci arrivati all'ultima domanda. Adesso sai di chi parlare – o meglio, di chi non puoi fare a meno di parlare – quando scrivi; sai quando è bene iniziare e che il luogo che sceglierai plasmerà le tue parole insieme a te; e sai che la forma breve può essere un primo trampolino di lancio. Dunque, è arrivato il momento di scrivere la prima frase sulla pagina bianca. Che cosa scrivi? Be', ciò che scrive chiunque al principio di qualsiasi testo: l'incipit.

«Eh, la fate facile, voi», dirai. E invece non si tratta di questo, perché se ci hai seguiti fino a qui, dall'allenamento dello sguardo, alla scoperta della tua ossessione, a tutte le domande a cui è bene rispondere prima di iniziare… be', sappi che hai *già iniziato*! Probabilmente adesso hai le idee più chiare rispetto a quando eri a pagina uno, e forse ce n'è una che è più chiara delle altre. Vuoi provare a darle fiducia?

Ottimo, parti da lì. E mentre provi a scovare le parole che le rendano giustizia, a tessere la frase che le permetterà di cominciare, noi ti raccontiamo la storia, quella dell'incipit più famoso di sempre. Vedrai, ti aiuterà. È il 12 luglio 1968 e Charles M. Schulz disegna per la prima volta il bracchetto Snoopy concentratissimo sulla sua macchina da scrivere, mentre inizia uno degli innumerevoli romanzi che gli verranno regolarmente rifiutati. L'incipit, naturalmente, è:

> Era una notte buia e tempestosa.

È un vero incipit, peraltro, perché viene da un'opera in tre volumi di Edward Bulwer-Lytton, intitolata *Paul Clifford* e pubblicata nel 1830, che racconta la vita travagliata di un giovane uomo. Della saga non sappiamo nulla, ma le prime sei parole le conosciamo tutti. Per completezza, l'incipit prosegue così:

> Era una notte buia e tempestosa; la pioggia cadeva a torrenti, tranne a intervalli occasionali, quando veniva frenata da una violenta folata di vento che spazzava le strade (poiché è a Londra che si svolge la nostra scena), sferragliando lungo i tetti delle case e agitando ferocemente la scarsa fiamma delle lampade che lottavano contro l'oscurità.

Brutto (perché inefficace, farcito di aggettivi e di incertezze). Così brutto che ha dato vita a un concorso, il Bulwer-Lytton contest, destinato ai peggiori incipit che si possano concepire. Eppure è stato ripreso più volte, anche se non sempre gli autori lo hanno ammesso.

Nel 1948 Shirley Jackson scrive per il «New Yorker» uno dei suoi racconti più famosi e terribili, *La lotteria*, che in apparenza descrive una giornata di festa in un villaggio (non sarà una festa, e il libro è uno degli esempi mirabili di pagan-horror). Ma le prime parole sono:

La mattina del 27 giugno era limpida e assolata.

Il rovesciamento esatto di quella notte buia e tempestosa. Eppure, quello che avverrà man mano nel racconto è tutt'altro che limpido, tutt'altro che adatto a una gioiosa giornata di prima estate. L'ironia per cui Jackson è famosa si esercita anche così.

Più avanti, nel 1980, Umberto Eco scriverà il primo giga-seller italiano, *Il nome della rosa*. Che inizia così:

Era una bella mattina di fine novembre.

E questa volta Eco ammetterà che si è ispirato a *Paul Clifford*. Non solo: nel 2003, Ray Bradbury apre il suo *Constance contro tutti* riprendendo, con una certa ironia, proprio il famoso incipit:

Era una notte buia e tempestosa. È così che si avvince il lettore?

Pare proprio di sì. «Bene», commenta, e ancor più convinto lo ripete di nuovo: «Era una notte buia e tempestosa». E, prima di lui, nel 1995, nella prima pagina di *Il birraio di Preston* Andrea Camilleri traduce in siciliano lo stesso incipit:

Era una notte che faceva spavento, veramente *scantusa*.

Va detto che anche gli incipit degli altri capitoli si rifanno ad altri autori, ma di certo Bulwer-Lytton ha fatto scuola.

Bene, non seguirne l'esempio. Bisogna essere molto bravi per iniziare con una descrizione del tempo, della stagione e dell'ora. George Orwell lo era, e apre così il suo capolavoro, *1984*:

Era una luminosa e fredda giornata d'aprile, e gli orologi battevano tredici colpi.

Tredici, esatto. Ed è il punto in cui chi legge torna indietro per accertarsi di aver capito bene. Non dodici, ma tredici: è il numero sbagliato a dare immediatamente la sensazione di trovarsi in un luogo diverso dal nostro. Scoprirai più avanti che in quel mondo domina il Doublethink, il pensiero che rigetta la logica e dunque crede contemporaneamente a due affermazioni contraddittorie, e si parla una lingua chiamata Newspeak, priva di sfumature e limitata ai concetti elementari. In un mondo così, i rintocchi possono essere pacificamente tredici.

Ed è in questo contesto che fa il suo ingresso, nelle righe immediatamente successive, il protagonista, l'impiegato che proverà a cambiare le cose:

> Winston Smith, affondando il mento nel petto nel tentativo di scampare alle terribili folate di vento, scivolò rapido oltre le porte di vetro degli Appartamenti Vittoria, anche se non abbastanza velocemente da impedire a un turbine di polvere sabbiosa di entrare insieme a lui.

Fa freddo, in questa storia, ed è un mondo pieno di polvere quello in cui vive Winston Smith: lo scoprirai entrandoci, ma quei rintocchi e quel vento e quella polvere dicono già moltissimo. O quanto meno ti mettono in allerta, che è una delle cose che un buon incipit deve fare. Non solo, ovviamente: ci sono incipit che seducono soltanto con la bellezza delle immagini che evocano o che ti incuriosiscono, o ti spaventano. Ricorda: qualunque sia l'emozione, è bene che traspaia subito.

Ah, a proposito! La frase con cui iniziare il tuo testo ha cominciato a prendere corpo nella tua mente?

Mentre assapori l'incipit che, ne siamo certi, ormai ha iniziato a esistere – forse l'hai già scritto su un foglio, magari hai già provato a trovare un paio di varianti – immagina questa scena: sei Virginia Woolf. Scrivi il tuo quarto romanzo: siamo nel 1925 e vuoi restituire al lettore l'esperienza di una singola vita nell'Inghilterra fra le due guerre. Vuoi che questa vita sia quella di Clarissa Dalloway, 51 anni, non particolarmente intelligente, snob, di ottime maniere, senza guizzi e sogni. Vuoi che questa vita si esprima nell'arco di una sola giornata di giugno del 1923: giornata che culminerà con una festa. Ma prima della festa Clarissa farà due incontri che la lasceranno molto turbata. Dunque, inizi così:

> La signora Dalloway disse che i fiori li avrebbe comprati lei.

Perché sai che in quella passeggiata, che costituisce evidentemente un'eccezione alle regole, accadrà qualcosa, anzi, accadrà molto, parola per parola, nel capolavoro di Woolf. Questo incipit non è un azzardo, a differenza del precedente, ma potrebbe apparire scialbo, poco forte, poco originale. Invece, tu sai, mentre lo scrivi, che dentro c'è già tutto.

Va bene, non ti serve altro. Hai iniziato.

E ADESSO SCRIVI

9. Scegli una fiaba, una qualsiasi. Una che ti piace. Ora, immagina un incipit che usi suoni o parole apparentemente prive di senso, ma il cui significato si rivela lentamente.

P.S. Se vuoi andare a sbirciare un esempio magistrale, vai in libreria o in biblioteca (anche la tua, se sei un lettore di Stephen King) e leggi la prima pagina *Misery non deve morire*!

Soluzione: Per esempio:

> *ecchio ervo elleieame,*
> *iè auella elleame?*

Con l'orecchio premuto sulla porta chiusa, era tutto ciò che la piccola Biancaneve riusciva a sentire. Sebbene tutti i giorni provasse a capire quel che la regina Grimilde diceva ad alta voce, dentro la sua stanza, non arrivava mai a trovare un senso a quei suoni. A volte era s*ecchio serbo elle erame, chiè auella erreame?*, in altri momenti le sembrava più *tecchio fervo elle ellare, ielà puellla el reabe?*, ma non una volta che quelle parole volessero dire qualcosa.

Soltanto un giorno riuscì ad affare una parola: Biancaneve! Grimilde l'aveva gridato a gran voce e lei era rimasta contenta: forse, allora, le voleva bene?

Non ebbe il tempo di capirlo, perché quello fu l'ultimo giorno che passò dentro il castello.

10. Lo ha detto anche Stephen King: iniziare con un incipit forte, fulminante, che catturi immediatamente il lettore è una buona idea, ma non è *sempre* una buona idea.

Riprendi in mano almeno tre racconti che hai scritto e prova a rileggerli con occhio critico: quell'incipit è lì soltanto per far figura?

Che cosa succederebbe se abbassassi un po' i toni e anziché scrivere «Ieri ho ucciso mio padre» o «La prima volta che sono morto», provassi a iniziare con una frase più misurata, meno esplosiva, ma sempre molto rispettosa – o addirittura *più* rispettosa – della storia che segue?

Soluzione: Lo scrittore Marco Archetti – che, tra le molte altre cose, si è occupato del quinto capitolo di questo volume – alcuni anni fa ha scritto un articolo intitolato *Mai fidarsi degli incipit fiammanti*, che si chiude così: «basta bellurie che intortano. Chi ben comincia, buon per lui, ha cominciato, ma il romanzo (come l'arte) è lungo. Ne riparliamo almeno a metà dell'opera».

E, in effetti, ha ragione. Un romanzo è un'esperienza complessa, il cui risultato dipende da molti fattori: lo sviluppo dei personaggi, l'intreccio della trama, il montaggio, il ritmo, lo stile, e molti altri elementi di cui l'incipit è, se non l'ultimo, senz'altro non il principale.

È vero, è il nostro biglietto da visita, il nostro invito, ma se poi la festa non regge le aspettative, allora chi legge non accetterà di seguirci ancora. Insomma, un inizio forte non garantisce automaticamente la qualità complessiva di un romanzo. E noi è innanzitutto a questa che dobbiamo pensare, intesi?

4

Fare la guerra e l'amore

Scuola Holden con Emiliano Amato,
Pier Franco Brandimarte e Tommaso Di Dio

Torniamo indietro nel tempo. Pensiamo a quando, da bambini, stavamo sdraiati nel letto con quel pigiama colorato, pieno di stampe del nostro cartone animato preferito, un completo che a indossarlo oggi ci farebbe arrossire, ma che in fondo in fondo desideriamo ancora. Era, in effetti, il pigiama più bello del mondo, così bello che non ce lo saremmo mai tolto, neanche di giorno. Accanto a noi, seduta sul bordo del letto, c'era nostra madre o nostro padre, o forse un nonno, e in mano aveva un libro illustrato con la copertina rigida e il formato curioso, a volte molto grande, a volte molto piccolo, a volte con le pagine bucate da cui si intravedeva un dettaglio dell'illustrazione seguente, che ci faceva venire una gran voglia di girare subito la pagina per scoprire che cosa sarebbe successo dopo. E nella storia che i grandi ci leggevano c'erano draghi, c'erano incantesimi, maghi, principesse.

C'erano i buoni e c'erano i cattivi, e noi stavamo sempre dalla parte dei buoni perché i cattivi di ieri non erano ancora così affascinanti come i cattivi di oggi, e i buoni non erano ancora così noiosi e saccenti come i buoni che incontriamo adesso – o, perlomeno, nessuno di noi se ne rendeva conto. Eravamo ancora bambini e, si sa, i bambini sognano di essere buoni come vogliono i genitori, anche se poi si divertono di più a essere cattivi come suggerisce il cugino più grande. In ogni caso, se ricordi bene, alla fine di tutte queste storie c'era sempre quella frase, quella che avvertiva che la fiaba era finita e adesso era davvero ora di chiudere gli occhi e addormentarsi:

E vissero per sempre felici e contenti.

Era questa la frase che chiudeva ogni avventura, che metteva fine alle peripezie di Biancaneve, di Hänsel e Gretel, della Bella addormentata nel bosco, e anche alla nostra giornata. Nonostante le proteste, dopo quella frase ci sarebbero stati solo baci della buonanotte e sogni d'oro, e nessuno ci avrebbe raccontato in che cosa consisteva quella vita per sempre felice e contenta che i personaggi stavano per iniziare.

La verità è che le fiabe si concludono con una promessa tanto utopistica quanto vaga. Che cosa significa vivere per sempre felici e contenti? Come si trascorrono le giornate quando si è in una condizione di felicità assoluta?

«E vissero per sempre felici e contenti» è un'anteprima sul futuro di personaggi che fino a quel momento hanno dovuto affrontare di tutto, matrigne e sorellastre invidiose, tentativi di omicidio, prigionia... ma è anche una dichiarazione di resa. L'autore o l'autrice ci dice «io mi fermo qui, perché non so come si fa a raccontare quello che succede quando i problemi, gli ostacoli, i conflitti spariscono». Sarà perché, nelle storie, i conflitti sono fondamentali.

1. *Tutti amano Paperino*

Alzi la mano chi preferisce Gastone a Paperino. Se hai alzato la mano (difficile, molto difficile) passa al paragrafo successivo. Se invece non avessi familiarità con le storie a fumetti della Disney, ecco una breve presentazione dei due personaggi.

Gastone e Paperino sono cugini, ma non potrebbero essere più diversi. Paperino è pigro, irascibile, frustrato e soprattutto è sfortunato, se una cosa può andargli storta, lo farà. Lui è un po' la personificazione, o meglio la paperizzazione della legge di Murphy.

Gastone, invece, è vanesio, sbruffone, snob, e per di più è baciato da una incredibile fortuna! Tutto sembra andargli sempre per il verso giusto, tanto che può vantarsi di non aver mai lavorato in vita sua, tranne una volta. È un personaggio che di solito non piace a nessuno, né nella comunità dei personaggi Disney (tranne forse a Paperoga, l'unico che riesce a scalfire la fortuna sfacciata di cui Gastone tanto si vanta), né nella comunità dei lettori e delle lettrici, che finisce sempre per parteggiare per Paperino.

Ma perché ci piace tanto un papero sempre arrabbiato con il destino e con la sorte che si prende gioco di lui? Perché non empatizzare, invece, con un papero a cui le cose vanno bene e che è soddisfatto della propria vita?

Insomma, sembra che sia più facile sentirsi coinvolti dalle disgrazie degli altri che dalla loro felicità. Forse è perché, sotto sotto, vorremmo essere dei Gastone e il fatto di non esserlo genera in noi una certa invidia? Siamo quindi persone così orribili?

Ma no, la questione centrale qui non è l'invidia. Siamo contenti per Gastone, per carità, ma il punto è che lo troviamo estremamente noioso. Come mai?

Quando pensiamo agli elementi necessari per costruire una storia ci vengono in mente i personaggi, la trama, l'ambientazione. Ma se dovessimo dire quel è la componente indispensabile dovremmo rispondere senza esitare: il *conflitto*. Sì, perché senza conflitto la storia non parte, non c'è trama, senza conflitto c'è il vissero per sempre felici e contenti che, come abbiamo visto, è ciò che non si può più raccontare: la fine della storia, non l'inizio.

Dunque, Gastone non ci interessa perché la sua quotidianità è felicemente monotona. Vorremmo una vita come la sua? Magari! Vorremmo *leggere* di una vita come la sua? Neanche per sogno. Invece, vogliamo ricevere una lettera di ammissione a Hogwarts e partire subito, senza neanche fare lo zaino; vogliamo guardare negli occhi il conte Dracula, inseguire la balena bianca con il Capitano Achab, partecipare agli Hunger Games, seguire il coniglio bianco, sfuggire ai pirati, perfino essere i pirati, sopravvivere come naufraghi su un'isola deserta, tremare di fronte al mastino di Baskerville coperto di fosforo luminescente; e poi vogliamo innamorarci di Esmeralda, fare il tifo per Jo March, piangere insieme Jude St. Francis per almeno mille pagine perché, al contrario suo, noi non la vogliamo una vita come tante. Non nei libri, almeno.

E come si fa a ottenere un brivido del genere? Che cosa accende la storia, che cosa la mette in moto? L'incidente scatenante, dirai forse tu. E invece no, o, più precisamente, non del tutto.

Spieghiamoci meglio. Se è vero che una storia per definirsi tale ha bisogno che a un certo punto accada qualcosa, è altrettanto vero che quel qualcosa non è sufficiente se non nasce da un conflitto che lo ha, in un certo modo, generato, o che premette al protagonista di rispondere nel modo giusto – se a Harry Potter fosse piaciuto da matti vivere con gli zii, magari a Hogwarts ci sarebbe andato l'anno successivo.

Va bene, va bene, obiezione accolta: chi cestinerebbe mai una lettera recapitata da una civetta bianca che arriva dritta dritta dalla scuola di magia alla quale sei stato appena invitato a iscriverti? Allora facciamo un altro esempio.

È un bel pomeriggio di fine estate, siamo in Australia, a Melbourne per la precisione, e abbiamo organizzato un barbecue con i nostri amici e qualche parente. È il nostro compleanno, ci sono coppie di diversa provenienza, differente età, differente classe sociale, viviamo in un quartiere multietnico. L'atmosfera è all'apparenza rilassata e distesa, si chiacchiera del più e del meno e per un po' non accade nulla.

Fino a qui non abbiamo ancora una storia, quantomeno una storia che valga la pena di raccontare e leggere. Perciò, innanzitutto, deve accadere qualcosa: sì, proprio l'incidente scatenante, quell'avvenimento, azione o parola che modifica il corso degli eventi – che però da solo non basta. Nella storia che stiamo immaginando (o meglio, nella storia che ha immaginato Christos Tsiolkas, l'autore del romanzo da cui è tratto questo esempio) l'incidente scatenante è lo schiaffo che uno dei partecipanti alla festa dà a Hugo, un bambino di tre anni, tanto bello quanto viziato, che sta brandendo una mazza da cricket contro un altro bambino.

Okay, adesso fermiamoci un attimo ad analizzare la situazione. Abbiamo un gruppo di adulti, amici e parenti, in una situazione di festa e relax dove c'è anche un gruppo di bambini che fanno i bambini. Uno di questi, Hugo, è chiaramente fuori controllo e riceve uno schiaffo da un adulto, Hector. L'incidente scatenante dovrebbe portare avanti la storia, è questo il suo ruolo, portarla su un terreno nuovo ancora sconosciuto sia al lettore sia agli stessi protagonisti. Ma in questo caso, come in realtà capita sempre, l'incidente scatenante da solo non basta a giustificare un cambiamento nella storia e nei personaggi. In fondo, la scena dello schiaffo al bambino potrebbe risolversi con un pianto e con gli adulti che sostengono per qualche minuto la necessità di regole e punizioni, a volte anche severe, prima di tornare serenamente al loro barbecue. Oppure, al contrario, potrebbero unanimemente condannare il gesto violento e isolare o allontanare il colpevole per radunarsi attorno al povero bambino e cercare di consolarlo. Insomma, potrebbe darsi che questo gesto, che per un istante sembra avere il potere di spostare l'asse della storia, non abbia in realtà alcuna conseguenza sui personaggi, e non faccia avanzare la narrazione se non per poche pagine.

Questo è quello che succederebbe se l'autore non avesse costruito dei conflitti fra i personaggi, e anche dentro di loro. Invece, i conflitti ci sono eccome! Ed ecco che lo schiaffo spinge Rosie, la madre di Hugo, a far deflagrare la sua rabbia repressa, che la porta a racimolare tutti i suoi risparmi e ingaggiare un avvocato per denunciare l'aggressore del figlio. In questo modo, la donna sfoga tutte le sue frustrazioni e nevrosi su quell'arrogante arricchito e volgare di Hector, che ha osato colpire il suo angioletto. Dopo questa vicenda, il gruppo di amici si spacca e si ricompone secondo un nuovo schema basato più sull'identità di classe (più abbienti come Hector contro meno abbienti come Rosie) che sulla sincerità dei rapporti. Così vengono a galla le antipatie e i conflitti all'interno delle coppie: il festeggiato, per esempio, capisce che deve mettere fine alla sua relazione extraconiugale con una diciassettenne, l'amica sceneggiatrice deve fare i conti con il tempo che passa e con il suo fidanzato troppo giovane, e il mondo multiculturale e felice che avevamo visto all'inizio si disfa, rivelando la vera faccia di una società ipocrita e a tratti cattiva.

E ADESSO SCRIVI

1. Cenerentola vive con la matrigna e due acide sorellastre nella casa del padre, morto da molti anni senza un testamento decente. Così, matrigna e figlie hanno ereditato tutta la baracca e schiavizzano Cenerentola e la fanno lavorare duro.

Un giorno, però, il messaggero del re arriva a dare una notizia: al palazzo reale ci sarà presto un ballo di gala, in cui il principe sceglierà la sua sposa tra le ragazze del reame che vorranno partecipare alla serata. Evviva! Matrigna e figlie fanno letteralmente di tutto per impedire a Cenerentola di partecipare, non sia mai che il principe la scelga e loro rimangano senza donna delle pulizie. Però arriva la fata madrina, che con il tocco della sua bacchetta trasforma una zucca in una carrozza, gli stracci in vestiti, i topi in cocchieri e Cenerentola arriva alla festa che è una bomba. Il principe (che sorpresa) si innamora perdutamente di lei.

Ballano, ballano, ma a mezzanotte l'incantesimo della fata madrina finisce e, per non ritrovarsi a cavalcare una zucca, Cenerentola scappa e lascia il principe a bocca asciutta. Ma correndo ha perso una delle sue scarpette di cristallo! Il principe la raccoglie e decide di farsi il giro delle case del reame per farla provare a tutte le ragazze e individuare la sua amata, l'unica a cui la scarpetta starà bene (nelle fiabe ognuno calza una misura diversa e non ci sono gli outlet). Comunque, alla fine arriva a casa di Cenerentola, che prova la scarpetta e si lascia riconoscere. Allora il principe la sposa... e vissero per sempre felici e contenti.

Bene, adesso che abbiamo ripassato la storia di Cenerentola, cancella il «vissero per sempre felici e contenti», e inventa un altro seguito.

Soluzione: Allora il principe la sposa... ma le cose non vanno esattamente come pensava. Cenerentola è una brava ragazza, molto intelligente, molto bella, ma ha delle strane manie: parla con i topi, canta agli uccelli, ed è sempre lì a strofinare tutto perché venga pulito. Ma è *già* pulito! Il principe non capisce.

Oppure: Allora il principe la sposa... e Cenerentola dice «No, grazie. Ci ho ripensato. È troppo presto per sposarmi, caspita, avrò sedici anni!». Gli spiega che deve ancora fare le sue esperienze, vuole studiare, fare un anno sabbatico all'estero, non è che si può accettare una proposta di matrimonio così, subito, per un'esattezza di suole. Magari un giorno, chissà, poi gli fa sapere.

Oppure: Allora il principe la sposa... e lei all'inizio è la moglie perfetta, e anche il principe è il marito perfetto, e si guardano tutto il giorno con gli occhi languidi, non fanno nient'altro che quello e la gente del reame comincia a lamentarsi: mica si può andare avanti così, che non si fa più niente, non si prendono più decisioni e il regno va a rotoli. C'è malcontento, la tensione cresce... guerra civile! Rapiscono Cenerentola, ma portandola via lei perde una scarpetta. E la storia ricomincia da capo.

Oppure: Allora il principe la sposa e... caspita. È un tipo insopportabile. Sempre lì a farsi servire e riverire, ma come l'hanno cresciuto, a palazzo? Cenerentola torna dalla matrigna e dalle sorellastre. Il principe dà un altro ballo ma non la invita. E chissene importa.

Potremmo andare avanti parecchio, sai? Eppure, fermiamoci un attimo. Perché la cosa importante da dire è questa: appena il conflitto tocca una storia, la sua capacità narrativa si moltiplica. E nascono milioni di trame.

2. Rimaniamo ancora un attimo nel mondo delle fiabe: fai un ritratto di Biancaneve vent'anni dopo essere stata salvata con un bacio dal principe azzurro. Dove vive adesso? E il principe azzurro è con lei? E i nani che fine hanno fatto?

Soluzione: Biancaneve ha sette figli e due torte di mele nel forno, oppure è una coach motivazionale per bellissime regine in crisi di mezza età?

Dovunque tu l'abbia ritrovata, sicuramente è cambiata almeno un pochino. Sarà un po' invecchiata, e la sua bellezza si sarà fatta più aspra e sicura. Dovrà fare i conti con i figli che prendono i brutti voti, e magari è in menopausa e a volte discute con il principe azzurro che non capisce cosa sono le caldane. Dopo tutti questi anni, nel loro rapporto ci sarà qualche contrasto. O magari è andata peggio, e lui questa attività di baciare le giovincelle nei boschi ce l'ha proprio come vizio, e alla fine hanno divorziato.

Ma in questi anni saranno successe anche tante cose belle: innanzitutto, nessuno cerca più di avvelenarla con le mele e magari ha scoperto nuovi lati di sé: pittura, suona il piano, va a fare i pigiama party nel bosco con la Bella addormentata (a patto che poi qualcuno le svegli tutte e due). E chissà, forse ha fatto amicizia con la gente del palazzo in cui vive, ma torna spesso nel bosco a salutare le mogli e i figli dei nani (sette per due per... due, tre? Quanti figli hanno? In questo bosco c'è un sacco di gente).

Oppure hai deciso di immaginare il suo futuro in un altro modo.

Hai sfruttato il potere magico delle fiabe e Biancaneve è sempre giovane e fresca, felice e contenta e... be', siamo daccapo. Non c'è molto altro da dire.

3. Adesso ti chiediamo di fare qualcosa di impossibile: scrivi una storia di 1800 battute (che in gergo si chiama *una cartella*, ricordi?) in cui i personaggi non hanno conflitti, sono felici, sono contenti, sono carini e coccolosi. Tutto va bene.

Soluzione: Non c'è soluzione. Era impossibile. Dai, non ci odiare. Non era un esercizio fine a se stesso, ma un modo per provarti che *davvero* non esiste altro motore di una storia se non un conflitto, anche piccolo. E se hai scritto questa storia lo stesso, allora guardala bene: sei sicuro che sia una storia per davvero? Una storia è fatta di contrasti, trasformazione. È un personaggio che vuole arrivare da A a B, o che ci ha rinunciato, o che non può farlo (ma lì c'è già un conflitto, lo vedi?).

2. *Fare l'inventario*

La storia è dunque sostenuta dello scontro tra più forze che agiscono contemporaneamente in diversi contesti narrativi e all'interno di vari personaggi. Si tratta di elementi o situazioni che portano tensione al racconto, che di solito spingono il protagonista, ma non soltanto lui, in un territorio inesplorato o dal quale è già uscito sconfitto altre volte.

E poi, non dimentichiamolo: il conflitto può riguardare anche chi legge. Ti sarà certamente successo di chiederti «Come mi comporterei se io fossi in quella situazione?». E se quel conflitto è forte, se il legame che hai instaurato con quel personaggio è autentico, non avrai probabilmente ragionato secondo le tue categorie morali, ma secondo le sue, e avrai sentito un certo attrito tra la tua etica personale e quella di chi abita la storia.

Ma, allora, quanti conflitti ci sono?

In effetti è corretto utilizzare il plurale: abbiamo i conflitti interni al personaggio, quelli di relazione, quelli sociali, o ancora quelli che ci mettono in contrasto con degli elementi astratti. Categorizzarli sarebbe, certo, una semplificazione, ma potrebbe essere molto utile ad avere le idee più chiare. Proviamoci.

Uno contro uno

Gli sceneggiatori americani lo chiamano *fatal flow*, una sorta di ferita profonda che il personaggio si porta dietro da prima che inizi il racconto e che lo blocca nel suo cambiamento. Lui (o lei) vorrebbe essere diverso da com'è, ma non ci riesce. Spesso non ha neppure consapevolezza di questa ferita o non è in grado di rielaborarla, ma non importa, perché la storia che lo riguarda sarà proprio il tentativo fallimentare o vincente di occuparsi di quella ferita, di guarirla.

Un dettaglio importante: è un tipo di ferita che potrebbe appartenere a chiunque. Ha a che fare con qualcosa di universale, che riguarda gli esseri umani fin dalla notte dei tempi e che non li abbandonerà di certo adesso: il sentimento di un amore spezzato, di un lutto, un desiderio di rivalsa. Tutti aspetti della vita che conosciamo bene, e che ci permettono di appassionarci a una storia e a un personaggio anche quando sono molto lontani da noi e dal nostro vissuto – perché in realtà, stringi stringi, non lo sono davvero.

Non importa, infatti, chi siamo noi in quanto singoli individui, quel che conta è che tutte le persone esistenti rispondono a una sorta di «grammatica dell'umano» che agisce a livello profondo, e che prevede una stessa matrice emotiva. Così, anche quando le emozioni che ne derivano prendono sfumature diverse, noi siamo in grado di riconoscere da dove arrivano, siamo capaci di ritrovarle in noi stessi.

Ecco, per esempio, uno dei racconti più famosi di J.D. Salinger, *Un giorno ideale per i pescibanana*. È un racconto strutturato in due parti distinte, in cui il protagonista compare direttamente sulla scena solo nella seconda parte. Nella prima, invece, incontriamo sua moglie Muriel mentre è in una camera d'albergo, impegnata in una conversazione telefonica con la madre. Le due parlano del viaggio in automobile che ha condotto Muriel e il marito Seymour in Florida. La madre sembra essere molto preoccupata per le condizioni di Seymour e, nonostante le rassicurazioni, per l'incolumità della figlia. Scopriamo così che Seymour, in passato, potrebbe aver tentato il suicidio proprio alla guida dell'auto. E scopriamo che a volte tratta male Muriel apparentemente senza motivo, e che tutto questo succede da quando è tornato dal fronte. Prima della guerra, invece, era un uomo molto diverso.

Poi arriviamo alla seconda parte del racconto. Inizialmente vediamo Seymour un po' in disparte su una spiaggia; poi insieme a una bambina, Sybil, a cui racconta una storia che parla di questi famigerati pescibanana, dei pesci molto voraci che si ingozzano di banane fino a morire. Pur non essendoci alcun vero conflitto con la bambina, Seymour la prende bonariamente in giro, fanno il bagno insieme cercando di avvistare i pesci e a un certo punto, per gioco, lui le stringe le caviglie. Non sta succedendo niente, Seymour si comporta in modo amabile, ma noi che abbiamo sentito la telefonata iniziamo a scalciare sotto la sedia: la tensione si fa insostenibile perché sappiamo, o meglio, abbiamo intuito quali sono i fantasmi, i demoni, in una parola il conflitto che agita interiormente il protagonista. Un conflitto che rende ormai Seymour incapace di stare nella società (almeno non come gli altri vorrebbero) e che è così forte da spingere chi legge a identificarlo interamente con questo.

Tutto il racconto altro non è che il tentativo di risolvere questo grumo scuro che lo possiede – anche perché, diciamocelo, altrimenti questa sarebbe la storia di una telefonata fra madre e figlia, in cui la madre è eccessivamente apprensiva e la figlia eccessivamente distratta; più la descrizione di una mattinata in spiaggia in cui un uomo fa il bagno con una bambina, le racconta una favola e se ne torna in albergo. Non molto interessante, no?

Invece, alla fine del racconto, dopo aver salutato la bambina – a cui non fa alcun male – Seymour entra nella stanza 507. Nota, sente gli odori delle valigie e dell'acetone per le unghie, gli odori tipici delle vacanze e del tempo libero che lo fanno sentire così estraneo. Poi vede Muriel addormentata sul letto e si siede vicino a lei, dopo aver preso da sotto una pila di magliette una calibro 7.65 con cui si spara a una tempia. E il racconto finisce.

Noi rimaniamo di stucco, ma solo per i primi due o tre secondi. Perché la realtà è che ce l'aspettavamo. Addirittura, *volevamo* che arrivasse il momento in cui quel conflitto di cui siamo riusciti ad avere solo un sentore – un sentore chiaro, ma pur sempre un sentore – finalmente esplodesse.

Sapevamo tutto, desideravamo tutto fin dalla telefonata tra Muriel e la madre.

Uno contro tutti

Il conflitto relazionale si manifesta fra i vari personaggi e, spesso, è una sorta di derivazione dei loro conflitti interiori, soprattutto per il protagonista. È un tipo di conflitto fondamentale perché è proprio attraverso l'interazione con gli altri che conosciamo davvero chi abita la storia.

Facciamo un esempio e trattiamoci bene. Scegliamo uno dei capolavori della narrativa breve americana: *Colline come elefanti bianchi*, di Ernest Hemingway.

Ci sono due personaggi seduti al tavolino del bar di una piccola stazione ferroviaria spagnola che ordinano da bere e chiacchierano in attesa che arrivi il loro treno. Inizialmente, la conversazione riguarda argomenti all'apparenza innocui come il paesaggio, quelle colline in lontananza che sembrano elefanti bianchi. E poi certi nuovi liquori da assaggiare, per esempio. Ma più andiamo avanti nel dialogo, più percepiamo una certa tensione all'interno della coppia.

Sono americani, lui è più grande di lei, e sono in vacanza. Hemingway non ci dice molto su di loro, l'uomo non ha nemmeno un nome. Nella storia viene chiamato così, *l'uomo*, appunto, o al massimo l'americano. Lei si chiama Jig, o almeno in questo modo la chiama lui.

Da quanto tempo stanno insieme? Perché sono in Spagna? Che lavoro fanno? Non lo sappiamo, sappiamo soltanto che aspettano il treno per Madrid.

A mano a mano che la conversazione avanza, iniziamo a capire il motivo della tensione che aleggia fra i due: c'è di mezzo un'operazione, un'operazione a cui Jig dovrebbe sottoporsi, ma che intuiamo vorrebbe non fare – nonostante l'uomo cerchi insistentemente di convincerla del fatto che non sia un'operazione pericolosa e che anzi, a dirla con parole sue, «non la si può neanche chiamare operazione».

Lo sai, Hemingway è un maestro dello *show, don't tell*, del mostrare senza spiegare, e chiede a chi legge una grande attenzione per capire di cosa realmente i due personaggi stiano parlando. Gli strumenti essenziali, però, piano piano ce li consegna e noi riusciamo a capire che l'operazione in questione è un aborto, che il conflitto che domina l'intera storia è la diversa volontà della coppia: l'uomo vorrebbe che Jig abortisse, mentre Jig è dubbiosa.

Già questo basterebbe a creare un conflitto interessante nel racconto, ma Hemingway fa di meglio, perché i due personaggi sono molto più complessi di quanto sembrano. L'americano vuole che Jig abortisca, ma non vuole prendersi la responsabilità di questa decisione. Vorrebbe che *lei* volesse abortire, per questo cerca di rassicurarla in ogni modo quando gli chiede se tra di loro tutto resterà come prima, anche se decidesse di sottoporsi all'operazione.

Ma sulla coppia aleggia l'insanabile frattura che questo conflitto comporta, perché a leggere bene tra le righe, questo racconto non parla di due persone che discutono sull'opportunità o meno di interrompere una gravidanza, ma descrive la fine di una relazione e ancora più precisamente il momento in cui il conflitto tra i personaggi mostra la sua crudele e ineluttabile verità. Per quanto Jig si illuda, o tenti di illudersi con continue richieste di rassicurazioni, niente resterà come prima, qualunque decisione prenderà. E questo perché ognuno di loro vuole una cosa diversa dall'altro. Eccolo qui il conflitto. Due personaggi (ma ricorda che potrebbero essere anche di più) che di fronte a una situazione, una decisione, un avvenimento, hanno un obiettivo diverso. In questi casi, la storia principale è il tentativo di superare quel conflitto.

Una raccomandazione: il conflitto relazionale *non è per forza un litigio*.

Nel racconto di Hemingway i personaggi discutono e, sì, è vero, c'è tensione in alcuni momenti, ma non stanno litigando. Eppure, il conflitto è gigantesco. Non facciamo l'errore di pensare che un conflitto sia grande solo se i personaggi urlano.

Uno contro la società
Il conflitto con la società esplora la tensione tra l'individuo e le strutture sociali o culturali che lo circondano. Spesso, i protagonisti di queste storie si scontrano con norme, aspettative o ingiustizie che limitano la loro libertà o li costringono a confrontarsi con le proprie identità.

Pensa, per esempio, alla serie *Hunger Games*, di Suzanne Collins. In questa storia, Katniss, la protagonista, si contrappone al rito macabro della mietitura, una versione moderna del mito di Teseo e del sacrificio dei giovani ateniesi dati in pasto al Minotauro, ingaggiando una lotta di resistenza contro il potere dittatoriale della capitale. Oppure pensa al personaggio di Montag, il pompiere di *Fahrenheit 451*, di Ray Bradbury, che fugge dal proprio dovere di distruttore di libri per unirsi a un gruppo di oppositori del regime che salvano i libri imparandoli a memoria. O ancora a Winston, l'impiegato modello di *1984* di George Orwell, incaricato di correggere e modificare i libri e gli articoli di giornale già pubblicati in modo che le previsioni del Partito siano sempre esatte – mentre, in realtà, inizia una lenta ribellione.

Ma al di là del genere fantascientifico e distopico, ci sono tanti altri esempi: *Il buio oltre la siepe* di Harper Lee, che mette in scena lo scontro fra Atticus Finch, avvocato bianco progressista e di mentalità aperta, con la comunità nella quale vive, che si rivela essere oltremodo razzista e conservatrice, al punto da condannare per stupro un giovane di colore nonostante le prove dicano il contrario. La lotta per scarcerare il giovane è il conflitto di Atticus contro la società.

E che dire della graphic novel di Leo Ortolani *Cinzia*? Qui abbiamo una donna transessuale, Cinzia Otherside, che non riesce a trovare lavoro quando si presenta ai colloqui con abiti femminili e decide quindi di accettare, suo malgrado, un ritorno alla veste maschile e a un nome, Paul, che le serve a ottenere un impiego. Ironia della sorte, l'impiego consiste nel fare le fotocopie in un'azienda chiamata «Natura e famiglia» che combatte l'ideologia gender.

Il conflitto esterno di Cinzia, quindi, riguarda l'essere riconosciuta e accettata dalla società in quanto donna.

Insomma, questi conflitti possono assumere molte forme, dalla lotta contro il conformismo, alla sfida alle disuguaglianze sociali, fino al confronto con l'alienazione o l'oppressione – stai mica pensando a Kafka? Noi sì!

Uno contro chi?

Una quarta categoria di conflitti è quella che riguarda gli eventi che sfuggono al controllo del personaggio. Che siano eventi atmosferici, malattie, pandemie, disastri ambientali, mostri mitologici o malintesi, l'unica cosa certa è che il protagonista non è il responsabile della nuova situazione in cui si trova.

Qualche esempio? *Intrigo internazionale*, il film di Alfred Hitchcock in cui Cary Grant viene scambiato per un'altra persona ed è costretto a reagire, suo malgrado. Oppure *Frantic*, di Roman Polanski, che si basa sullo stesso meccanismo dello scambio di persona. Ma possiamo pensare anche a quelle storie in cui i personaggi sono obbligati ad avere a che fare con un mondo che non hanno scelto, come il protagonista del romanzo di James Ballard *L'isola di cemento*, che, a causa di un incidente stradale, viene catapultato in un'enorme isola spartitraffico in mezzo a un raccordo autostradale e deve lottare per sopravvivere e tornare nel suo mondo. Anche romanzi come *Cecità* di Saramago o *Il deserto dei tartari* di Dino Buzzati mettono in scena un conflitto di questo genere, per quanto non sia il solo elemento che genera la storia. E poi, hai presente *It* di Stephen King? A livello narrativo il conflitto messo in scena è quello fra sette ragazzi e un clown. Il clown più spaventoso di tutti i tempi, d'accordo, quello che non ti farà più entrare spensierato in un circo, è vero... ma pur sempre un clown. In realtà, infatti, Pennywise non è davvero un antagonista concreto, è una metafora, è la personificazione di un concetto astratto: il male. Così, in questa storia, il clown è la rappresentazione esterna ed estrema di un conflitto interiore che riguarda tutti i personaggi (e anche tutti gli esseri umani), qualcosa a cui nessuno può sfuggire.

Come vedi, sono molte le declinazioni romanzesche che questo genere di conflitto può assumere. Però, ricorda che in ognuno di questi casi, la turbolenza esteriore deve legarsi alla turbolenza interiore: per dire, non possiamo usare come conflitto il terrore se i personaggi non sono, almeno all'inizio della storia, dei tipi paurosi. Come non possiamo gettare il protagonista in una enorme e pericolosa isola spartitraffico se è una specie di McGyver abituato a cavarsela in tutte le situazioni.

Arrivati a questo punto, potresti pensare che più conflitti ci sono in una storia e più forte e incisiva sarà. Be', non è così.

Se è vero che ogni personaggio e ogni storia si nutre di conflitti e perciò è bene che siano molteplici, è pur vero che se ce ne sono troppi finiamo per perdere di vista il conflitto principale: se il protagonista si deve confrontare con troppi antagonisti (l'antagonista non è sempre e solo un personaggio, può anche essere lo sciopero dei treni quando devi andare a un colloquio di lavoro importante) finisce per smarrire il suo vero obiettivo.

Detto questo, una domanda potrebbe essere sorta spontanea: «Ma siete sicuri che sia *davvero* impossibile scrivere una storia che non abbia un conflitto?».

C'è chi ci ha provato: è Sergi Pàmies, uno scrittore che in *Finzione* dichiara esplicitamente la sua volontà di raccontare una storia in cui non ci sarà alcun conflitto.

Racconta di un uomo banale, senza traumi e senza grilli per la testa, che va a una normale riunione di lavoro fuori città. È una di quelle riunioni in cui non accade nulla e in cui non si prendono decisioni rilevanti. Poi torna a casa dalla sua famiglia che è ben contenta di riabbracciarlo.

Insomma, è la giornata del tutto superflua nella vita di un uomo anonimo che non sa, o non si preoccupa, di esserlo.

Ecco, quest'ultimo aspetto è importante, perché se il protagonista fosse insoddisfatto della propria condizione noi avremmo un conflitto e il racconto acquisirebbe tutt'altro significato e spessore. E invece no. L'autore, l'abbiamo detto, ha bandito il conflitto dalla sua storia. O dovremmo dire che *ha finto* di bandire il conflitto dalla propria storia, perché l'assenza di questo elemento non fa altro che accrescere la sua importanza. Pàmies, rivendicando in ogni passaggio il suo intento, gioca sul fatto che chi legge non gli crederà, e più lui insiste nel dirci che in questo racconto non succederà niente, che durante il viaggio aereo non ci sarà alcuna turbolenza; che il protagonista non inizierà a bere troppo e a diventare molesto; che non verrà arrestato alla dogana per traffico di stupefacenti; che non verrà nemmeno scambiato per un pericoloso terrorista; che non si innamorerà della collega incontrata alla riunione né tanto meno avrà con lei una notte di passione… più ci aspettiamo che qualcosa, qualsiasi cosa finirà per accadere.

Perché a noi che leggiamo, tranquilli e incolumi dall'altra parte della pagina, il conflitto piace da matti! È come se fossimo programmati per aspettarci un evento di rottura che cambierà la storia e il personaggio, e non ci capacitiamo del fatto che possa non accadere, che chi scrive possa negarci questo gran godimento.

E invece Pàmies, che è uno scrittore raffinato e sa bene cosa vogliono lettori e lettrici, decide di darci del filo da torcere: introduce di volta in volta quegli elementi che in qualunque altra narrazione servirebbero a generare il conflitto di cui il racconto (e chi lo legge) si nutrirebbe, ma poi non succede niente. E noi rosichiamo.

Così, un racconto che si propone esplicitamente di funzionare senza un conflitto finisce per essere coinvolgente proprio perché ci mette in conflitto: aspettiamo che la rottura capiti, la desideriamo, la cerchiamo pagina dopo pagina, fino all'ultima.

E ADESSO SCRIVI

4. Ecco le coordinate per scrivere un racconto breve: una persona (o un gruppo) invidia terribilmente un'altra persona (o un altro gruppo), su cui vuole prevalere. Il motivo che la genera, cioè il conflitto interno, puoi inventarlo tu: il sentimento può nascere da un'insicurezza e una ricerca di approvazione, o da un torto che i personaggi hanno subìto o credono di aver subìto.

Quel che è importante è portare il conflitto allo stremo, spingendo le sue conseguenze oltre il limite massimo. Esagera!

Soluzione: C'è un racconto molto divertente dello scrittore statunitense David Sedaris che si intitola *Natale significa dare*. Parla di una certa ipocrisia che serpeggia nella società consumista, e ce la racconta così: in un quartiere molto ricco vivono due famiglie di vicini molto benestanti, che si sfidano in una gara di generosità sempre più accesa, durante le festività. Tutto gira attorno ai bigliettini natalizi con cui il narratore e la moglie Beth decorano i regali che fanno ai conoscenti. Di solito ci scrivono dentro il prezzo del regalo e poi, in bella grafia: «Natale significa dare». Ma quell'anno, i vicini Doug e Nancy Cottingham rubano loro lo slogan, utilizzandolo per i loro bigliettini natalizi, corredati da una foto che li ritrae mentre allungano un dollaro a un barbone.

Da quel momento, nel vicinato non si parla d'altro che di quel gesto tanto generoso. E allora comincia la sfida. Il narratore dona ben due dollari al Fondo per la lotta all'emicrania, e passate le feste chiama il barbone della foto dei Cottingham per regalargli un videoregistratore. I vicini allora fanno lo stesso. Allora il narratore gli regala un asciugacapelli. E i vicini rispondono, e il barbone inizia velocemente ad arricchirsi con tavoli da biliardo, tapis roulant, sacche da golf, parabole satellitari, roulotte-sauna. Finché l'escalation tocca i toni del surreale:

> Io e Beth [...] gli chiedemmo se preferiva i maschietti o le femminucce. Con nostra somma gioia lui rispose che le femmine davano troppi problemi, ma che gli era già capitato di divertirsi con dei maschietti appena prima del suo ultimo soggiorno presso il carcere statale. Non ci fu bisogno di aggiungere altro: gli regalammo [...] i nostri figli [...]. Quell'anno realizzammo un biglietto natalizio memorabile. Ritraeva lo straziante addio dei nostri figli, accanto al messaggio: «Natale significa dare. Finché fa male».

E non si finisce qui. I vicini rispondono donando la figlia a una ciurma di pirati, e la sfida si fa sempre più serrata anno dopo anno, e i biglietti diventano «Natale significa dare. Finché non esce il sangue» e «Natale significa dare una parte di sé», ed entrambe le coppie iniziano a donare spontaneamente polmoni, occhi, reni a chi ne ha bisogno e a chi no: i denti di Beth diventano una collana e le sue gambe i suoi seni sono tutti per il canile municipale, che li usa per nutrire una cucciolata di Border Collie.

E poi quei matti, così debilitati, iniziano a morire, e fanno a gara a chi muore per primo.

David Sedaris è un genio.

5. Leggi questo breve racconto contenuto in *Bestie* di Federigo Tozzi, poi trova il conflitto che lo sostiene e spiega perché, alla fine, la lite tra marito e moglie si spegne improvvisamente. Dov'è finito il conflitto?

Con la mia moglie era un affar serio, ogni giorno di più! Bastava un pretesto qualunque per leticare parecchie ore. Una volta, la minestra mi parve sciocca; anzi, era certamente. Glielo dissi. Mi rispose:
- Perché non vai a trattoria?
- Se fossi più furbo!
- Vai dunque.
- Me lo vorresti proibire tu?
E la guardai con tutto il mio odio; ed ella altrettanto. Ma io non glielo volevo permettere. Allora, feci l'atto di darle uno scapaccione. Si alzò, rigida come uno stecco; e si mise a guardarmi fisso. Pareva che i suoi occhi si allargassero sempre di più; ma mi sentivo tanto più forte di lei che non pensavo né meno a offenderla. Mi disse:
- Vuoi scommettere che io vado dal procuratore del re?
- E perché no? Potevi esserci andata. Così mi sarei fatto fare la minestra più salata, se non c'eri in casa!
Si slanciò; io mi riparai con un braccio piegato.
In questo mentre, vedemmo, tutti e due insieme, non so come, una formica che dall'orlo del fiasco stava per scender dentro e cadervi.
La rabbia finì subito. Ella la prese con le dita e la scaraventò lontano. Io dissi:
- Per fortuna l'hai vista! Avremmo dovuto buttar via tutto il vino!
E il pranzo finì bene quella volta.

Soluzione: Una coppia di coniugi che litiga, sai che novità. Ma è proprio questo tema così frequente a rendere il racconto interessante per chiunque. Chi non si è mai trovato alla fine di una relazione, nel momento in cui tutto è così fragile che può rompersi al primo respiro?

Il marito dice alla moglie che la minestra è insipida (è «sciocca») e ci manca poco che si prendano a pugni. Il problema, è evidente, qui non è il sale nella minestra, ma un rapporto che si è ormai logorato, e che provoca molta rabbia da entrambe le parti.

Infatti, appena entra in scena la formica che sta per rovinare il vino, della minestra ci si dimentica subito. Gli animi si calmano e quasi ci si ringrazia. Per fare sì che quella lite si spenga, marito e moglie gettano tutta la colpa sulla formica, che diventa la vera minaccia alla riuscita del pranzo.

La moglie, quasi simbolicamente, la pinza tra le dita e la scaraventa via, lontano, dove non può dare più fastidio. Vuol dire che adesso va tutto bene? Certo che no, infatti l'autore termina il racconto dicendo che sì, il pranzo andò bene... *quella volta*. Probabilmente al pranzo successivo i due si sono beccati di nuovo, e poi hanno trovato un altro capro espiatorio su cui scaricare tutti i rancori, e così avanti, tutti i giorni di questa forzata convivenza. E allora, eccolo qui il conflitto, che è più o meno lo stesso per entrambi i coniugi: dover stare insieme anche se non ci si ama più.

Federigo Tozzi scrive all'inizio del Novecento, un momento in cui molte donne erano esclusivamente madri e casalinghe. Probabilmente, per la moglie di questo racconto sarebbe sconvenienze separarsi dal marito, sia economicamente sia per il proprio onore (a quei tempi, il divorzio non esisteva: in Italia è stato introdotto solo nel 1970, e separarsi voleva dire far tutto in maniera informale, con un bel misto di paura e di vergogna).

Per il marito, a cui non avrebbe comunque fatto piacere sfregiare il proprio onore (anche se in minor misura rispetto alla moglie), sarebbe stata una vera scocciatura trovarsi un'altra donna da mettersi in casa, a pulire e a cucinare la minestra. Quindi, per adesso, le cose rimangono così. E la minestra rimane insipida.

6. Pensa a uno di quei conflitti che sfugge totalmente al controllo del personaggio. Poi, trovalo in un libro che ti piace. Anzi, più difficile: trovalo in una pagina esatta di questo libro, e riportala qui. Infine, spiegalo!

____

____

____

Soluzione:

> Navigavamo lungo lo stretto, piangendo. Da una parte era Scilla, dall'altra la divina Cariddi che stava inghiottendo, paurosamente, l'acqua salata del mare. [...] ribolliva tutta mugghiando come un lebete su un gran fuoco: da entrambe le parti in cima agli scogli ricadeva la schiuma. E quando invece ingoiava l'acqua salata del mare, ribolliva tutta al di dentro e intorno la roccia risuonava orrendamente mentre di sotto appariva il fondo nero di sabbia. [...] Tutti guardavano il mostro, temendo la morte.

È il Canto XII dell'*Odissea*, di Omero. E qui, di conflitti, ce ne sono giusto un paio. Ma prima di tutto facciamo le presentazioni. Scilla era una bellissima ninfa, figlia di Tifone e Echidna, che viveva nei pressi di Zancle (più o meno dove oggi c'è Reggio Calabria). Il mito racconta che amasse farsi il bagno nelle acque del Tirreno, dove, una notte, incontrò il dio marino Glauco. Lui si innamorò di lei, ma lei lo rifiutò. Il dio, intestardito, chiese aiuto alla maga Circe perché gli preparasse un filtro d'amore, ma lei non accettò, e si propose come amante. Glauco aveva occhi solo per Scilla e la rifiutò. Circe, che non era nota per essere una persona gentile, per vendicarsi trasformò Scilla in un orrendo mostro con sei teste di cani rabbiosi. (Va bene, forse Circe aveva un vero e proprio problema con il controllo della rabbia). In ogni caso, tra le lacrime, Scilla lasciò Zancle e raggiunse lo Stretto di Messina, dove iniziò a far razzia di naviganti.

Al lato opposto dello Stretto c'era Cariddi, un'altra ninfa che non aveva avuto miglior fortuna. Era nata dall'unione tra Poseidone e Gea, ed era molto famosa per la sua voracità che, un giorno, toccò il limite. Rubò i buoi di Gerione ad Eracle! E allora Zeus la trasformò in una terribile creatura marina, capace di creare vortici mortali: ingoiava tre volte al giorno un'enorme quantità di acqua salata, per poi sputarla trattenendo tutti gli esseri viventi che ci trovava dentro, e che di solito erano interi equipaggi. Insomma, non il tipo di creatura che vorresti incontrare mentre torni a casa dopo anni di guerra a Troia. È questo, invece, che capita a Odisseo e ai suoi compagni, che stanno viaggiando verso Itaca e devono attraversare lo Stretto di Messina.

Alla fine, Odisseo opta per il male minore, se così si può dire, scegliendo di combattere Scilla che si mangia, però, sei dei suoi uomini, uno per ogni testa (uno per uno non fa male a nessuno, tranne in questo caso). Quindi, in una manciata di righe abbiamo ben quattro conflitti contro qualcosa che sfugge al controllo del personaggio: quello di Scilla che si ritrova trasformata in mostro, quello di Cariddi che è più o meno lo stesso, quello di Odisseo contro Scilla e Cariddi, e quello dei compagni contro gli stessi mostri – per non parlare di tutti i conflitti interiori dei vari personaggi. Mica poco, eh? Ma è Omero, si sa.

3. *Dare una voce*

La tecnica narrativa che, per eccellenza, permette di mettere in scena il conflitto – soprattutto quello relazionale – è il *dialogo*. E non perché sia necessario bisticciare, l'abbiamo detto, ma perché creare un dialogo ci permette di intrecciare più punti di vista, sguardi, ruoli, di dare corpo alle voci dei personaggi che li incarnano. Voci che saranno irrimediabilmente uniche, soprattutto quando messe a confronto.

Ora, non è che nascano così, però. Sta a chi scrive renderle tali, sta a noi il lavoro di lima e cesello, ma come per ogni mestiere artigiano, per imparare a farlo bene bisogna stare a bottega. Dunque, prendiamo lezioni da uno dei più grandi maestri: Sofocle.

Uno dei dialoghi più famosi dell'intera storia della letteratura occidentale racconta il primo incontro fra Edipo e l'indovino Tiresia nella tragedia *Edipo re*. La storia la sappiamo più o meno tutti, e perfino la gente che andava a teatro a guardare la prima rappresentazione, nel V secolo, sapeva bene la trama. E anche l'indovino Tiresia è a conoscenza di come andranno le cose, sebbene sia l'unico tra i personaggi – gli altri non possono prevedere nulla, compreso il protagonista, che ancora non sa chi sia in verità, né il reale peso delle sue azioni.

Nel prologo dell'opera, si dice che la città di Tebe è devastata da una pestilenza. Il saggio re Edipo ha scoperto da Creonte, di ritorno dall'oracolo di Delfi, che la causa di questa terribile epidemia è l'uccisione impunita di Laio, il sovrano che governava la città in precedenza. Edipo allora emana un editto che condanna all'esilio l'uccisore e chi lo nasconda, chiunque sia; convoca anche l'indovino Tiresia, nella speranza di ottenere maggiori informazioni. Tiresia tarda ad arrivare, ma infine compare davanti al re. Lo scambio di battute che Sofocle è capace di creare fra loro è di una vertiginosa potenza, tutta basata su allusioni, doppi sensi e stonature. Le loro parole proiettano i partecipanti – e noi che li ascoltiamo – in una tensione fortissima che si scarica infine sulla verità: Tiresia dice apertamente che è Edipo stesso il colpevole che tutti cercano.

Ma restiamo sulle due prime battute di dialogo. Già qui, in una manciata di parole, c'è tutta l'arte di Sofocle e la sua capacità di trascrivere le voci dei protagonisti.

Il dialogo parte da Edipo, che non appena vede Tiresia si lancia in una battuta lunghissima – ben tredici righe – assumendo un tono alto, nobile, per tessere quella che sembra una lode: «O tu che ogni cosa discerni, aperta o segreta, del cielo e della terra», dice Edipo prima di raccontare il motivo per cui l'ha convocato. Attraverso le sue parole, ascoltiamo il suo desiderio di apparire saldo al potere e di rassicurare i suoi sudditi. Riusciamo subito a immaginarci il modo con cui sarebbero state pronunciate: è evidente che Edipo ci tiene ad apparire come il re che crede ancora di essere, ovvero colui che ha risolto l'enigma della Sfinge e che regna con moderazione e giustizia; non certo un assassino, causa di un'epidemia.

Ma la sua lunga battuta – troppo lunga – tradisce anche paura, inquietudine: come se Edipo, oscuramente, temesse di ascoltare cosa Tiresia ha da dire e volesse ritardare il momento in cui sarà l'indovino a parlare. Per questo le sue parole ci suonano stranamente eccessive: sono un'invocazione e un elogio di Tiresia. Addirittura, lo chiama «unico difensore e salvatore della città». Il re gli affida totalmente la salvezza di Tebe: ma quale re cederebbe tutto il suo potere a un indovino? Il tono alto di Edipo, che vorrebbe trasmettere solidità e controllo, si incrina come un vetro; e così la conclusione della sua battuta con una massima morale non può non suonarci che sdolcinata: «L'impegno più bello, per un uomo, sta nell'aiutare con ogni mezzo e risorsa i propri simili».

Ma adesso è il turno di Tiresia. Lui sa che Edipo con le sue parole ha condannato se stesso e lo sappiamo anche noi. Ma la sua risposta al re è dal punto di vista della correttezza retorica completamente sbagliata: è un affronto, una stonatura. Ci spiazza. Leggiamola:

> TIRESIA: Ahimè! Com'è terribile sapere, quando il sapere non giova a chi sa! E pensare che ne ero ben consapevole; ma l'ho dimenticato: altrimenti non sarei venuto.

Dopo una presentazione così enfatica da parte di Edipo, ci saremmo aspettati da Tiresia o un ringraziamento di tono più morbido, più riconoscente, oppure il precipitarsi a dire la verità. Ci saremmo aspettati, insomma, una voce sacrale e altrettanto solenne. E invece Tiresia esordisce con un'esclamazione di dolore; per poi lasciarsi andare – anche lui – a una massima morale, che però suona allusiva, misteriosa, o per lo meno poco chiara.

A chi si riferisce la frase «com'è terribile sapere, quando il sapere non giova a chi sa»? A Tiresia stesso? È un auto commiserazione dell'indovino nei confronti del proprio destino?

Oppure la frase si riferisce proprio a Edipo, che fra qualche istante sarebbe entrato in possesso di un sapere che non gli avrebbe giovato?

La seconda parte della battuta di Tiresia ha un tono addirittura ironico, ma di un'ironia amara e senza scampo: come fa un indovino – e per di più un indovino presentato con tutta quell'enfasi da Edipo – a dimenticarsi proprio di una cosa così importante?

Al di là del significato e del senso che queste parole avranno dentro la trama dell'*Edipo re*, ciò a cui dobbiamo stare attenti è come Edipo e Tiresia abbiano due voci completamente diverse, due voci che Sofocle dispone una davanti all'altra come due destini, due personalità inconciliabili eppure riunite per un momento nella forza del dialogo: due universi umani al cospetto dello stesso orrore.

Edipo e Tiresia: grave e solenne il primo, inquieto e preoccupato per il suo regno; ironico e amaro il secondo, disilluso, rude, stonato. La parola del re che ancora non sa – e crede di potere fare qualcosa per il bene della propria città – è messa di fronte alla parola di chi sa tutto, ma non può fare nulla: Sofocle crea per noi la massima differenza di tono fra le due voci – fino alla stonatura – affinché possiamo sentirle risuonare con estrema chiarezza come due moniti, due destini senza scampo.

Chi dei due ha torto e chi ha ragione? Entrambi hanno ragione, dobbiamo dire; ma la ragione qui non risolve il conflitto, anzi lo inasprisce e, grazie all'arte del dialogo di Sofocle, lo mostra come in un emblema senza tempo.

E ADESSO SCRIVI

7. Vai nella tua biblioteca di quartiere, o in una biblioteca che ti piace. Dopodiché siediti e con discrezione osserva le altre persone. Prova a sbirciare: cosa stanno leggendo?

Inventa per loro una personalità sulla base di quei titoli e poi scrivi un dialogo che coinvolga almeno due di loro. Il dialogo avviene di fronte alla macchinetta del caffè della biblioteca.

Soluzione:
LETTORE DI FIGHT CLUB: Cazzo che schifo questo caffè, è un pugno nello stomaco.

LETTORE DI ANNA KARENINA: Si tratta di apprezzarne l'amarezza, come con la vita. Però, vi prego di abbandonare questo linguaggio sconveniente.

LETTRICE DI TRILUSSA:
Da quanno che dà segni de pazzia,
povero! [...] fa pena! È diventato
pallido, secco secco, allampanato,
robba che se lo vedi scappi via!

LETTORE DI ANNA KARENINA: Non osavo parlarne, ma dato che l'avete fatto voi...
[Poi, rivolgendosi al lettore di Fight Club] Che ne direste di un soggiorno alle acque? In Germania, per esempio, ci sono ottime stazioni termali.

LETTORE DI FIGHT CLUB: Stronzate! Io nell'acqua delle terme mi ci faccio una pisciata.

LETTORE DI ANNA KARENINA: Tutto ciò è quantomeno oltraggioso! Inoltre, peggio per voi... vi allontanerebbero immediatamente, vi arresterebbero. Perdereste ciò che di più caro avete: la vostra libertà.

LETTORE DI FIGHT CLUB: È solo dopo aver perso tutto che siamo liberi di fare quello che vogliamo, capisci?

LETTORE DI TRILUSSA:
Mannò, che rispostaccia focosa.
Tutto sommato, la libertà
è una piccola cosa.

LETTORE DI FIGHT CLUB: Ma perché cazzo vi sto a sentire? Perdo solo tempo. E questa vita sta finendo un minuto alla volta.

LETTORE DI ANNA KARENINA: Non ditelo a me.

LETTORE DI FIGHT CLUB: Ma te che ne sai, tutta vestita per benino nei tuoi palazzoni da ricca? Infilarti le penne nel culo non fa di te una gallina!

LETTORE DI ANNA KARENINA: Oh, Signore! Questo è troppo. [Lascia andare la tazzina di caffè, che cade a terra sporcando il pavimento.]

LETTORE DI FIGHT CLUB: Ma sì! Vaffanculo! [Ed esultando getta a terra il suo bicchiere di caffè, e la macchia si allarga.]

LETTORE DI TRILUSSA:
E su, dateve 'na calmata.
Quello spiana li monti, sfonna, spara, ammazza...
Quella poi barbotta! Ma per me c'è una strada sola...
Intignere li biscotti ne la tazza.
[Se ne va, stringendo la tazzina di caffè caldo tra le mani.]

8. Immagina una situazione in cui due amici di lunga data si trovano in disaccordo su un problema etico o morale che coinvolge direttamente uno dei due. Scrivi una scena in cui il conflitto emerge e diventa sempre più intenso. Sperimenta con il dialogo le reazioni emotive e i gesti non verbali per rendere la tensione palpabile.

Soluzione: Per creare un conflitto che sia vibrante e intenso non puoi limitarti a contrapporre due visioni etiche e morali. Quello che stai scrivendo non è il *Dialogo sopra i due massimi sistemi del mondo* di Galileo Galilei in cui ci sono due tesi: una da dimostrare e una da confutare. La faccenda è molto più caotica di così.

Innanzitutto, i tuoi personaggi sono persone diverse, quindi avranno posizioni e valori diversi, a seconda del loro vissuto e del loro tipo di carattere. Poi, i tuoi personaggi sono anche amici, quindi tieni a mente che i loro valori morali dovranno fare i conti con questa amicizia.

Dopodiché, la questione da cui emerge il conflitto deve portare chi legge molto vicino ai personaggi, deve spingerlo a chiedersi (seriamente, magari con una punta di preoccupazione) come si comporterebbe se mai si trovasse in una situazione simile. Per questo motivo, il conflitto non deve essere troppo astratto, non deve appartenere al solo mondo delle idee, altrimenti stai costruendo un dialogo filosofico. Deve nascere da una questione pratica che metta in campo questioni etiche o morali.

Per esempio, *La cena,* dello scrittore tedesco Herman Koch, racconta, appunto, una cena fra due coppie di genitori che, dopo aver scoperto che i loro figli sono i responsabili dell'uccisione di un senzatetto, devono decidere come comportarsi, se denunciare o coprire il loro crimine. Quando leggiamo queste pagine è impossibile non chiederci «Io cosa farei?». Ecco un conflitto morale forte.

9. Quando leggiamo un dialogo può capitare di assistere a grossi salti di registro, di passare da una lingua ricercata a un gergo, da una frase gentile a una piuttosto aggressiva. Prova a scrivere una scena in cui capita tutto questo.

Soluzione:

> «Chi è stato?» gli chiese il Mandralisca impietosito.
> «U principeu di mad, curnui vecch! Chi si pigghiessu i dijievu di Vurchien, tucc i ricch, e a carpa di maza i mazzirran!»
> Il Mandralisca afferrò soltanto da tutto quel discorso la parola principe e fece istintivamente un passo indietro.
> «Porco!» esclamò in mezzo ai denti. «Vigliacco!»

Questa scena arriva da *Il sorriso dell'ignoto marinaio*, di Vincenzo Consolo. È un romanzo storico pubblicato negli anni Settanta, ma ambientato nella Sicilia del 1860, durante i moti rivoluzionari. In particolare, racconta di una sommossa che s'accende all'arrivo delle truppe garibaldine ad Alcara Li Fusi, un piccolo paesino dell'entroterra, non lontano da Messina, dove un gruppo di contadini, dopo aver assalito e ucciso i dignitari locali, viene processato e condannato dallo stesso governo di liberazione.

Possiamo già intuire la varietà di registri linguistici che il libro contiene: contadini, soldati e comandanti di diversa provenienza ed estrazione che si ritrovano a interagire, con tutte le sfumature linguistiche che li caratterizzano.

In questa scena si vede molto bene: il protagonista della storia, il barone Mandralisca di Cefalù, è uomo colto, di idee illuministe e liberali, che parla un buon italiano. Pronunciando garbatamente la prima battuta esprime la sua pena per il carcerato, chiedendogli chi è stato a ridurlo in quel modo. Sappiamo infatti, leggendo la scena per intero, che il ragazzo è coperto di ferite e che sostiene di aver soltanto ucciso un agnello. È un ragazzo giovane, non educato, che parla solo dialetto siciliano di San Fratello – ma dato che molti di noi non lo parlano, ecco la traduzione della sua battuta: «Il principe di merda, 'sto vecchio cornuto! Che se li prendessero i diavoli di Vulcano, tutti i ricchi, e li ammazzassero a colpi di mazza!».

E il barone, che prima si era rivolto al ragazzo con gentilezza, in risposta perde le staffe, dando il benvenuto al terzo cambio di registro, in appena tre battute di dialogo. Sorprendente. Ma non abbiamo dimenticato qualcuno?

In effetti, c'è un'altra voce che in questa scena, come nel resto del libro, è protagonista: quella del narratore. E Vincenzo Consono non è uno che crea narratori dalla voce qualunque. Le sue scelte stilistiche sono caratterizzate da un impasto di registri, da una ricca mistura di elementi linguistici che lui creava con estrema cura e una buona dose di sperimentalismo. Diceva che a forza di stampare un numero spropositato di romanzi ci si allontanava dalla letteratura. E un buon modo per tornare a starle vicini, invece, era *verticalizzare* il romanzo. Caricarlo di segni, spingerlo verso la poesia, anche se questo poteva voler dire rivolgersi a una nicchia, quelli che chiamava i «felici pochi».

E allora ecco, per te, parte dei felici pochi (che noi però speriamo essere tanti, sempre di più), un esempio di quel che Consono poteva fare con il linguaggio – all'interno dello stesso libro, per di più.

> Le montagne erano nette nella massa di cupo cilestro contro il cielo mondo, viola di parasceve. Vi si distinguevano ancora le costole sanguigne delle rocche, le vene discendenti dei torrenti, strette, slarganti in basso verso le fiumare; ai piedi, ai fianchi, le chiome mobili, grigio argento degli ulivi, e qua e là, nel piano, i fuochi intensi della sulla, dei papaveri, il giallo del frumento, l'azzurro tremulo del lino.

4. *Errante, eretico, erotico*

Burano, 1934. Sull'albo di una piccola trattoria, il pittore Osvaldo Licini scrive di sé: «Licini errante, eretico, erotico». È la sua santissima trinità, dirà poi in una lettera all'amico Giuseppe Marchiori, ma non si offenderà, forse, se oggi la preghiamo anche noi: ha infatti molto da dirci non soltanto sulle storie, ma anche su chi le crea, le cerca e ha piacere nel farlo.

Perché se è vero che il conflitto è la base delle storie, è anche vero che questo conflitto non deve essere sempre una sofferenza. Diciamola meglio: può essere anche una sofferenza che ci piace. Ecco, dunque, le nuove coordinate: vagabondare, ribellarsi, desiderare.

Riprendiamo le fila del dialogo e vediamole in atto. Non scegliamo, però, un dialogo qualunque – ricordi? Siamo a bottega, serve un grande maestro, una magnifica storia.

Allora eccone una che nasce a Verona, dove si consuma una faida tra due potenti famiglie, i Capuleti e i Montecchi. Nel momento in cui facciamo la loro conoscenza, il vecchio Capuleti ha organizzato una festa in maschera nel suo palazzo per annunciare il fidanzamento di sua figlia Giulietta con il nobile Paride. La festa parte, si mangia e si beve, c'è musica. Per fare una bravata, una compagnia di giovani Montecchi irrompe. Sono protetti dalle maschere e, tra loro, ce n'è uno vestito da pio pellegrino, è Romeo. Giulietta invece è vestita da santa (i travestimenti non sono casuali). Romeo vede Giulietta. Nessuno sa della vera identità dell'altro, solo dopo scopriranno di essere una Capuleti e un Montecchi. Per ora sono semplicemente due giovani in maschera trafitti da Eros – tra l'altro, fino a pochi istanti prima entrambi erano occupati da tristi amori (Giulietta non vuole Paride, Romeo soffre per l'amore non corrisposto di Rosalina). Ma il passato non esiste più. Romeo è attirato come una falena dalla luce, si avvicina a Giulietta e le prende la mano. Pensa un po': Romeo è nella casa dell'acerrimo nemico, ne avvicina la figlia durante la sua festa di fidanzamento, le parla. E i due sono esposti alla vista, protetti solo da un esile travestimento: il pericolo è altissimo.

ROMEO
Se io profano con la mia mano indegna questa sacra reliquia (è questo il peccato dei pii), le mie labbra, arrossenti pellegrini, sono pronte a rendere più molle, con un tenero bacio, il ruvido tocco.
GIULIETTA
Buon pellegrino, voi fate troppo torto alla vostra mano, che ha mostrato in ciò la devozione che si conviene: poiché i santi stessi hanno mani, che le mani dei pellegrini possono toccare, e il giunger palma a palma è il bacio dei pii palmieri.
ROMEO
I santi non hanno essi labbra, ed i palmieri anche?
GIULIETTA
Sì, o pellegrino, labbra che essi debbano usare nella preghiera.
ROMEO
Oh! Allora, cara santa, lascia che le labbra facciano ciò che fanno le mani; esse ti pregano, tu le esaudisci, per timore che la fede non si cambi in disperazione.
GIULIETTA
I santi non si muovono, ancorché esaudiscano le altrui preghiere.
ROMEO
Allora non muoverti, intanto che io raccolgo il frutto della mia preghiera. Ecco, le tue labbra hanno pagato le mie del loro peccato. [La bacia]

GIULIETTA
Allora è rimasto sulle mie labbra il peccato che esse hanno tolto alle vostre.
ROMEO
Il peccato dalle mie labbra? O colpa dolcemente rimproverata! Rendimi dunque il mio peccato!
GIULIETTA
Voi baciate con tutte le regole.

Una capsula temporale si spalanca all'interno del ricevimento. L'incanto può terminare da un momento all'altro: potrebbero intervenire gli amici di Romeo o, peggio, i parenti di Giulietta, o magari la sua nutrice (come in effetti succede: «Signorina, vostra madre ha bisogno di dirvi una parola», dirà poco dopo). Eppure, i due giovani non si fermano, ballano sul pericolo incombente. La seduzione passa attraverso il gioco: Romeo e Giulietta utilizzano le loro maschere complementari, recitano la parte del pellegrino e della santa, usano il sacro come paravento del profano, ammantano Eros di panni religiosi e così, con questa ennesima trasgressione, lo alimentano. Il bacio, che rimbalza dalle labbra di lei a quelle di lui, è il peccato delle maschere ed è il piacere dei due giovani che ci stanno sotto. L'abito non fa il monaco, ma l'abito del monaco, in questo caso, è diventato estremamente utile.

Soffermiamoci sulla maschera, che in questa scena ha una molteplicità di funzioni. In primo luogo, serve a difendere Romeo dai nemici (ma se leggi la versione integrale del testo ti accorgerai che i Capuleti riconoscono subito il giovane Montecchi e non lo aggrediscono solo per evitare scandali). Quindi a che altro serve? La maschera serve come salvacondotto: i due protagonisti, giocando a essere qualcun altro, si sentono liberi di infrangere le regole di comportamento prescritte. Che altro?

La natura religiosa delle due maschere, come abbiamo visto, rende conturbante il dialogo comunicando a chi assiste che i due sentono la linea del proibito e volontariamente, difesi dal travestimento, ci danzano sopra, un piede di qua e uno di là. Difatti se Romeo avesse chiesto subito, senza nessun dialogo,

«Vi posso baciare?» o si fosse accostato in silenzio alle labbra di Giulietta, la scena sarebbe durata molto di meno e non sarebbe andata, probabilmente, allo stesso modo.

Ricapitoliamo, andando a ritroso: *desiderare*, *ribellarsi*, *vagabondare*.

Punto primo. Romeo e Giulietta si desiderano, e questo desiderio è accresciuto dal segreto di non sapere chi hanno di fronte – perché dove qualcosa si nasconde, la voglia di svelare cresce.

Punto secondo. Entrambi indossano una maschera, che conferisce loro un'identità alternativa, permette l'ambiguità che mette in salvo e mette a rischio nello stesso momento: Romeo non sarebbe potuto entrare a volto scoperto, così come non si sarebbe avvicinato a Giulietta se l'avesse riconosciuta. Questo permette loro di fare qualcosa di assolutamente proibito: scambiarsi un bacio – non serve concepire chissà quale oscenità per rendersi conto della terribile eccitazione che si prova a ridosso di una soglia ben difesa.

Punto terzo. È questa eccitazione che ha spinto Romeo a intrufolarsi a palazzo: voleva sentire l'euforia, il brivido – se fosse rimasto a casa Montecchi, probabilmente non avrebbe trovato altro che la solita, noiosa sicurezza. Invece è uscito, perché sentiva che qualcosa mancava.

E adesso ci tocca fare il giro e tornare dritti dritti al desiderio. Diamo un'occhiata alla sua etimologia: è un termine latino composto dalla preposizione *de*, con funzione privativa, e *sidus*, che letteralmente significa «stella», quindi «privato delle stelle», «sentire la mancanza delle stelle». Dunque, il desiderio è la voglia di qualcosa che non possiamo raggiungere.

È il motivo per cui a Romeo non sarebbe bastato andare a farsi una passeggiata in giardino per accendere il suo animo: la meta doveva essere fuori dalla sua portata. Il desiderio erotico parte infatti da una mancanza e cresce d'intensità in corrispondenza di oggetti che sono pressoché impossibili da ottenere. Più una cosa è irraggiungibile o proibita, più la desideriamo.

Per fissare il concetto, ecco una storiella che viene dritta dalla mitologia greca.

La dea Diana e le sue adepte sono votate alla castità, sono ragazze vergini, di una bellezza indescrivibile. Vivono protette nel cuore della foresta e mostrano le loro grazie soltanto alla muta benevolenza di animali e piante. Ed ecco che un giorno arriva Atteone, un giovane cacciatore. Atteone si è perso. Nel fitto degli alberi sente delle voci, lo scrosciare dell'acqua. Segue i rumori, capisce che sono voci femminili e si avvicina. Sente una strana vibrazione nell'aria e poi, ecco, le vede. Vede la dea Diana e le sue compagne che scherzano come bambine, fanno il bagno nude. Atteone avvampa. Ha superato inavvertitamente un confine inviolabile e, trattandosi di divinità, non c'è alcuna possibilità di salvarsi. Diana lo vede, e per evitare che riveli il segreto della sua bellezza lo punisce. Atteone è mutato in cervo; poco dopo i suoi stessi cani lo inseguiranno e lo faranno a pezzi.

L'oggetto del desiderio perfetto è sorvegliato, lontano, difficile da raggiungere.

E la scrittura erotica, che ne è ben consapevole, fa questa cosa: costruisce qualcosa di puro, intatto, prezioso, poi ci traccia una linea attorno che è come un recinto allarmato, una linea che se ti avvicini si mette a vibrare, infine fa in modo che qualcuno la superi. Ricorda che il maggior piacere sta nella vibrazione, cioè nei pressi della linea, e va a scendere d'intensità una volta che l'abbiamo oltrepassata.

Dopo aver creato l'oggetto del desiderio e aver messo a punto la linea che vibra, la scrittura erotica avrà il compito di mantenere questa vibrazione il più a lungo possibile.

Nella storia di Atteone l'apice sta nella parte in cui il giovane cacciatore si accosta alla nudità della dea. Qui, però, per mantenere la vibrazione in tutta la sua potenza viene applicata la tecnica dell'elisione. Non sappiamo che cosa ha visto Atteone. La visione della nudità divina, somma trasgressione, viene saltata; il segreto resta intatto (la punizione di Atteone serve a questo) e abbiamo solo il prima e il dopo a far riverberare la parte mancante nella nostra immaginazione. In questo caso è il non detto, la lacuna ad attirarci.

Ma che cosa distingue l'erotico dal sesso o dall'amore? Per fare un po' d'ordine disegniamo tre cerchi concentrici. Immaginiamo la figura come l'effetto di un sasso caduto nell'acqua, così:

Il primo cerchio è quello del «sesso», il secondo è quello dell'«erotico», il terzo quello dell'«amore». Sono termini imprecisi ma servono solo per tracciare uno schema di massima. Il cerchio «sesso» intendiamolo come corpo, estrema attenzione ai suoi stimoli e ai suoi piaceri. Il cerchio «amore» come zona in cui si oltrepassa il corpo per raggiungere una totalità, come quando l'amante oltrepassa il corpo desiderato in cerca dell'«anima». E l'erotico?

Lo scrittore e poeta messicano Octavio Paz, nel suo saggio *La duplice fiamma*, lo definisce il collegamento di questi due ambiti, essendo che gli umani non fanno mai sesso soltanto con i loro corpi ma convocano tra loro, sempre, l'immaginazione, il desiderio. E d'altra parte non c'è ricerca dell'anima che possa affrancarsi totalmente dal corpo.

L'idea di un Eros oscillante, che mette in comunicazione due mondi, deriva dalla famosa definizione che si trova nel *Simposio* di Platone. La storia la racconta Socrate che a sua volta l'ha sentita dalla filosofa Diotima.

Eros, si dice, non è un frugoletto capriccioso, non è un puttino biondo o un bellimbusto divino come tutti pensano, no, Eros è un essere alquanto scabroso. Già la storia del suo concepimento la dice lunga. Difatti Eros nasce, a tutti gli effetti, da uno stupro. Ecco come: Poro, che incarna l'espediente e la sagacia, si sbronza solennemente al banchetto indetto dagli dei per la nascita di Afrodite, e sviene nel giardino di Giove. A quel punto entra a mendicare Penia, la povertà, che pensa bene di accoppiarsi con l'incosciente Poro per averne almeno un figlio. Dall'unione viene Eros, amante del bello poiché concepito alla festa di Afrodite, ma sempre povero, mancante di qualcosa, e perciò furbo insidiatore, per eredità paterna, del nobile e del bello. Un elastico continuo tra uomini e dei, tra alto e basso, tra sapere e non sapere.

Eros è immaginazione che nasce dal corpo ed è corpo che nasce dall'immaginazione, si muove su confini mobili mettendoli in comunicazione.

Eros è forza dell'immaginazione, può scendere nel concreto, desiderare un corpo in carne e ossa, dall'altra parte può dare corpo a qualcosa che non esiste, desiderare l'immaginazione stessa. Se ti sembra complicato la facciamo più semplice: non ti è mai capitato di innamorarti di un personaggio inventato?

Senti qua:

> Ecco: accade ogni volta. Quando ti scrivo. Quando comincio una lettera, che suppongo, non so quanto ragionevolmente, che sia una lettera d'amore. Ma forse non è, non è mai stata una lettera d'amore.
> Io non ti amo. O forse ti amo, ma tu non esisti. Esisti? Ti ostini a esistere? E allora io ti dimentico. Ti giudico una ipotesi infondata. In ogni caso, senza saper a che titolo, per quale motivo, spinto o persuaso da che, io mi rivolgo a Valentina. Certo, dovrei dire: mi rivolgo a te.

È un estratto di una lettera dello scrittore Giorgio Manganelli a Valentina Rosselli. E, se per caso non ti fosse mai capitata la fortuna di incontrarla, Valentina Rosselli non è una donna vera, ma una donna dei fumetti, fatta di carta e d'inchiostro, un'idea di Guido Crepax che la inventò nel 1965.

Manganelli indirizza una lettera a una persona inesistente che ha avuto però la capacità di sedurlo. Il personaggio di Valentina è un condensato di erotismo e un oggetto del desiderio perfetto in quanto impossibile da raggiungere. Crepax costruì il personaggio ispirandosi a sua moglie Luisa Mandelli e all'attrice statunitense Louise Brooks, facendone una miscela di fantasia contagiosa. La scrittura erotica usa la stessa illusione, lavora la realtà per creare ombre più seducenti del vero.

D'altronde Eros, come abbiamo visto, predilige il buio, la poca luce e, inoltre, è un tipetto a cui piace dar scandalo, che fiuta i limiti e li forza.

Attenzione, però: il desiderio sessuale, e dunque l'erotico, è uno spazio mutevole, suscettibile di variazioni dovute almeno a due fattori. Il punto di vista, innanzitutto: ciò che vale per un uomo potrebbe non valere per una donna, ciò che vale per un diciottenne può non valere per un sessantenne e, in definitiva, ciò che vale per me può non valere per te. In secondo luogo, i cambiamenti culturali: quel che una volta poteva suscitare desiderio oggi potrebbe ricadere inerte. Negli anni Quaranta bastava scrivere di sesso per provocare scandali (e processi e censure), mentre oggi i contenuti espliciti sono molto più diffusi e tollerati.

Dunque, l'erotico, per essere scritto, andrà prima rintracciato. E, per farlo, potrai decidere di assecondare l'esistente o spingerti a investigare nuovi campi.

Eppure, qualunque direzione sceglierai di prendere, attraverso la scrittura erotica il sesso (e la tensione che genera) si orienterà sempre verso territori fatti di immaginazione. Perché?

Be', perché abbiamo a che fare con gli esseri umani. Da quel che sappiamo, gli altri animali si limitano (se di limite si può parlare) ad accoppiarsi, mentre l'uomo riproduce ed estende il sesso attraverso la cultura, nelle sue opere, nei suoi pensieri. È questo il vero campo da gioco. Ormai lo sai, l'erotico ha a che fare con il sesso ma non è fare sesso – hai presente il detto popolare per cui non c'è fumo senza arrosto? Ecco, l'erotico è il fumo dell'arrosto. Che serve a farti venire l'acquolina, non a levarti la fame.

Ricapitoliamo: creare l'oggetto del desiderio, farlo insidioso, avvicinarlo, dilatare il più possibile la tensione, istigando l'immaginazione... Ah! Che dolore. Lo senti? Certo che lo senti. Anche questo è un conflitto universale. Forse quello che ci piace di più.

E ADESSO SCRIVI

10. Pensa a qualcosa che ti piace, non deve per forza riguardare il sesso o il corpo di una persona. Va bene anche il cibo. Il cioccolato, per esempio.

Immagina di avere di fronte a te un bel pezzo di cioccolato, il tuo preferito, con l'esatta percentuale di cacao e di zucchero. Se ce l'hai in dispensa meglio ancora, ma adesso non precipitarti in cucina. Non subito.

Prenditi un momento e pensa a come lo mangeresti, se l'avessi di fronte, se stessi già sentendo quell'aroma avvolgente che conosci bene, vanigliato e leggermente amaro: staccheresti un cubetto alla volta o ti infileresti la tavoletta in bocca, tutta intera?

Aspetta, aspetta, mettiti a sedere. Non è ancora il momento di andarlo a prendere. Pensa piuttosto al rumore che fa sotto i denti quando lo spezzi e lo succhi. Quando impasta la bocca e le papille brillano. Riesci a ricordarlo?

Va bene, alzati. Vai verso la cucina, ma per raggiungerla fai almeno cento passi. Sì, anche se devi strisciare i piedi a terra e avanzare di un millimetro alla volta.

E quando sei di fronte alla dispensa, guardala. Ricordi dove hai messo la tavoletta? Qualcuno l'avrà spostata? Tua figlia o uno dei tuoi coinquilini potrebbe essere arrivato prima di te, mangiandosela tutta al posto tuo. Non puoi ancora saperlo, la dispensa è chiusa.

Adesso esci dalla cucina. Niente storie, esci dalla cucina e raggiungi il bagno. Recita una brevissima poesia, o una frase che ti piace e che ricordi a memoria. Poi respira.

Guardati allo specchio, guardati negli occhi. Alza un braccio e punta in alto l'indice. Toccati le labbra. Dì il tuo nome. Dì «cioccolato» utilizzando sempre un tono diverso. E adesso prova a dirlo in un'altra lingua: «*chocolate*», «*schokolade*», «*chocolat*».

Siamo convinti che ormai potremmo chiederti di fare più o meno qualsiasi cosa, perché la tua voglia di cioccolato si è gonfiata a tal punto che desideri soltanto accelerare, obbedire alle nostre richieste per metterle subito da parte e arrivare ad aprire quella dannata dispensa, afferrare la tavoletta di cioccolato, scartarla e sentire il cubetto che si scioglie sulla lingua.

Soluzione: Tutto il corpo e tutti i pensieri allineati, diretti all'unisono verso una sola direzione dalla quale, però, ci separa una distanza brevissima ma costante. Ecco l'erotico, ecco lo spazio che abita. Vale per la tavoletta di cioccolato, vale per la penetrazione, vale per un bacio.

11. Per imparare ad abitare il cerchio dell'erotico (ricordi lo schema di Octavio Paz?), un buon esercizio può essere quello di creare un dialogo tra due persone che fanno sesso a distanza. Quello è un momento in cui tutto si immagina, eppure basta.

Soluzione: In *Dove sei, mondo bello*, di Sally Rooney, una telefonata tra due amici inizia a prendere i toni di una conversazione più complice del previsto, più intima di quanto i due si aspettassero, tanto che a un certo punto lei gli fa quella domanda a cui pensi anche tu quando immagini il principio del sesso per telefono: che cosa indossi?

Lui risponde e lei, che si chiama Eileen, inizia un gioco recuperando un commento che gli ha fatto poco prima, quando ha scoperto che lui, Simon, stava lavorando in albergo, anche se l'ora era piuttosto tarda. Gli aveva detto che ciò di cui ha bisogno è una bella mogliettina che a un certo punto della sera lo metta a letto. Così, gli dice «Sai, [...] se adesso tua moglie fosse lí, ti toglierebbe la cravatta. Hai la cravatta?». E poi si passa alla giacca, alla camicia, alla cintura, che la mogliettina metterebbe su una gruccia, dopo avergliela tolta. Simon rimane in boxer, si tocca mentre Eileen gli racconta la sua routine insieme a questa donna perfetta.

> Se hai avuto una giornata pesante e sei stanco, immagino che andrete a letto verso le undici e che la moglie te lo prenderà in bocca. In questo è molto brava. [...] glielo leggi negli occhi che è eccitata, disse. E al tempo stesso tesa. Ti ama molto, ma ogni tanto l'idea di non conoscerti davvero la mette in ansia. Perché tu puoi essere distante. O se non distante, quantomeno chiuso.

E dopo avergli parlato del loro rapporto, di quanto si amino e di come il sesso tra loro funzioni, ecco che dice:

> Volendo essere davvero viziosa, farei che mentre sei a letto con tua moglie, non sempre, giusto questa volta, inizi a pensare a me. Non per forza in modo intenzionale. Una piccola idea o un ricordo che ti attraversano la mente, nient'altro. [...] mentre sei dentro di lei e lei trema e rabbrividisce e pronuncia il tuo nome, tu pensi a me.

Non sta succedendo niente di tutto questo, Simon è nell'albergo, a centinaia di chilometri da Eileen. La mogliettina non esiste. Eppure, la tensione è all'apice, nessuno dei due si trattiene più.

12. Okay, ma come si scelgono *certe parole*? Scrivere una scena erotica significa usare il vocabolario sessuale, e a volte capita di fare pasticci, soprattutto per quanto riguarda i nomi dei genitali.

Pensa a qualche sinonimo per le parole «pene» e «vagina» che potrebbero stare in un romanzo senza suonare *cringe*.

Soluzione: C'è chi usa «il sesso», e se la fila liscia, in modo quasi educato, senz'altro democratico. C'è chi si spinge a dire «uccello» o «fica», e chi vuole proprio usare «cazzo» perché il personaggio direbbe questo, e non altro.

Ecco, dunque, il punto: potremmo anche stilare un dizionario sessuale dei sinonimi, ordinando le parole non alfabeticamente ma a seconda dell'ambito di utilizzo (scientifico, volgare, letterario, popolare...), ma a che cosa servirebbe?

Con un po' di buon senso, possiamo usare più o meno tutti i termini, dipende da chi li pronuncia: si tratta di un personaggio rozzo o molto pudico? È un'amante esperta o alle prime armi? Che mestiere fa, qual è il suo lessico quotidiano? E se a parlare non è direttamente un personaggio ma il narratore, che tipo di narratore è? Che linguaggio utilizza, qual è il suo stile? Facciamo un esempio.

Nella raccolta di racconti umoristici *Pane e tempesta*, Stefano Benni descrive la sfida culinaria tra Rasputin, un cuoco carnivoro, e Sofronia, una cuoca vegetariana. I due si azzuffano, si studiano, litigano e a un certo punto, stanchi di preparare manicaretti per tutta questa gente che nel mondo mangia troppo mentre c'è chi non mangia niente, si siedono uno vicino all'altra e si confidano. Poi, smettono di parlare. E Benni scrive:

> Quella notte nel bosco si consumò il loro amplesso, tra il profumo delle fragole e i commenti delle civette guardone. Mai notte d'amore fu più calda e saporita, mai si vide un tale menu di posizioni, mai tante ghiotte combinazioni di sospiri e grida.
> All'alba, nudi e un po' rossi per il rotolamento sulle ortiche, erano ancora abbracciati. [...] Sofronia con voce melodiosa dedicò all'amante una dolce serenata:
>
> Sei caldo come l'orso siberiano
> Ma come lui sei grosso, perciò vacci piano.

Ora, in quale altro contesto avrebbe funzionato la frase «Sei caldo come l'orso siberiano?». Ecco, ci siamo intesi. Oltre all'attenzione fondamentale per il tipo di personaggio e per il tipo di narratore, un altro paio di regole generali però possiamo darcele:

- *Occhio agli aggettivi.*

Più ne metti, più rischi di rovinare le cose: è okay scrivere «pene» o «eccitazione», ma se condisci troppo il tutto diventa un carnevale. Se hai prodotto cose come «Il suo grosso pene duro e gonfio» o «un'ardente e forte eccitazione cieca» hai esagerato, fa ridere.

- *Fai un uso economico dei soggetti.*

Non è il caso di ripetere il nome dei genitali venti volte in un paragrafo. Abbiamo capito che cosa sta succedendo, abbiamo tutte le coordinate (nessuno si chiederà «Cos'è che è entrato nella vagina?»). Fortunatamente, l'italiano ci permette il lusso del soggetto sottointeso, usiamolo – ci eviterà anche il rischio di dover trovare troppi sinonimi.

5
Rubare

Scuola Holden con Annalisa Ambrosio,
Marco Archetti, Alice Avallone,
Tommaso Di Dio e Lucia Moisio

Sei arrivato fino a qui, ti è tutto chiaro, eppure non hai ancora iniziato a scrivere. Senti di avere gli strumenti per farlo, adesso, ma il serbatoio delle idee è mezzo vuoto o forse è colmo di spunti bislacchi, nuovi di zecca o tutti rotti, e di quel groviglio tu non ti fidi.

Oppure: hai iniziato a scrivere la tua storia, segui una scaletta ben costruita, anche piuttosto dettagliata. Però ti sei fermato: qualcosa manca. Ti pareva di avere tutto il materiale pronto, ma adesso la pagina ti chiede di più – un passaggio inedito, una descrizione sagace, un personaggio, un oggetto, un gesto che non avevi previsto e di cui, adesso, hai disperato bisogno. Non riuscire a ottenerlo potrebbe portarti allo stallo o, peggio, a continuare a scrivere qualcosa che sembra essersi rivelato nei suoi difetti e ora appare sempre più noioso, mille volte già visto, non necessario. Vuoi che la trama prenda subito una piega innovativa, vuoi un'idea geniale. Vai in crisi: ti guardi attorno come un ladro.

Bene, benissimo, questa è la giusta attitudine. Perché ciò che devi fare è esattamente questo: *rubare*. Spieghiamoci meglio. Chiunque scrive narrativa vorrebbe produrre qualcosa di nuovo e originale. Il nuovo è tutto sommato un risultato facile da ottenere, perché qualsiasi storia, anche la più banale o meno riuscita, è diversa da ogni altra storia, per il semplice fatto che a essere diversa è la mano che la scrive, lo stile, lo sguardo della persona che la crea, una persona a suo modo unica, dunque capace di rendere unico anche ciò che scrive.

L'originalità, invece, è qualcosa di imponderabile, di alchemico, è l'idea utopica di poter essere i primi a inventare qualcosa che non esisteva, creandola dal nulla e regalandola al mondo che finora ne ignorava l'esistenza.

Ecco, questo non capita quasi mai, ma non c'è niente di male. Anzi, riportando i piedi per terra e leggendosi un bel po' di libri, è facile notare come la maggior parte delle storie derivi da altre storie e, se abbiamo la pazienza di scavare e cercare «l'origine dell'originale», ci accorgeremo che seguire il percorso a ritroso vuol dire andare molto indietro nel tempo, al teatro greco, alle prime fiabe, addirittura ai racconti orali e alle pitture rupestri.

Secondo Jorge Luis Borges, per esempio, esistono solo quattro tipi di storie da raccontare: la storia d'amore fra due persone, la storia d'amore fra tre persone, la lotta per il potere e il viaggio. E gli scrittori e le scrittrici riscrivono queste storie all'infinito.

Non è un fatto che ci deve scoraggiare, al contrario ci libera dal peso immenso di dover costringere la nostra immaginazione a fare un triplo salto mortale, a versare sangue e sudore per un'originalità non necessaria, che non ci richiede nessuno.

Pensaci, quel che succede in letteratura non è molto diverso da ciò che accade nella musica. I compositori che sfornano i brani che ascoltiamo in radio, i ritornelli che ci rimangono in testa o le colonne sonore che ci fanno commuovere guardando i film, hanno da sempre a disposizione solo sette note – oppure dodici semitoni –, e tutte le combinazioni possibili sono già state sperimentate da quando la musica esiste, cioè dal Paleolitico in poi.

Ogni variazione musicale è in sostanza una variazione già scritta, con l'aggiunta di strumenti, effetti, voci e cori che la rendono al nostro orecchio, appunto, nuova. Ma quasi mai originale. Quindi, prima di tutto tira un bel respiro: non c'è niente di grandioso che devi inventare, per dare vita alla trama o rimettere in moto la storia.

Quello che puoi fare, se ti sembra di essere a secco di idee, è – con permesso –rubarne una. Perché il saccheggio non è solo una pratica tollerata, ma è tranquillamente utilizzabile. Saccheggiare è utile per scrivere, spesso inevitabile, ma molto meno semplice di quanto si è portati a credere. Il saccheggio è un'arte. E praticarla con metodo e impegno può portarci a scrivere storie bellissime, e a sorprenderci di quanto materiale narrativo non elaborato avevamo intorno. E pensare che non ce ne eravamo neanche accorti.

1. Regole fondamentali

Eh sì, mica si può rubare come pirati. Dobbiamo rubare come discreti gentiluomini e gentildonne, persone innamorate, bambini curiosi. Esiste un galateo.

Impara dai grandi
Studia attentamente gli autori e le autrici che ammiri: il loro stile, i temi, le tecniche narrative. Quando un passaggio ti emoziona, quando trovi una parola particolarmente esatta, chiediti: *perché?* Analizza quelle righe, cerca di capire come funzionano, come sono state costruite, quali sono gli ingranaggi che le muovono così.

Fai tuo ciò che prendi
Se usi un'idea, un personaggio o un concetto, trasformalo. Non ci interessa copiare, ciò che vogliamo è rielaborare il materiale in modo che diventi qualcosa di unico. Perché il punto è questo: se quella parola o quel passaggio ti sono risuonati è perché, dentro di te, esistevano già. Dunque, ritrovali, osservali, e prova a dirli con la tua voce.

Diversifica i tuoi furti
Lo sappiamo che Sally Rooney ti piace tanto, però non è che puoi pigliare solo da lì. Prendi ispirazione da più fonti: la contaminazione tra stili, generi e autori può aiutarti a tirare fuori la tua identità – sei mica fatto di un solo colore, tu? Ecco, allora cercati in tutte le sfumature del mondo.

Rispetta chi legge
Ruba solo se credi che quel che hai trafugato possa davvero migliorare la tua storia. Per il resto, vietato qualsiasi furto commesso per noia, per moda, o nel fallimentare tentativo di compiacere un lettore ideale. Perché se la storia non è autentica, chi legge se ne accorgerà subito.

Esistono dei limiti legali
Ricordi? Non siamo pirati. Al massimo siamo corsari, e sulla nostra lettera di corsa c'è scritto che, corpo di mille balene!, non possiamo proprio violare il copyright. Le idee sono libere, ma il testo e i personaggi specifici potrebbero non esserlo. Che poi, l'abbiamo detto, il vero contrabbando di parole non ci interessa. Il fine è creare arte, non plagio.

Citare le fonti è una buona idea
Se scriviamo un saggio, stilare una bibliografia a fondo pagina è la prassi. Se invece scriviamo un romanzo o un racconto, non è certo un'abitudine. Eppure, se un passaggio, una frase o un riferimento è evidente, tu riconoscine l'origine. Puoi scrivere due righe a fondo testo: oltre a essere un gesto rispettoso, è un bell'omaggio all'autore o all'autrice a cui ti sei ispirato. Per esempio, nel suo *Il colibrì*, Sandro Veronesi prende spunto da *Il gorgo*, uno dei più bei racconti di Beppe Fenoglio; a fondo libro lo dichiara, ed è bello. E se prima non lo conoscevamo lo andiamo subito a leggere, e ringraziamo due volte Veronesi per avercelo detto.

Un buon motivo per rubare
Ogni grande autore o autrice si ispira ad altri libri, ma lo fa per superare i limiti di ciò che è già stato scritto, per offrire una nuova prospettiva. Tieni sempre bene a mente il perché dei tuoi piccoli furti e saprai sempre come render loro giustizia.

Bene, ora possiamo cominciare. Da dove? Il primo concetto da mettere in pratica è *fare massa*. Se ti è mai capitato di frequentare una palestra conoscerai certamente questa regola. Fare massa serve a dare ai muscoli il materiale biologico necessario per costituirsi: detto in parole più semplici, se non mangi proteine (le proteine vegetali valgono, eccome), se non ti nutri sufficientemente, i tuoi muscoli non avranno una base materiale – la massa – su cui poter crescere e svilupparsi. Rimarranno della stessa dimensione che avevano all'inizio dell'allenamento, nonostante gli sforzi e i pesi sollevati.

Per chi scrive non è così diverso: anche qui si tratta di fare massa, dove ciò significa imparare a nutrirsi di storie, riempire il proprio serbatoio di materiale narrativo potenzialmente utile per costruire o correggere non solo una trama, ma quante più trame possibile.

Con una scelta ampia, sarà facile decidere quale spunto narrativo sviluppare e quale lasciare perdere, quali notizie mescolare fra loro e quali conservare per dopo, e in ogni caso non saremo mai a corto di idee. Perciò, prima di tutto dobbiamo diventare rabdomanti di storie, capire dove andare a pescarle. Le storie sono ovunque, ma spesso le migliori si nascondono nei posti meno probabili, quelli che non frequentiamo o da cui ci teniamo prudentemente alla larga.

Per cui, prima di continuare, fa un bel bagno disintossicante ed elimina ogni pregiudizio. Stiamo per entrare nel dark web delle storie.

E ADESSO SCRIVI

1. Rompiamo il giacchio, facciamolo subito e in maniera paradossale. Dimostriamo che il materiale narrativo si trova davvero ovunque, anche sul bugiardino della Tachipirina 500mg, che recita:

Legga attentamente questo foglio prima di usare questo medicinale perché contiene importanti informazioni per lei.

Usi questo medicinale sempre come esattamente descritto in questo foglio o come il medico o farmacista le ha detto di fare.

- Conservi questo foglio. Potrebbe aver bisogno di leggerlo di nuovo.

- Se desidera maggiori informazioni o consigli, si rivolga al farmacista.
- Se si manifesta uno qualsiasi degli effetti indesiderati, tra cui effetti non elencati in questo foglio, si rivolga al medico o al farmacista. Vedere paragrafo 4.
- Si rivolga al medico se non nota miglioramenti o se nota un peggioramento dei sintomi dopo 3 giorni di trattamento.

Contenuto di questo foglio:

1. Che cos'è Tachipirina e a cosa serve
2. Cosa deve sapere prima di usare Tachipirina
3. Come usare Tachipirina
4. Possibili effetti indesiderati
5. Come conservare Tachipirina
6. Contenuto della confezione e altre informazioni

Eccetera, eccetera: vai a sbirciare il resto nel tuo armadietto dei farmaci! L'esercizio è questo: sostituisci la Tachipirina con uno di questi oggetti, e poi finisci di scrivere il bugiardino sulla scorta di quello originale.

1. Letto;
2. Tostapane;
3. Macchina del tempo.

Scoprirai come basta spostare un oggetto dalla sua collocazione abituale e rimpiazzarlo con un altro, per ottenere un effetto comico immediato.

Soluzione: Legga attentamente questo foglio prima di usare questo letto perché contiene importanti informazioni per lei. Usi questo letto sempre come esattamente descritto in questo foglio o come il negoziante le ha detto di fare.

- Conservi questo foglio. Potrebbe aver bisogno di leggerlo di nuovo.

- Se desidera maggiori informazioni o consigli, si rivolga a chi indicato sopra.
- Se si manifesta uno qualsiasi degli effetti indesiderati, tra cui effetti non elencati in questo foglio, si rivolga sempre a chi indicato sopra. Vedere paragrafo 4.
- Si rivolga chi indicato sopra anche se non nota miglioramenti o se nota un peggioramento dopo 3 giorni di trattamento (però poi basta. Anche chi indicato sopra vorrebbe farsi una dormita ogni tanto).

Contenuto di questo foglio:

1. Che cos'è un letto e a cosa serve
2. Cosa deve sapere prima di usare un letto
3. Come usare un letto
4. Possibili effetti indesiderati
5. Come conservare un letto
6. Contenuto della confezione e altre informazioni

1. Che cos'è un letto e a cosa serve
Un letto è un mobile dotato di una superficie orizzontale sulla quale è collocato un materasso più o meno morbido dove stendersi a dormire.

Un letto contiene legno, metalli, molle, doghe, piume, lana, lattice di gomma, poliuretano, acqua, ma non tutti insieme. Può contenere anche peluche, lenzuola di raso, un set di cuscini ricamati a mano, tappi per le orecchie, un paio di mutandine, tutto a discrezione del proprietario.

Un letto è utilizzato dalla gente per dormire, riposarsi, piangere e guardare i film. I bambini lo usano anche per giocare e ascoltare le favole, gli adulti e gli adolescenti per fare meravigliose cosacce.

2. Cosa deve sapere prima di usare un letto
Non usi un letto se non ha sonno. Oppure, se questo letto non è il suo. Lo usi invece con cautela se le hanno dato il permesso di farlo, altrimenti non glielo prestano più.

Altri letti e questo letto. Non usi questo letto se sta già dormendo in un altro letto o se le lenzuola sono da cambiare.

Letto e alcol. Usi il preservativo.

Gravidanza e allattamento. Non ha usato il preservativo.

Guida di veicoli e utilizzo di macchinari. Tutte cose che non si possono fare su un letto, ci dispiace.

3. Come usare un letto

Usi questo letto seguendo sempre esattamente quanto riportato in questo foglio. Se ha dubbi consulti sempre il solito negoziante di prima, ma lo lasci anche un po' vivere, di tanto in tanto.

Età	*Dose*	*Quante volte al giorno?*	*Dose massima*
Adolescente	Un letto grande (c'è posto anche per due)	8-10 ore	Fino alle tre del pomeriggio, dopo aver fatto serata (e i compiti)
Adulto	Un letto matrimoniale per un marito, un amante, un cane, un figlio, un grosso peluche.	7-9 ore	Non andare a dormire prima delle otto, dai, ce la puoi fare.
Anziano	Un lettone comodo oppure un'amaca alle Bahamas: chi ha detto che da vecchi non ci si può godere la vita?	7-8 ore	Pisolini pomeridiani alla faccia di tutti!
Bambino	Un letto piccolo	9-12 ore	Fino a ora di pranzo, ma solo nei weekend

4. Possibili effetti indesiderati
Se manifesta i seguenti effetti indesiderati INTERROMPA il trattamento con questo letto e non contatti immediatamente il povero negoziante:

- Pigrizia a secchiate;
- Incubi di tanto in tanto;
- Acari se non lo pulisce bene;
- Il vicino di sopra che passa l'aspirapolvere a mezzanotte – è proprio il caso battere il soffitto con il manico della scopa.

5. Come conservare un letto
Conservi questo letto fuori dalla vista e dalla portata di lei stesso quando invece di mettersi a lavorare sul suo romanzo o sui suoi racconti le viene voglia di fare un pisolino.

6. Contenuto della confezione e altre informazioni
Nella confezione della Tachipirina il letto non ci stava, lo cerchi dentro la scatola accanto. Grazie.

2. Rubare dal passato

A tutti è capitato di leggere un libro e pensare: avrei voluto scriverla io quella storia, o incappare in una scrittura particolarmente armoniosa e sperare di riuscire a imitarla. È normale, e a volte qualcuno ci riesce, con garbo ed eleganza ruba qualcosa che restituisce ai lettori con altrettanta bellezza. Ormai lo sai, tutte le storie in fondo derivano da altre storie, e la novità sta solo nel modo di raccontarle, di variarle o di interpretarle. L'ambizione di riuscire a emulare la scrittura di un grande autore o di una grande autrice, o di provare a scrivere un best seller ispirandosi alle storie di maggior successo, non ha nulla di disdicevole, anzi può portare a ottimi risultati. L'idea di partenza per la trama della saga campione di incassi *Harry Potter* è davvero venuta in mente all'autrice J.K. Rowling mentre aspettava un treno, senza un soldo in tasca e con la prospettiva di non riuscire ad arrivare alla fine della settimana? Oppure è fedelmente ispirata alla saga fantasy *Terramare*, pubblicata nel 1968 dalla scrittrice statunitense Ursula K. Le Guin, che parla proprio di un ragazzino destinato a grandi imprese che frequenta una scuola di magia per imparare a sconfiggere i cattivi? Non c'è una risposta a questa domanda, ma a questo punto viene da chiederci se Ursula Le Guin si fosse a sua volta ispirata a un'altra storia, perché l'ipotesi di Borges che non facciamo altro che riscrivere, ci autorizza a pensarlo.

Ma, in ogni caso, ci interessa davvero? Abbiamo guadagnato almeno due storie stupende, ecco ciò che ci importa.

Dunque, via libera al saccheggio di qualsiasi storia già raccontata tu voglia raccontare in modo nuovo. In particolare, quando rubiamo dal repertorio del passato, ci sono almeno tre coordinate da cui possiamo lasciarci guidare.

Il ritmo

Ogni scrittura batte un tempo e ha una precisa distribuzione di ritmo, di forza, di energie. C'è chi scrive in tre quarti e in quattro quarti; chi punta sulla percussione e chi sul fraseggio. Ogni scrittore e ogni scrittrice ha una sua personalità musicale. C'è chi predilige una sintassi sincopata e non si dirama per subordinate; chi i periodi lunghi e tende alla preposizione secondaria (che spesso si snoda secondo schemi ricorrenti); chi tesse ritornelli su cui ritornare; chi costruisce armonie e proporzione; chi, invece, cerca lo stridore e le asimmetrie; chi taglia i capitoli e chi li distende; chi è polifonico e chi è monodico; chi fluttua e chi sferza; chi dà colpi di batteria e chi crea ambienti sonori impalpabili.

Pensa a com'è diversa la musica barbarica di Louis-Ferdinand Céline rispetto a quella da camera di Marcel Proust – pensa anche alle loro differenti velocità.

Pensa al ritmo di Ivy Compton-Burnett, che ha scritto solo romanzi a dialogo.

Oppure ai soprassalti di *Jazz* di Toni Morrison: c'è una struttura generale, un fatto, i personaggi fanno ciascuno il proprio assolo, entrano ed escono dalla storia, si accavallano, si fanno rima, stridono, si ricongiungono, eppure alla fine rafforzano il quadro d'insieme.

Io sono il nome del suono e il suono del nome.

recita la frase d'apertura del romanzo di Morrison. Ecco, per cogliere la musica di uno scrittore non basta l'analisi attenta delle sue strutture. La pagina va letta anche sforzandosi di prescindere dal senso e prestando attenzione solo alla sua «trazione», al suo movimento, alla sua danza. La pagina proprio come uno spartito.

Si tratta di una possibilità entusiasmante, molto utile per *sentire* la materia della scrittura, e come uno scrittore la maneggia.

Sfatiamo un mito: leggere è un esercizio di superficie e di orecchio. Ogni scrittore ha una propria lingua che «suona». Proust – ancora lui – parlava della «canzone dello stile». Ogni lettore la ascolta e la canta.

> C'è questa elettricità, in Joyce, sulla lingua... E c'è questo linguaggio musicale, che si arrende ai significanti [...] Non ha precedenti ma, purtroppo, ha qualche seguace. Non è un monologo interiore. E non c'entra Sterne. Non si può pensare a nemmeno a Gadda, grande ingegneria e grande meccanica. [...] Riuscire ad arrivare a un'immediatezza simile appartiene solo al Finnegan's e all'Ulisse. Il passaggio del pensiero non obbligato dal concetto, a essere mediato, a trovare una ruffiana che lo scriva sulla carta. C'è un'immediatezza unica. È il libro della storia umana.

È questo che disse Carmelo Bene nel programma *Una sera, un libro*, raccontando di aver letto l'*Ulisse* di James Joyce a ventidue anni, esperienza che cambiò la sua vita e le sue nozioni musicali, grazie a un «pensiero dell'immediato che non pare scritto, ma sottratto alla scrittura stessa. È un linguaggio senza pensiero pensato».

Insomma, il puro suono di un soffio. Clap clap *dear* James Joyce, ci riescono in pochissimi.

Chi scrive, scrive sempre ricordando la musica di un Maestro. Perché scrivere è anche mettere in salvo la musica di un altro facendola cantare, con la tua, a chi la leggerà.

Il tempo
Non avere fretta di rubare, perché la lettura agisce anche dopo che la si è, diciamo così, completata. Hai *terminato* un libro – espressione, quindi, decisamente sbagliata – e il viaggio che ti ha portato dalla prima all'ultima pagina ha avuto, su di te, certi effetti. Tuttavia, la lettura non finisce quando è finita: quel che ha generato in te ha solo *cominciato* a generarlo. Perché accada, devi lasciare a quei romanzi l'agio e lo spazio di percorrere quella strada. Devi permettere loro di depositarsi, di mettersi comodi da qualche parte dentro di te, di guadagnare sempre maggior dimestichezza con i tuoi pensieri. Faranno cadere la neve? la pioggia? Determineranno un'epocale siccità o un rigenerante tornado? Con il tempo – solo con il tempo – le pagine lette troveranno il loro posto e cominceranno a dialogare con quello che leggerai e scriverai prossimamente. A quel punto, potrebbero anche traslocare, del resto i romanzi non stanno mai fermi; a volte si tratta di movimenti inavvertibili, a volte di grandi traversate. Assumeranno significati continuamente mutevoli, sempre più precisi, sempre pronti, a loro volta, alla metamorfosi: è la grande mappa cangiante che ogni lettore ha dentro di sé. Potrà anche capitare che un romanzo venga sfrattato dal paradiso, mutevole anch'esso, per far posto a un vigoroso e imprevedibile *parvenu* che da lì in poi non ti abbandonerà più. È quel mondo fluido e meraviglioso che ci regala la lettura. Non prende forma con l'assedio o il bombardamento, ma con il tempo.

Il tempo dedicato – anche – a non leggere: in rete impazzano numerosi tutorial per «imparare a leggere velocemente», e viene subito in mente Woody Allen con il suo corso di lettura veloce che gli permise, lo raccontò in una memorabile gag, di leggere *Guerra e pace* in poche ore. «Parla della Russia», concluse.

A che cosa serve macinare per macinare? Quale chimera efficientistica si insegue con queste bizzarre Olimpiadi? Tu fai come preferisci e come ti detta il tuo istinto di lettore, ma non sentirti mai tartassato dall'obbligo di un record. Diamoci una calmata, facciamo un bel respiro, assaporiamo. Il tempo farà il suo, e senza nemmeno accorgertene ciò che di quel libro potrà esserti utile si depositerà dentro di te, e non avrai nemmeno più bisogno di commettere dei furti, ti limiterai al piacere di ricevere, a un certo punto, dei doni.

Lo spazio

Giorgio Manganelli, ne *Il discorso dell'ombra e dello stemma*, scrive a proposito della «naturale attività magica e stemmica che un libro esercita». E aggiunge che «acquistare un libro è una scelta del tutto onirica, isterica, fantastica».

Tutto vero: ogni libro esercita una forza, un'attrazione cui noi ci abbandoniamo anche irrazionalmente. Questa forza risiede nella loro stessa presenza, per il solo fatto che esistono. I libri la comunicano, la emanano. E noi la sentiamo – amarli significa essere sensibili al semplice fatto che esistano, no? I libri che non abbiamo letto sono irrinunciabili tanto quanto quelli che abbiamo letto proprio perché sono lì, perché esistono in forma non ancora sperimentata: sono l'intonso, l'ignoto, un canto di Sirena, esercitano un potere, proiettano allusioni e illusioni e partecipano di una mitografia sterminata che continua a fissarci dalla libreria e a prometterci qualcosa di indefinibile.

Ma ci possono parlare ed esercitare la propria irresistibilità solo in un caso: se ancora non li possediamo. Solo se esiste quello spazio – che sempre sospettiamo incolmabile – tra noi e loro.

E sì, serve leggere anche cattiva letteratura. Pensare che ci si formi solo con i romanzi belli o con i capolavori è un'ingenuità disastrosa. Tieniti qualche *guilty pleasure* (*guilty* per gli altri, non per noi) se ti fa star bene, se ti ricarica, se ti diverte. Le esperienze di lettura si sommano e si fondono. Un autore non ne cancella un altro. Una merendina confezionata non toglierà mai il gusto a un macaron di alta pasticceria, e viceversa. E stai tranquillo: Hap e Leonard, qualcosa da dire a Charles Swann, a cena, la troveranno di sicuro.

Infine, sì, serve leggere anche libri che non sono letteratura. Manuali di idraulica, storia della lotta libera, problemi di scacchi. Anatomia delle balene, atlanti dei fari in capo al mondo, epidemiologia della tubercolosi. Tutto contiene qualcosa, tutto può definirci, tutto può offrire una prospettiva impensata e rivelatrice che possiamo scoprire e adottare. Ne parliamo nelle prossime righe.

E ADESSO SCRIVI

2.

> Ascoltate:
> Billy Pilgrim ha viaggiato nel tempo.
> Billy è andato a dormire che era un vedovo rimbambito e si è svegliato il giorno delle sue nozze. Ha varcato una soglia nel 1955 ed è uscito da un'altra nel 1941. È tornato indietro da quella porta e si è trovato nel 1963. Ha visto molte volte la propria nascita e la propria morte, dice, e rivive di tanto in tanto tutti i fatti accaduti nel frattempo.
> Così dice.

L'hai riconosciuto? Questo è l'incipit di *Mattatoio n. 5*, di Kurt Vonnegut. Forse avrai letto qualcuno dei suoi libri (in caso contrario, ti consigliamo di farti questo grande regalo), e saprai che è uno scrittore dalla voce davvero inconfondibile: ironica, sarcastica, asciutta, diretta, pronta a sperimentare e attraversata da grandi picchi di genialità. Il tuo compito è quello di rubargliela. No, niente incantesimi da Sirenetta (anche se siamo certi che Vonnegut accetterebbe volentieri di perdere la voce per un po' in cambio di una coda da tritone), si tratta invece di introdurre un personaggio di tua invenzione, ricalcando l'incipit che hai appena letto. Mantieni tutto quello che riesci: tono, struttura, stile e compagnia bella.

Soluzione: Ecco tutto: Rosa viaggia ogni giorno da Frosinone a Latina e da Latina a Frosinone. Rosa è andata a dormire bambina e si è svegliata cameriera del Luigi Bar. Ha varcato la soglia nel 1990 e non è mai uscita. Vorrebbe tornare indietro da quella stessa porta e trovarsi nel 1989, per non entrarci più. Rosa la cameriera sa bene com'è nata e com'è morta, indossando il grembiule per fare un favore allo zio, e poi stecchita tra un cappuccio e un gratta e vinci, dice, e allora pulendo i bicchieri rivive di tanto in tanto tutti i fatti accaduti nel frattempo, per cercare di non dimenticarseli. Così dice.

3. Adesso dimentica l'incipit di Vonnegut e prendi in mano il tuo incipit. Rompi la struttura, il registro, la storia, rendilo davvero tuo.

Soluzione: Rosa è andata a dormire bambina e si è svegliata vecchia cameriera del Luigi Bar. Ha varcato la soglia nel 1970 e non è mai uscita. Vorrebbe tornare indietro da quella stessa porta e trovarsi nel 1969, per non entrarci più.

Nonostante l'età, è la cameriera migliore di tutte, ma non ricorda come lo è diventata. Ricorda solo quella porta, con il cartello nuova apertura e i palloncini, poi un grembiule rosso e nuovo tutto per lei, con la scritta ricamata Luigi Bar e una tazza di caffè fumante al centro. È il grembiule che indossa ancora adesso, anche se in versione nera e senza tazza.

Rosa sa bene com'è nata e com'è morta, stecchita tra un cappuccio e un gratta e vinci, dice, e allora pulendo i bicchieri rivive di tanto in tanto tutti i fatti accaduti nel frattempo, per cercare di ricordarli. Un compleanno, un pianto, un bacio, un fine settimana al mare. Qualcosa ogni tanto le viene in mente. Così dice.

Adesso la storia di Rosa è un po' più chiara, prende lo spazio di cui ha bisogno, e ruba dall'incipit di Vonnegut solo ciò che in fondo è già suo: alcune parti della struttura, il linguaggio semplice e diretto, qualche punta di sarcasmo. Sarebbe una buona idea, poi, fare ancora uno o due passaggi, per togliere ogni rigidità, nascondere le tracce rimaste (ce ne sono ancora, eccome).

In ogni caso, ciò su cui è bene concentrarsi sono gli aspetti che di un testo o di una voce ci sembrano imprescindibili. Provare a capire perché ci toccano così tanto, cercare dentro di noi il loro corrispettivo e tirarlo fuori, lasciarlo parlare.

Poi, certo, ci sono aspetti che non possiamo riscrivere (come, in questo caso, i picchi di genialità di Kurt Vonnegut o la matta storia di Billy Pilgrim), ma per citare ancora una volta il libro, anzi, una nota preghiera incisa sul medaglione d'argento a forma di cuore che la pornostar rapita dagli alieni Montana Wildhack tiene in mezzo alle sue enormi tette:

> Dio mi conceda la serenità di accettare le cose che non posso cambiare,
> il coraggio di cambiare le cose che posso,
> e la saggezza di comprendere sempre la differenza.

3. Rubare dal presente

Abituarsi a leggere tutto, dicevamo. E leggere il più possibile, leggere sempre. Giornali, riviste, free press, articoli su internet sono ottimi terreni di caccia per chi è alla ricerca di storie. Se ti sembra una pratica lontana dalla letteratura, pensa che molti grandi romanzieri hanno attinto storie e personaggi dalla cronaca, dagli incontri casuali, da vicende sentite raccontare da altri. E il loro lavoro non era certo meno apprezzabile perché utilizzava materiale semilavorato dal mondo, semmai lo era di più, in quanto conferiva alla finzione un substrato di verità che la rendeva particolarmente coinvolgente. Qualche esempio?

La storia di Madame Bovary non ha fatto parte dell'esperienza diretta di Flaubert, così, per scriverla, ha preso spunto da un fatto di cronaca avvenuto in Normandia a metà dell'Ottocento. Una donna sposata, tale Delphine Couturier, si era tolta la vita con l'arsenico dopo aver tradito il marito, un medico che tentò inutilmente di salvarla. La trama del romanzo celeberrimo *Madame Bovary* è pressoché identica.

Per scrivere il suo libro più famoso, *Limonov,* lo scrittore Emmanuel Carrère ha indagato in modo scientifico la vita avventurosa di un controverso personaggio di origine russa, realmente esistito.

Per non parlare, poi, dei romanzi ispirati da fatti di cronaca nera, uno su tutti *A sangue freddo* di Truman Capote, che rimase mesi a parlare con gli abitanti di un villaggio del Kansas nel, dove nel 1959 una famiglia intera venne brutalmente assassinata. Insomma, pescare storie e personaggi esistenti è un'ottima idea. Resta solo il problema di quali scegliere, perché, in effetti, ce n'è una gran quantità. Dunque, facciamo un po' d'ordine.

Quotidiani e riviste cartacee
Nei quotidiani le notizie migliori si nascondono nei trafiletti, sotto i titoli scritti in piccolo, a volte anche nei necrologi e nella cronaca sportiva. Le riviste, invece, sono utili per metterti al corrente delle tendenze, delle manie del momento, delle mete più gettonate per una vacanza, e perfino la cronaca rosa può darti degli spunti interessanti, nel caso la tua storia preveda il racconto di una relazione singola o multipla. La stampa locale, la free press che trovi nella buca delle lettere o sui tavolini del bar, regala sempre notizie formidabili sull'assurdità dei comportamenti umani, dal postino che morde il cane per avergli di nuovo mangiato le lettere, alla rissa fra vicini per un passo carraio o per un albero che salvaguarda o limita la vista sulla strada. Se non ti fermi al titolo ma leggi tutto l'articolo, oltre al fatto bislacco, scoprirai anche nuove e insolite forme di ritorsione, come tenere in casa a volume altissimo tutta la discografia di Bruno Gagliardi oppure insegnare al proprio pappagallo insulti fantasiosi da fargli ripetere al passaggio dei vicini – sì, entrambe le notizie sono vere.

Perfino sul bollettino parrocchiale si possono pescare delle buone storie: l'oratorio che chiude perché il parroco non ne può più dei genitori che parlano forte al telefono, dicono parolacce e si tolgono la pelle dura dai piedi. O il prete che affigge un elenco di bestemmie consentite (si può dire «porcozio», ma non quell'altra parola senza la zeta). Sembra incredibile, lo sappiamo, ma anche qui parla la realtà.

Il web
Quanto a internet, inutile dire che lì le notizie crescono, si propagano e svaniscono velocemente come sono apparse. Il problema non è tanto trovarle, ma riuscire a trattenerle prima che vengano sommerse dal mare di altre notizie, e da quella corren-

te fortissima che ci trascina di qui e di là, a colpi di pubblicità distraenti e articoli acchiappa clic, quella che ci risputa a riva lasciandoci intontiti, con un senso di vertigine persistente e in testa la solita domanda: dove l'avevo letta? Com'era il nome del protagonista? Dove era accaduta?

Salvare il link, mettere segnalibri, ricondividere o prendere appunti è un buon sistema per isolare la notizia dal flusso ininterrotto di dati, salvo il fatto di riuscire poi a recuperarla nel marasma di note che abbiamo preso in modo frenetico sul telefono o sul computer. Ma se uno riesce a mantenere un certo rigore nella scelta e nella selezione, può sfruttare il più formidabile serbatoio di storie che gli esseri umani abbiano mai prodotto. Eccone un esempio.

> A Londra c'è una donna che si reca ogni giorno presso la stazione della metro di Embankment e resta seduta sulla banchina solo per ascoltare l'annuncio registrato dal marito nel lontano 1950. Da quando è morto il suo Oswald Laurence nel 2003, Margaret McCollum si siede e aspetta di sentire quella registrazione divenuta uno dei più celebri «Mind the gap» (attenzione allo spazio tra il treno e la banchina) di Londra. Ma da un giorno all'altro, dopo oltre mezzo secolo, quella voce è stata sostituita da una fredda e vuota registrazione elettronica. Presa dallo sconforto, Margaret ha contattato l'azienda dei trasporti della metropolitana londinese chiedendo che le venisse consegnato il nastro, al fine di poter continuare ad ascoltare la voce di suo marito a casa sua.
> Tuttavia, venuta a conoscenza dell'emozionante storia, l'azienda ha deciso di ripristinare l'annuncio nell'unica fermata in prossimità della casa dove vive la donna, la fermata di Embankment della Northern Line, dove oggi tutti i passeggeri possono ascoltare la voce di Oswald Laurence e pensare che l'amore eterno esiste davvero.
> (Fonte: Twitter, James Lucas @JamesLucasIT)

Questo fatto ha tutti gli ingredienti per diventare una storia o un film commovente, di quelli che appassionano gli spettatori perché contengono piccoli atti di amore, fedeltà, bontà ed eroismo; per esempio, ricordi tutte le lacrime versate guardando il film *Hachiko*? È la storia del cane che aspettò per dieci anni alla stazione l'arrivo del suo padrone, morto per un malore in una delle sue trasferte giornaliere. Anche in quel caso si trattava di una storia vera, accaduta a Tokyo nel 1935, dove ancora oggi il cane Hachiko è ricordato con una statua nei pressi della stazione di Shibuya.

In ogni caso, abituarsi a leggere tutto non significa essere costretti a leggere tutto di tutto. Con un po' di allenamento, sarai in grado di sfogliare una rivista sul giardinaggio fermandoti solo su quel trafiletto interessante, che ti accende una lampadina; potrai affrontare un settimanale di gossip pescando giusto un paio di spunti utili nel mare della banalità; immergerti nel quotidiano di finanza e riemergere con un paio di informazioni in più su cosa vuol dire «massimo rischio massimo rendimento», o braccare una notizia in internet portandotela via prima di essere pescato a tua volta dalla rete, agganciato all'amo dei consigli per pulire un divano in pelle o per mettere un impianto dentale in Croazia.

Con un po' di pratica, in poco tempo diventerai così bravo nella ricerca che saprai intercettare solo ciò che ti serve, o ti servirà in futuro.

Però, prometti, frequenta questi luoghi anche se non ti ispirano per niente: spesso è lì che si nasconde il materiale narrativo più interessante, quello che ci permette di capire un fenomeno sociale, di scavare nella parte più densa del nulla, di sapere perché compreremo certi oggetti, dilagheranno certe mode, seguiremo certi miti. Per un narratore è roba incandescente, che può essere utilizzata oppure no, ma che è inutile ignorare, perché costituisce il nostro presente.

Detto questo, molte delle storie che incontri non finiscono lì, dentro l'articolo web o nel trafiletto di un giornale. Le più interessanti si collegano ad altre storie, o i personaggi si collegano ad altri personaggi, in un movimento di coincidenze e incroci che nessuna storia inventata riuscirebbe ad eguagliare.

Il 22 agosto 1972, il ventiseienne John Wojtowicz, ex cassiere di banca, dopo aver visto diverse volte il film *Il Padrino* e aver studiato le mosse dei gangster e dei mafiosi, entrò armato in una banca di Brooklyn e tentò di rapinarla. La sua intenzione era procurarsi i soldi necessari per un intervento chirurgico che avrebbe permesso alla moglie di liberarsi dei genitali maschili assegnati alla nascita. John Wojtowicz rimase asserragliato nella banca con sette ostaggi per 14 ore, ordinando pizze per tutti, lanciando soldi alla folla che si era radunata all'esterno, e tenendo in scacco unità speciali, FBI e cecchini, mentre decine di troupe televisive riprendevano la sua improbabile impresa.

La vicenda – e qui arrivano i puntini da unire – ispirò in seguito il film *Dog Day Afternoon* (*Quel pomeriggio di un giorno da cani*) del regista Sidney Lumet, con protagonista Al Pacino, che oltre alla straordinaria somiglianza con John Wojtowicz, aveva recitato proprio nel film *Il Padrino*. Sempre dal set di *Il Padrino* proveniva anche l'altro protagonista di *Dog Day Afternoon*, il complice interpretato dall'attore John Cazale.

Qui non c'è solo una storia che ispira un'altra storia, c'è un film che ispira le azioni di una persona, che ispirano a loro volta un altro film che si aggancia al primo, quello che è stato l'origine di tutto. Un giro di giostra che riporta tutto al punto iniziale. Qualcuno la definisce *narrazione circolare*, ma qui non si tratta solo di una tecnica narrativa: è la narrazione circolare della realtà, che quando decide di stupirci riesce a farlo meglio della nostra immaginazione.

Ah, a proposito di immaginazione: se stai scrivendo un racconto o un libro non risparmiarti. La narrativa non è come la sceneggiatura, a cui viene imposto di considerare i costi di realizzazione della storia. Il bello di scrivere libri e non film è che, invece, le storie sono tutte a budget illimitato, e non ci sono spese tranne il costo delle pagine da stampare, perciò si possono far precipitare meteoriti, allagare isole dei Pacifico, ricostruire Atlantide, rapinare Fort Knox, (e sono solo le prime cose che ci vengono in mente) senza spendere neanche un centesimo.

Certo, si può anche scrivere una storia da pianerottolo dove lui incontra lei, le librerie ne sono piene, e non per questo il risultato sarà meno interessante o destinato a ottenere minor successo editoriale rispetto alla storia della rapina a Fort Knox. Ma mentre saccheggi, tieni questa possibilità in mente. Invece di svuotare la prima cassa di storie che hai trovato, cerca ancora, pensa in grande. Pensa: e se il pianerottolo fosse quello di una base spaziale sulla nebulosa di Orione? Della villa neoclassica di un giovane Alessandro Manzoni? Del bar di una città sotto il mare? Sapere di poter utilizzare davvero qualsiasi ambientazione è una possibilità che fa volare l'immaginazione.

Attenzione, però: se decidi di saccheggiare in grande, rubando qualcosa di molto distante dal tuo quotidiano, devi tenere conto che una storia costruita con strumenti che non maneggi con particolare disinvoltura comporta un lavoro preliminare di ricerca e documentazione. Dovrai approfondire bene l'argomento che intendi trattare, in modo che il materiale saccheggiato e la tua mano si mimetizzino sufficientemente bene da non creare cortocircuiti o sgradevoli effetti di improbabilità.

Una storia di fantascienza, per esempio, richiede una certa dimestichezza con la tecnologia, o almeno una conoscenza di base sui progressi della scienza, sull'evoluzione dell'intelligenza artificiale o sugli strumenti utilizzati nelle esplorazioni spaziali. Non possiamo più immaginare i robot come delle scatole di latta assemblate a caso che si esprimono con il linguaggio di un Tarzan meccanico. Come non possiamo raccontare la storia di un'epidemia che trasforma gli esseri umani in zombie senza conoscere la differenza fra un virus e un batterio. Lo stesso vale per le *legal novel*, le storie ambientate in tribunale, per i *medical drama*, storie che si svolgono nelle corsie di un ospedale, e per tutte le narrazioni di genere: racconti storici, western, gialli, horror, e avventure all'altro capo del mondo.

Anche il lavoro di documentazione, però, fa parte del saccheggio e può diventare una pratica estremamente interessante – se non finisci per perderti nel mare di informazioni che incontri. Tutto ciò che ti serve è infatti un misurato bottino di competenza provvisoria, il più possibile inerente agli aspetti che tratterai direttamente nel testo. Si tratta di avere chiaro quel tanto che basta per muoverti con disinvoltura nella creazione della tua storia. Perché, a un certo punto, è importante anche sapersi fermare, altrimenti non passerai mai alla fase di scrittura vera e propria.

In ogni caso, tieni sempre conto che il pubblico è particolarmente attento e non ti perdona imprecisioni o approssimazioni. Se sbagli a citare il nome di un fiume, la data di una battaglia, il titolo di una canzone o il piatto tipico di una regione, troverai decine di lettori e di lettrici pronte a insorgere e protestare animatamente.

Per questo la resa massima te la offre l'auto saccheggio, cioè la pratica di approfittare delle competenze che già possiedi: sei ferrato in storia dell'arte? Puoi costruire qualsiasi trama che parli di furti di opere d'arte, di misteri collegati a un certo dipinto, o al pittore che lo ha realizzato. Sai tutto di motori? Perché non inventare una macchina del tempo? Se ha successo come la DeLeorean del film *Ritorno al futuro*, potrai vivere di rendita fino alla fine dei tuoi giorni. Ma va bene anche se hai il pollice verde, se sai fare il pizzo al tombolo, se hai letto tutto Ovidio, se collezioni vinili o sei imbattibile a burraco: qualsiasi conoscenza più o meno approfondita può entrare tranquillamente in una storia, basta trovarle la giusta collocazione. Potrebbe essere l'aspetto distintivo di un personaggio, la soluzione di un caso, il centro di un mistero o addirittura il tema principale.

Lo scrittore Ferdinand Von Schirach è un noto avvocato penalista tedesco, che nella sua carriera ha seguito centinaia di casi. A quarantacinque anni ha poi deciso di mettersi a scrivere dei racconti basati sulle storie di alcune vittime e colpevoli con cui ha avuto a che fare durante l'attività in tribunale.

La sua operazione di saccheggio è insolita e piuttosto notevole, perché Von Schirach non fa altro che mettere sulla carta fatti reali (con la sola accortezza di sostituire i nomi veri dei protagonisti con nomi fittizi), senza aggiungere altro. Il risultato è una collezione di racconti brevi – ciascuno dei quali potrebbe benissimo diventare un romanzo – scritti con la mano chirurgica e la voce essenziale di chi racconta solo quello che c'è da raccontare: usa poche parole, mostra senza spiegare, e non cede mai alla tentazione di un intervento, un commento, una riflessione. In definitiva, l'autore ha raccolto un giacimento di storie pazzesche e l'ha regalato ancora grezzo ai lettori, facendo diventare verde di invidia di chi è in cerca di idee e continua a girare a vuoto sul proprio pianerottolo.

E ADESSO SCRIVI

4. Apri il giornale di oggi (anche la sua versione web va benissimo) e leggi le prime tre notizie che incontri a colpo d'occhio (le prime! Non barare). Per ognuna, immagina il punto di vista delle persone coinvolte. Poi scegli quello che ti interessa di più e racconta attraverso quella prospettiva l'articolo corrispondente.

Soluzione: Per esempio, «Corriere della Sera», 26 settembre 2023, ore 12.19.

- Napolitano, addio laico in Aula. Il figlio: «Ha sostenuto buone battaglie e a volte cause sbagliate». Clio, figli e nipoti: le foto.
- Ruba una golf car e viene inseguito per 22 km sulle strade di Los Angeles.
- «Siamo in lutto», a Castelvetrano c'è chi commenta così la morte di Messina Denaro.

Potresti aver optato per la prima storia, e scelto una prospettiva inedita sulla vita dell'ex presidente della Repubblica, come quella di un nipote che riesce a pensarlo innanzitutto come un nonno. Oppure, se ti piaceva l'idea di scrivere una scena comica, ti sei probabilmente decisa per la seconda notizia: un tizio di Los Angeles ruba un caddy e guida a folle velocità da Tarzana a Valley Glen, con il torso e i piedi nudi, e un cane in grembo.

Infine, se avevi voglia di misurarti con il terzo articolo, magari hai provato a immaginare cosa può voler dire stare dalla parte di chi, suo malgrado, ha amato uno degli uomini più deprecabili della Terra.

In ogni caso, è molto probabile che tu ti sia trovata a scrivere una scena che non avresti mai pensato di scrivere, forse perché l'argomento era lontano dai tuoi interessi, forse perché non conoscevi la notizia, forse perché non avevi mai pensato di riflettere su quel particolare dilemma etico. Eppure, eccoti qui con un racconto nuovo di zecca, che magari ti piace anche parecchio. *Et voilà.*

5. Scrivi il più costoso racconto breve da rendere cinematograficamente.

Soluzione: E se ce ne freghiamo di costi di produzione, allora avanti con le ambientazioni in luoghi esotici o remoti, epoche storiche lontane, mondi fantastici, postapocalittici, fantascientifici, via a viaggi nel futuro, ipertecnologie, costumi bizzarri, magia, scenografie dettagliate, esplosioni, sparatorie, acrobazie, animali fantastici e reali e tutto quel che ci passa per la zucca.

Detto questo, si capisce bene perché il film più costoso del cinema italiano sia tratto proprio da un libro: *Pinocchio*. Il film, come saprai, è quello di e con Roberto Benigni, che è arrivato a toccare circa 45 milioni di euro di budget.

Ma se vogliamo allargare lo sguardo al resto del mondo (in USA, principalmente), ecco che in classifica si piazzano *Le cronache di Narnia – Il principe Caspian*, di Andrew Adamson, con 225 milioni di dollari; *Harry Potter e il principe mezzosangue,* di David Yates, con 250 milioni di dollari; *Lo Hobbit. La desolazione di Smaug*, di Peter Jackson, con 217 milioni di dollari; *Il grande e potente Oz*, di Sam Raimi, con 215 milioni di dollari, e *Le cronache di Narnia – Il leone, la strega e l'armadio,* sempre di Peter Jackson, che è costato 180 milioni di dollari – no, *Il Signore degli Anelli* non è il film più costoso realizzato a partire da un libro; a meno che non parliamo della serie, che invece schizza a 465 milioni di dollari (che forse potevano essere spesi per rendere la storia un po' migliore... ops! L'abbiamo detto).

Se poi parliamo di fiabe popolari, ecco che in testa abbiamo *Rapunzel*, di Nathan Greno e Byron Howard, con 260 milioni di dollari e *La bella e la bestia*, di Bill Condon, con 255 milioni di dollari.

E sai quanto hanno speso gli autori e le autrici di questi libri, per scriverli? Sì che lo sai: niente.

4. *Rubare dal futuro*

Siamo tutti futurologi. Lo siamo perché non possiamo fare a meno di immaginare come saranno le giornate, i mesi, gli anni a venire. Dal controllare il meteo per capire se portarci dietro l'ombrello all'arrovellarci su quale percorso professionale imboccare, passiamo buona parte del nostro tempo con lo sguardo rivolto all'orizzonte. E no, non è una postura che abbiamo adottato in quest'epoca storica dove tutto è accelerato e proiettato in avanti: per millenni l'essere umano ha cercato di intercettare, anticipare e imbrigliare il futuro.

Sulle pendici del monte Parnaso, nella Grecia centrale, nel IV secolo a.C. sorgeva il Tempio di Apollo, uno dei più importanti centri di culto e di pellegrinaggio del tempo, considerato dagli antichi greci come l'ombelico del mondo. È proprio a Delfi che la Pizia, sacerdotessa del dio con il dono di vedere il futuro, offriva i suoi responsi in cambio di una libagione e del pagamento di una tassa di diverso importo a seconda che il consulto attenesse alla sfera privata o a quella pubblica. Se, oggi, del tempio è rimasta solo qualche colonna in piedi, non è certo scomparsa la nostra sete di sapere, placata soprattutto da algoritmi e intelligenze artificiali.

È in risposta a questa fame, così propriamente umana, che sono nati i laboratori di Futures Studies, spazi interdisciplinari dove gli esperti esplorano, immaginano e analizzano scenari futuri. Sono studi che si possono applicare in diversi ambiti – dalla pianificazione strategica aziendale, dall'innovazione tecnologica, alla sostenibilità ambientale – per aiutare organizzazioni e individui a prendere decisioni più informate e resilienti. E possiamo utilizzarli anche noi, in letteratura.

Sì, perché l'arte del saccheggio si può spingere anche nel tempo a venire, in cerca di tutte le cose che ancora non sono successe e che ci suscitano grande curiosità – in effetti, chi è più ficcanaso dei ladri?

E se si tratta di ladri che sono pure scrittori, non c'è niente da fare: l'effetto raddoppia. Prendiamo dunque in presto qualche regola dai Futures Studies e utilizziamola per rubare qualche storia al futuro, anzi ai *futuri*, dovremmo dire. Perché una delle prime regole è appunto che qualunque cosa si preveda è improbabile che accada. E ben accadesse, lo farà comunque con modalità inaspettate, imperfette. Chissà quante volte ti è capitato di fissare un incontro, programmare una visita medica o progettare un viaggio, raffigurandoti come questi eventi si sarebbero svolti, per poi ritrovarti a fare i conti con tutt'altro andamento. Sei rimasto sorpreso, meravigliato, allibito, sconcertato o di stucco, a seconda delle aspettative realizzate o disattese. Anche la tecnologia spesso sbaglia le previsioni, eccome, anche se le sbaglia solo quando pretende di prendere in considerazione un unico futuro possibile. Al contrario, quando le menti umane o digitali mappano un buon numero di futuri plausibili, allora ci si può orizzontare davvero rispetto alle direzioni che può prendere il domani. Passato, presente e futuro sono strettamente interconnessi, e la loro relazione è in continuo mutamento, in balia del contesto sociale, culturale, governativo, ambientale e, non meno importante, tecnologico.

Per mappare tutti gli elementi che influiscono sul corso degli avvenimenti, piccoli o grandi che siano, occorre iniziare una ricerca di *trend*, per identificare e comprendere l'orientamento di cosa accadrà. Ma andiamo con ordine: innanzitutto, definiamo che cosa è un trend. Un trend è una tendenza, una direzione generale in cui una situazione sta cambiando o si sta sviluppando. Meglio ancora, è una deviazione, rispetto a quello che si è fatto nel passato e nel presente. Se siamo onnivori convinti e decidiamo di diventare vegani, inizieremo pian piano a cambiare il contenuto del carrello della spesa, a scegliere altri ristoranti, a imparare nuove ricette. Pensando al nostro futuro, possiamo immaginare che da qui a breve avremo del tutto sostituito il nostro precedente regime alimentare? Sì, possiamo fare una previsione in base a ciò che si sta modificando nella nostra quotidianità. Al contempo, possiamo immaginare gli altri futuri, elencando quali fattori potrebbero interrompere questo trend, come un ripensamento o una malattia.

Perché se la visualizzazione più frequente di passato, presente e futuro è una linea dritta che termina con un lungo e indefinito tratteggio, il concetto di trend ci dimostra il contrario: il futuro non è una retta in continuità con il passato e il presente, bensì è una forma in cambiamento perpetuo. Ognuno, poi, ha la sua visione del tema. Per qualcuno il futuro è determinato: esiste il caso, o il destino, e le cose succedono a prescindere da ciò che scegliamo di fare o non fare, fine. Per la maggioranza il futuro è parzialmente aperto: in parte le nostre azioni nel passato e nel presente influiscono su come andranno le cose. Per chi si occupa di Futures Studies, invece, il futuro è del tutto aperto: ogni cosa può accadere. Ecco perché «immaginare» è il verbo più adatto da collocare accanto alla parola futuro. Significa pensare a cosa potrebbe mutare e accadere stasera, il prossimo Natale, tra dieci anni; significa fare ipotesi, verosimili o assurde, utopiche o distopiche. Ti stai chiedendo come si immagina il futuro, vero? Ci sono due strade.

La prima conduce a fare previsioni: si parte dalla comprensione del contesto e dall'analisi dei dati a disposizione per supporre l'avvenimento. È così, per esempio, che l'ISTAT nel suo report *Previsioni della popolazione residente e delle famiglie 2022* può raccontare ai cittadini che nel passaggio che condurrà la popolazione dagli odierni 59 milioni di persone a circa 46 nel 2080, si intravedono 21,5 milioni di nascite, 44,9 milioni di decessi e 18,3 milioni di immigrazioni dall'estero contro 8,2 milioni di emigrazioni. Ed è lo stesso Istituto Nazionale di Statistica a metterci in guardia sulla precarietà di tale previsione, nonostante sia la più rilevante e abbia dati certi a supporto: per tanti dati che abbiamo a disposizione, ci sarà sempre qualcosa che sfugge al controllo, più o meno statisticamente rilevante, appunto.

La seconda strada, quella che qui ci interessa di più, porta a sviluppare proiezioni future per costruire universi narrativi; trasforma l'immaginazione in scrittura, che sia una serie tv, un romanzo o la nascita di un brand. L'etimologia del verbo proiettare ci riporta al latino tardo *proiectare*, ovvero gettare in avanti. Per raccontare il futuro, getteremo in avanti il nostro sguardo. Se fare previsioni ha come obiettivo raccontare ciò che con più probabilità accadrà, fare proiezioni significa costruire una storia plausibile ambientata in un ipotetico scenario futuro determinato a monte. Catapultiamoci, per esempio, nel 2105: il livello di inquinamento del pianeta Terra è altissimo; la superficie terrestre ormai completamente ricoperta di rifiuti; gli esseri umani superstiti si sono rifugiati su una gigantesca astronave nello spazio. Settecento anni dopo, l'unico abitante rimasto è un piccolo robot incaricato di fare pulizia. Ecco che abbiamo dato vita a uno scenario, forse assurdo, ma non così impossibile da immaginare. Il regista Andrew Stanton ha trasformato questa idea nell'universo narrativo che fa da cornice al nono lungometraggio Pixar, intitolato *WALL•E*: una storia in cui i robot comandano e le persone, diventate pigre e obese, si spostano su poltrone fluttuanti e comunicano attraverso schermi olografici. Quanto ne siamo davvero lontani?

Il cambiamento climatico è una delle questioni più esplorate negli ultimi decenni e la produzione culturale offre grandi spunti di riflessione sui nostri possibili futuri. Pensa a quante tempeste e trombe d'aria hai visto sul grande schermo, dalla caccia all'uragano perfetto di *Twister* nel 1996 agli incontrollabili cataclismi di *Geostorm* del 2017, passando per il ciclone di feroci squali del b-movie *Sharknado* del 2013. A differenza di una volta, oggi ci confrontiamo con queste narrazioni distopiche con un occhio diverso: sappiamo che gli eventi estremi (tornadi di squali a parte) non sono qualcosa che può succedere solo nel bel mezzo degli Stati Uniti, ma ci riguardano più da vicino, ci permettono di capire il presente e, soprattutto, quello che potrebbe essere il futuro prossimo. Abbiamo delle conoscenze concrete.

A inizio del 2022, in cima alla classifica di Netflix c'era *Don't Look Up*, un film che ha messo a nudo l'approccio indolente e irresponsabile di noi esseri umani davanti al cambiamento climatico e alle tangibili tragedie preannunciate. Poco importa che si tratti di una proiezione distopica, utopica oppure «ustopica», per prendere in prestito un termine coniato dall'autrice Margaret Atwood per descrivere una via di mezzo tra i due: le storie che hanno a che fare con il futuro stanno beneficiando di una nuova urgenza e popolarità perché rappresentano un domani scientificamente plausibile. Anche il pianeta sabbioso di *Dune*, ideato da Frank Herbert nell'omonimo romanzo e poi premiato con sei Oscar dopo la trasposizione cinematografica di Denis Villeneuve, è l'esempio lampante di come narrazioni metaforiche o predittive sulle crisi climatiche stiano conquistando l'attenzione di un pubblico sempre più ampio. La fiction «ecopocalittica» corre veloce parallela alla realtà e diventa un invito alla riflessione, e non solo una forma di evasione. Ciò che immaginiamo è più realistico, perché è più vicino al domani. In fondo, non siamo così lontani dal futuro distopico previsto dai classici di «cli-fi», *climate fiction*, come *La parabola del seminatore* di Octavia E. Butler, del 1993, che immagina gli Stati Uniti devastati dalla crisi climatica e dalla disuguaglianza sociale, oppure come *Il mondo sommerso* di J.G. Ballard, del 1962, che preannunciava il disastro portato dallo scioglimento delle calotte polari.

Spesso i romanzi contemporanei, anche quelli che non sono di pura fantascienza, raccontano tra le righe il modo in cui le crisi ambientali mettono a dura prova le relazioni, come in *Dove sei, mondo bello* di Sally Rooney. Qui i protagonisti sono Millennial, alle prese con una maturità emotiva che tarda ad arrivare e un sistema capitalistico che fa da sfondo alla storia, con tutto quel che di peggio ne consegue: emergenza sanitaria, cambiamenti climatici, morte termica dell'universo e sfruttamento sistematico di intere classi sociali.

Ma non esistono solo orizzonti apocalittici da cui attingere per fare proiezioni con l'ingegneria della fantasia. Solarpunk è un movimento online basato sull'arte visiva e sulla narrativa speculativa, che offre una delle visioni più ottimistiche e rigenerative per il futuro. Come racconta il manifesto italiano, «il solarpunk si fa interprete di sentimenti e istanze che chiedono un progresso collettivo, organico, equo, ecologico, inclusivo. Fin dai suoi inizi esprime una visione politica complessa e aperta, ma chiara: inclusiva, femminista, ecologista, utopista, anarchica, organicista. Anticapitalista, antirazzista, antipatriarcale, antispecista». Il solarpunk non predica dunque un «ritorno alla natura», ma persegue un progresso consapevole, nel quale la scienza e la tecnologia, usate in maniera trasparente e democratica, consentano di raggiungere l'equilibrio con la nostra biologia e il nostro pianeta. Un futuro positivo è ancora possibile, e anche i più pessimisti iniziano a crederci guardando alle nuove generazioni, migliori dei genitori e dei nonni. Su Netflix, la serie thriller fantascientifica *Sweet Tooth* esalta la bellezza di una gioventù determinata a salvare il mondo, seguendo la vita di un bambino in parte umano e in parte cervo: un'allegoria della nostra società alle prese con egoismi e lotte di potere.

Storie come queste ci aiutano a intravedere i futuri preferibili, e ci danno la possibilità di capire come realizzarli. Ma come facciamo, in pratica, a rubare dal futuro? Ecco un paio di strumenti utilissimi.

Il cono di plausibilità

Orientarsi nel futuro è come addentrarsi in un fitto bosco nel bel mezzo della notte con una torcia in mano. Davanti a te ci sono sentieri più ampi, battuti, senza grandi ostacoli naturali; ce ne sono altri, invece, impervi, rocciosi, irregolari. Ci sono cammini preferibili; ce ne sono altri irragionevoli. Il fascio di luce può illuminare questi percorsi, e svelarti altre possibili direzioni: l'ingresso di una grotta, un ponticello nascosto dalla vegetazione, una zattera per attraversare un laghetto. La torcia ti permette di focalizzare l'attenzione in modo mirato, illuminando dettagli che avremmo lasciato perdere per distrazione. Per raccapezzarci rispetto alle direzioni di futuro, i Futures Studies mettono a disposizione i *Futures Cones*, che in italiano vengono il più delle volte tradotti come i coni del futuro o della plausibilità. A definire questo modello è stato il professore australiano Joseph Voros che si occupa di intelligenza sul futuro e previsione strategica. Di che cosa si tratta, nel concreto?

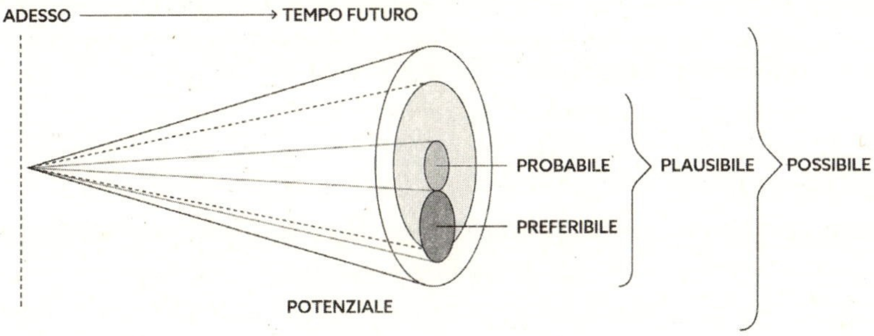

CONO DI PLAUSIBILITÀ

Dai un'occhiata qui: A sinistra, la punta del cono rappresenta il tuo presente. A destra, la base è simbolo di tutto l'insieme dei futuri possibili. Adesso guarda il cono centrale, quello più piccolo, che va dalla punta (a sinistra) alla base (a destra). In questo momento stai puntando la torcia sul futuro più probabile rispetto alle conoscenze che hai: *ci saranno sempre meno lettori di quotidiani cartacei*. Sposta il fascio di luce un po' più in basso adesso, sempre rivolto in avanti. È il futuro preferibile, ovvero quello che tra i tanti possibili vorresti accadesse: *le persone torneranno in edicola* oppure *le persone sceglieranno la sola informazione digitale*, a seconda di quale realtà sta condividendo la propria aspettativa. Dunque, ciò che è probabile e ciò che è preferibile non sempre sono sovrapposti, ma fanno entrambi parte di ciò che è plausibile, cioè accettabile sul piano logico.

Ma non finisce qui. Già, perché nei suoi scritti Voros ricorda come possano esistere qua e là delle «Wild Cards», carte jolly che rappresentano eventi al di fuori del regno dei futuri più probabili che, se si verificassero, avrebbero un impatto molto elevato. Per esempio, la collisione di un asteroide o di una cometa con la Terra. L'emergenza sanitaria causata dal Covid e lo scoppio della guerra in Ucraina sono esempi freschi e reali di che cosa sia la comparsa di un evento a bassa probabilità. Lo stesso ragionamento vale per il tuo quotidiano. Puoi ritenere del tutto inverosimile, per esempio, che Brad Pitt suoni alla tua porta di casa per chiederti un po' di zucchero. Oppure di leggere il tuo nome e cognome in prima pagina sui quotidiani. O ancora di trovare un coccodrillo sotto il letto. Questo genere di fatti avrebbe un impatto molto elevato sul resto della tua giornata e sulle tue emozioni. Secondo le leggi fisiche di questo mondo, niente di tutto ciò è impossibile. Va anche precisato che, a meno di non vivere a Hollywood, aver commesso un crimine efferato o passare un fine settimana nella giungla, sappiamo che le probabilità sono del tutto trascurabili, se non inesistenti.

Il matematico e filosofo Nassim Nicholas Taleb ha concentrato i suoi studi sulla probabilità e sulla casualità, focalizzandosi sull'imprevedibilità della sorte, su quello che ha ribattezzato «cigno nero». Tale termine suggerisce l'inaspettato, poiché si riteneva che tutti i cigni fossero bianchi fino a quando ne furono scoperti di neri in Australia nel 1697. I cigni neri sono eventi non prevedibili che a posteriori vengono razionalizzati e giudicati invece prevedibili. Non sono per forza solo negativi, come l'attacco alle Torri Gemelle del 2001 e la crisi finanziaria del 2007-2008, ma possono avere anche risvolti positivi, come la nascita e la diffusione di Internet. Anche nella nostra vita ci sono continui cigni neri: accadono imprevisti, ritardi, scoperte, incidenti, fatti che non erano proprio all'orizzonte, ma capaci di deviare in modo più o meno radicale il presente, proprio perché si tratta di avvenimenti che non eravamo preparati ad accogliere.

Il backcasting

Quante volte te lo sarai chiesto: *ma come ho fatto a cacciarmi in questa situazione?*

Quando siamo alle prese con una circostanza ingarbugliata, oppure che sembra esserci piovuta dal cielo, è difficile guardare indietro e ricostruire il percorso che ci ha condotti fino al punto dove ci troviamo. Che poi, a pensarci bene, ciò che sei e fai oggi non è forse il risultato del susseguirsi di una serie di piccole, se non minuscole, decisioni? Attraversare distrattamente le strisce pedonali nonostante il semaforo rosso potrebbe causarci un incidente con un ciclista altrettanto incauto, permetterci di arrivare puntuali al lavoro oppure trovare per primi una banconota da cento euro dall'altra parte del marciapiede; perdere un treno potrebbe farci incontrare un vecchio compagno di università in sala d'attesa, scoprire un romanzo illuminante tra gli scaffali della libreria in stazione o, in caso di successivo deragliamento, salvarci la vita.

Nel film *Sliding Doors*, diretto da Peter Howitt, la protagonista Helen vuole tornare a casa dal proprio compagno dopo essere stata licenziata. Il suo futuro si divide in due percorsi differenti a causa di un singolo evento: salire o non salire sulla metro. Nel primo scenario, la donna perde il treno, torna a casa più tardi del previsto e scopre un tradimento da parte del fidanzato. Nel secondo scenario parallelo, invece, riesce a prendere il treno, torna a casa prima del previsto e non scopre il tradimento. Nel primo scenario è single, nel secondo si barcamena nella sua relazione. Alla fine del film, i due futuri convergono in un modo inaspettato: la donna si trova in ospedale e ha perso il bambino che portava in grembo. *Sliding Doors* è la perfetta rappresentazione di come piccoli eventi possano avere poi un impatto significativo sulla vita di un essere umano, di un personaggio di fiction o, perché no, anche di un prodotto.

Chi ha a che fare con la proiezione di scenari futuri usa spesso la tecnica del *backcasting*: fissa un punto lontano nel futuro e, andando a ritroso, descrive una serie di passaggi per scoprire come ci si è arrivati, o come ci si possa arrivare. Di norma questa modalità viene utilizzata per raggiungere un obiettivo futuro desiderato, identificando le azioni necessarie per realizzarlo. Nel cono di plausibilità, è il futuro preferibile, un futuro che in questo caso si desidera influenzare attivamente anziché solo proiettare o prevedere. In breve: se in modo lineare guardiamo al futuro basandoci sul passato, con il *backcasting* partiamo da un obiettivo desiderato per poi pianificare il percorso per raggiungerlo. Divertente, no?

E ADESSO SCRIVI

6. Un ambito in cui, invece, puoi applicare liberamente tutto il tuo bisogno di controllo è quello della narrativa. Scegli uno di questi oggetti e costruisci una storia breve che lo racconti in una delle sue possibili versioni future; l'anno di riferimento puoi sceglierlo tu.

- Lo smartphone
- I giardini
- I biscotti
- Le t-shirt
- Le sedie
- Le gomme da masticare
- Le tombe
- Gli occhiali

Soluzione: Magari hai immaginato che tra duecento anni i giardini saranno ecosistemi completamente autosufficienti, abitati da piante geneticamente modificate in grado di produrre frutti e verdure nutrienti in maniera continua. E magari che questi giardini del futuro si espandono anche nello spazio: colonie verdi su altri pianeti che ospitano biodome rigenerativi, e che permettono agli esseri umani di vivere in armonia con la natura anche al di fuori della Terra.

Oppure, hai deciso che tra cento anni le T-shirt saranno realizzate con tessuti nano-tecnologici in grado di regolare la temperatura corporea, proteggere dai raggi UV e auto-pulirsi. E, perché no, saranno anche in grado di trasmettere informazioni vitali sullo stato di salute e dell'utente attraverso sensori integrati nel tessuto.

E che dire delle tombe? Nel futuro, potrebbero essere monumenti interattivi, potrebbero ospitare al loro interno simulazioni virtuali e testimonianze digitali delle vite dei defunti. E se fossero anche punti di accesso a reti neurali globali che, oltre a preservare la memoria dei cari, consentono ai vivi di comunicare con loro?

Tutte cose che potrebbero succedere, perché no. Detto che, se pensiamo alle gomme da masticare, nessuno sarebbe sorpreso se tra appena una settimana uscisse una nuova marca che, oltre a rinfrescare l'alito, rilascia sostanze naturali rilassanti durante la masticazione. Si chiamerebbe, ovviamente, *Peace of Mint.*

7. Immagina il ruolo dell'oggetto che hai scelto in ognuno di questi ambiti futuri:

Sì, fallo anche se hai scelto i biscotti.

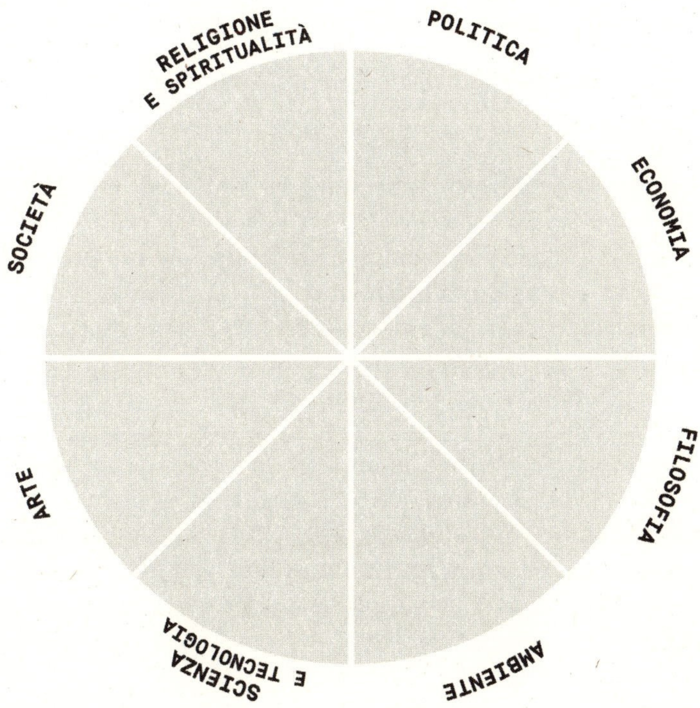

Soluzione: I biscotti.

Arte. Quella dei biscotti diventa un'arte multidisciplinare, e gli chef, come gli artisti, utilizzano tecnologie avanzate per creare biscotti interattivi, luminosi e musicali; c'è chi ne ha proposto una versione jazz al pistacchio udibile durante tutto il processo di ingestione e digestione.

Società. Le armi sono pericolose soltanto per il colesterolo: manganelli, pistole, coltelli sono ormai fatti di pasta di farro e pepite di cioccolato.

Politica. I biscotti diventano uno strumento di diplomazia internazionale, le ricette tradizionali vengono scambiate tra nazioni per promuovere la comprensione e la cooperazione. Per questo, le trattative diplomatiche sono sempre accompagnate da scambi di biscotti simbolici, con l'obiettivo di creare un clima di convivialità e apertura.

Filosofia. I biscotti diventano un simbolo filosofico e sono al centro dei dibattiti etici sulle pratiche agricole, la sostenibilità, il consumo responsabile e il diritto alla nutrizione equa e accessibile per tutti.

Religione e spiritualità. I biscotti sono oggetto di meditazione e contemplazione, e rappresentano il gesto di Dio che crea gli esseri umani da un impasto primordiale. Per questo motivo, sopra ogni lapide viene posato un biscotto: quando il sole e le intemperie lo renderanno pasta morbida, significherà che l'anima del defunto è salita in cielo.

Economia. In una società futura in cui la condivisione del cibo è centrale, i biscotti diventano una valuta alternativa e sono utilizzati per barattare beni e servizi. Le aste di biscotti rarissimi attirano collezionisti e gourmet, trasformandoli in un investimento redditizio, nonché simbolo di status sociale.

Ambiente. Le nuove tecnologie sono in grado di convertire l'energia meccanica generata durante la masticazione dei biscotti in energia elettrica utilizzabile, attraverso generatori cinetici miniaturizzati integrati nei denti e nelle mandibole. L'energia prodotta viene immagazzinata in microbatterie ricaricabili integrate al cavo orale e possono essere utilizzate per alimentare dispositivi elettronici personali, come smartphone, smartwatch o auricolari bluetooth.

Scienza. I biscotti diventano un veicolo per la consegna di nutraceutici e farmaci personalizzati, con ricette sviluppate per soddisfare esigenze specifiche di salute e benessere.

Tecnologia. I biscotti sono prodotti utilizzando stampanti alimentari avanzate che consentono la creazione di forme e design complessi su richiesta. Le app di realtà aumentata consentono ai consumatori di personalizzare i loro biscotti con decorazioni virtuali e messaggi personalizzati, trasformando l'esperienza di cottura in un'attività creativa e interattiva. Ogni casa ha una stampante così.

5. *Firmare*

Pensiamo per un attimo a quel momento magico che molti di noi non hanno ancora vissuto in cui avremo in mano il manoscritto del nostro primo libro. L'avremo stampato e sarà di fronte a noi.

Che faccia avrà? Quanto sarà grande? Come sarà scritto? Il titolo occuperà un foglio a sé? E il nostro nome dove sarà? E alla fine ci sarà scritto «fine»? La prima volta che ci mettiamo a scrivere è difficile immaginarlo, ma l'insieme delle scelte che facciamo come autori e autrici di storie e di ragionamenti alla fine vanno a costituire il nostro ritratto, la nostra sigla, il modo in cui gli altri impareranno a conoscerci.

Ci sono alcune persone che decidono come firmare fin da quando fanno le scuole elementari. Poi nel frattempo la grafia cambia, la penna a sfera diventa una biro oppure una firma elettronica, ma intanto quelli hanno già dedicato del tempo a studiare il loro brand, ovvero il loro marchio. Per tutti gli altri, invece, il primo momento dedicato a immaginare la propria firma e a progettarla corrisponde ai documenti da maggiorenni, al tesserino della patente, alla burocrazia universitaria: nel mondo degli adulti firmare è importante ed è anche un'operazione abbastanza consueta.

Una firma occupa poco spazio, di fatto è un dettaglio di un grande quadro, ma può dire molto di noi: leggibile o illeggibile? Iniziali oppure nome e cognome? Firma morbida o aguzza?

Un bel passatempo, con la scusa di capire come firmare, è quello di andare a cercare in giro per la Rete come sono fatte le firme di alcuni grandi personaggi del presente oppure del passato: guardare le emme di «Marylin» e di «Monroe» che si avvitano sul foglio come due molle capovolte, oppure sorprendersi per la «s» e la «j» minuscola di Steve Jobs; la firma di Marcel Proust, invece, sembra sempre deposta in fin di vita, ha dentro l'energia di una fiamma che si spegne. Gli esempi potrebbero continuare a lungo: di fatto, scegliere la propria firma è solo un'immagine rilevante di che cosa può significare mettere una grande attenzione nei dettagli e vedere che, tutti insieme, formano una figura abbastanza precisa del nostro stile, di quello che desideriamo comunicare, o semplicemente di ciò che siamo.

Possiamo considerare quella di firmare, allora, un'operazione complessiva che ha a che vedere con tutte le scelte che facciamo sulla pagina, non solo con quello scarabocchio che a volte ne accompagna una sola, al fondo.

Quando nel 2007 John Maloof, figlio di un rigattiere, comprò all'asta per 380 dollari un box pieno abbandonato dalla sua proprietaria, che da tempo non pagava più l'affitto e che nel frattempo era morta, oltre a imbattersi in moltissime cianfrusaglie, trovò alcune scatole piene di rullini ancora da sviluppare: poteva decidere di non incuriosirsi e di non farne nulla, ma invece li fece sviluppare.

E fu così che scoprì lo sguardo fuori dal comune di Vivian Maier, una donna semplice, che per tanti anni aveva fatto la babysitter a Chicago e che nel tempo libero scattava fotografie di strada, spesso sfruttando i riflessi delle vetrine dei negozi. La storia è bella perché Maloof iniziò a pubblicare su Flickr le foto sviluppate e una comunità sempre più estesa di persone iniziò a chiedergli da dove provenissero e a volerne sapere di più; così, in pochi anni, Vivian Maier è diventata una fotografa di fama internazionale a sua insaputa.

Ma che cosa rende così iconiche le sue foto? Che cosa le rende speciali e riconducibili tutte così chiaramente alla sua poetica, al punto che adesso noi tutti potremmo provare a scattare delle foto «alla Vivian Maier» ed essere concordi su ciò che intendiamo? Intanto le foto sono in bianco e nero, e poi la maggior parte delle volte le facce delle persone di strada sono riprese leggermente da sotto in su, perché il modello di macchina fotografica che Maier usava era legato al suo collo con un cinghietto.

La macchina fotografica Rolleiflex, infatti, sta appesa più o meno sotto il petto ed è particolarmente adatta, per la sua rapidità, a riprendere scene concitate o in movimento. Ecco la firma di Vivian Maier, una firma scelta e stabilita senza il bisogno di impugnare una penna.

Questo particolare modo di firmare che ha a che vedere con le scelte che facciamo si può chiamare in molti modi: ne abbiamo già usati due, «stile» oppure «poetica». Tanto più forte è il nostro stile, quanto più sarà riconoscibile, e allora anche imitabile. Lo stile è un fenomeno complesso che riguarda ogni piano di ciò che scriviamo, quello della forma e quello del contenuto. Ci sono stili più facili da imitare, e altri estremamente difficili, perché è meno semplice identificare il modo in cui i pezzi sono stati assemblati. Anche l'impostazione della pagina è uno dei fenomeni che contribuisce a creare uno stile particolare.

Dentro il romanzo *L'urlo e il furore* di William Faulkner, a un certo punto, verso la fine, c'è una sorpresa: dentro le righe di testo sta tatuato un piccolo occhio aperto, un disegnino minuscolo in mezzo a un romanzo di solo testo. Se impariamo a conoscere la scrittura immaginifica ed epica di Faulkner e a vedere la sua pagina come un tempio pieno di simboli e di segni lasciati dal tempo, non ci stupirà la sua sorpresa, la troveremo coerente con lo spettacolo che ha allestito fino a quel punto.

Come si fa a rendere la propria pagina unica e speciale? E a pensare delle possibilità che non sono venute in mente ad altri?

La prima risposta ormai la sai bene: studiando quello che hanno fatto gli altri, rubandolo. Non c'è, in effetti, modo migliore di formare il proprio gusto e di trovare le proprie soluzioni che assaggiare di tutto, senza fare troppo gli schizzinosi.

A un certo punto di un libro molto bello in cui sta studiando il cervello di Leonardo Da Vinci, Paul Valéry dice che il cervello del genio è particolarmente predisposto a condurre questo genere di ricognizione, a leggere e studiare le forme del mondo con l'obiettivo di trovare le proprie. Quando Leonardo stava cercando di comporre la sua macchina del volo, infatti, gli interessava ogni oggetto volante, specialmente quelli della natura. Valéry chiama questo talento di scovare nella lettura della realtà le cose che ci servono: «sentimento della simmetria». Se guardiamo tutto, proviamo tutto, annusiamo tutto ma in particolare leggiamo tutto, il nostro repertorio di pezzi aumenta a dismisura e così diventa poi più divertente e avventuroso comporli insieme in una maniera nostra.

Se leggiamo invece un solo autore è facile che proveremo a scrivere come lui e che il risultato non sarà indimenticabile.

Una seconda risposta alla domanda come si fa a creare il proprio stile viene dallo scrittore Kurt Vonnegut, da un suo libro intitolato *Benvenuta nella gabbia delle scimmie*. Vonnegut sta proprio formulando una serie di leggi per aiutare gli scrittori alle prime armi a fare un buon lavoro e dice che per trovare la propria poetica è molto importante: «Essere fedeli a sé stessi».

La cosa bella è che non è una indicazione troppo astratta e sentimentale come sembra, perché poche righe più tardi Vonnegut spiega che si è fedeli a sé stessi facendo una operazione davvero molto semplice, cioè recuperando la propria lingua di infanzia. Cercando cioè di scrivere come si parla, non in un modo troppo distante, affettato o artefatto. Sarebbe curioso per un autore italiano parlare troppo insistentemente di grigliate, perché da noi si fanno giusto due volte all'anno: sarebbe evidente che si sta scimmiottando una cultura diversa dalla propria, letture o scritture di altre latitudini. Allo stesso modo la scrittrice Chimamanda Ngozi Adichie, nel suo *Il pericolo di un'unica storia*, racconta che nei suoi esperimenti di lettura da bambina, nonostante lei vivesse in Africa, la letteratura doveva essere tempestata di nuvole, piogge, mele e bambine con i capelli rossi, perché i romanzi anglosassoni che leggeva raccontavano un mondo simile a questo.

Il consiglio di essere fedeli a sé stessi può sembrare contraddittorio rispetto al primo, a quello di leggere e di imparare dagli altri, invece no, non lo è: sono due operazioni complementari, da compiere insieme. Solo impastando ciò che eravamo con ciò che desideriamo diventare la nostra firma prende forma, a poco a poco. La nostra firma non è solo la nostra firma, è anche il modo in cui gli altri ci possono riconoscere. Se ci pensi, le volte in cui ti è capitato di correre in libreria è perché desideravi un certo tipo di pagina, desideravi ritrovare voce, composizione, atmosfera, personaggi. Qui è di questo che si sta parlando. Del bello di ritrovarsi e di ritrovare.

Prima di passare al prossimo capitolo, vogliamo raccontarti un mito, quello di Eco. Nelle *Metamorfosi*, Ovidio la chiama non per caso «*vocalis Nympha*», «ninfa loquace», condannata per sempre a divenire «*resonabilis Echo*», «Eco risuonante».

Come forse sai, Eco era stata mandata da Giove a intrattenere Giunone con i suoi pettegolezzi, mentre il dio si abbandonava a uno dei suoi soliti tradimenti. Ma la dea se ne accorse e, adirata, condannò la ninfa a poter ripetere soltanto le ultime parole che gli altri le dicevano. Le tolse non la voce, dunque, ma la capacità di dire ciò che il suo desiderio le dettava. E così, quando si innamora di Narciso e si mette sulle sue tracce, non riesce a trattenerlo né a sedurlo: anzi, con le sue parole ripetute non fa altro che allontanarlo. Secondo il mito, da quel giorno, per il grande dolore, Eco si rifugiò nelle grotte, dove si lasciò smagrire per la fame, fino a che rimase solo la sua voce.

Il mito di Eco ci dà una lezione che non possiamo ignorare. Usare la voce con parsimonia, mitigare la sua forza con quella dell'immagine, del pensiero, della ragione. Altrimenti si rischia di finire come Eco: diventare puro suono. E ciò che scriveremo ci sfuggirà, non sarà mai nostro. Un contenuto rubato a qualcun altro, storpiato e riportato come un pettegolezzo.

Questo succede quando non ci fidiamo fino in fondo del nostro desiderio più vero, dell'originalità del nostro sguardo, quando perdiamo il centro di ciò che vogliamo davvero dire. Così, ci ritroviamo in bocca sempre e solo parole non nostre.

Facciamo il verso agli altri, imitiamo e ripetiamo, ma non diciamo nulla.

Cerca allora la tua voce, attingi alla sua forza, ma non lasciarla mai sola, soprattutto quando rubi le cose del mondo. Accompagnala con il tuo sentire, sostienila con il tuo pensiero critico, abitala con il tuo sguardo, attraverso il tuo respiro rendila viva. Tu sei la tua voce, ricordi? E allora, nell'arte del saccheggio, l'elemento che non può mancare sei proprio *tu*.

E ADESSO SCRIVI

8. Segui il consiglio di Kurt Vonnegut e recupera la lingua della tua infanzia. Scrivi un racconto ambientato nel posto in cui sei nata, serviti delle credenze e delle usanze, utilizza i modi di dire regionali e il tuo lessico famigliare.

Soluzione: Quelle frasi sono il fondamento della nostra unità famigliare, che sussisterà finché saremo al mondo, ricreandosi e risuscitando nei punti più diversi della Terra.

Natalia Ginzburg scrive *Lessico familiare*, un'autobiografia narrata attraverso il racconto delle parole e delle espressioni usate dalla sua famiglia. In quello che è uno dei suoi libri più riusciti, l'autrice esplora la vita quotidiana e le dinamiche famigliari, raccontandoci anche l'epoca in cui vivono i Ginzburg, cioè il periodo tra gli anni Trenta e gli anni Cinquanta: un momento complicato dalla guerra, ma anche pieno di fermento culturale.

Così, in una mistura di parole ora gravi, ora ironiche, ma sempre autentiche, si legge della prigionia del padre antifascista, ma anche di come chiamasse *pipite* le pellicine delle dita, o di come parlasse di *sempiezzo* per intendere una stupidata. Si parla della nascita della fabbrica Olivetti e della casa editrice Einaudi, ma anche di come lo zio materno, chiamato il Barbison, chiedesse alla madre di Natalia Ginzburg, scherzando «*Lidia, mi e ti che sem la chimica, de cosa spussa l'acido solfidrico? El spussa de pet. L'acido solfidrico el spussa de pet*».

9. Ce l'hai una frase preferita? Magari un aforisma o una citazione che ami, che ti ripeti quando ti senti persa e hai bisogno di sapere dov'è il Nord?

Tienila bene a mente, poi riscrivila a modo tuo almeno quindici volte. (No, non stiamo esagerando. Vedrai.)

Soluzione: Mettiamo che la frase sia quella che Flaubert, citando Chateaubriand, ripeteva all'allievo Maupassant: *il talento è una lunga pazienza.* Proviamo a riscriverla:

1. Il talento richiede una lunga dose di pazienza.
2. Il talento si costruisce con il tempo e la pazienza.
3. Per diventare talentuosi, occorre molta pazienza.
4. La pazienza è fondamentale per sviluppare il talento.
5. La pazienza è la chiave del talento.
6. La pazienza è il segreto del talento.
7. La pazienza è la strada per il talento.
8. La pazienza è la via per eccellere.
9. Pazienza e talento sono un tutt'uno.
10. Per avere il talento, serve molta dedizione.
11. Avere talento? Una questione di pazienza.
12. Il talento è una questione di perseveranza.
13. Il talento è perseveranza.
14. Non esiste altro talento oltre la perseveranza.
15. Il talento di perseverare è l'unico talento.

Che cos'è successo? Le prime due riscritture sono quasi un calco della frase originale: iniziano con la parola «talento» e finiscono con la parola «pazienza»; la prima delle due conserva addirittura l'aggettivo «lunga».

La terza riscrittura osa un po' di più e trasforma il nome «talento» nell'aggettivo «talentuoso», ma è evidente che non ci siamo ancora distaccati molto dalla frase di partenza. In questo momento, anche se siamo già in fase di riscrittura, stiamo ancora cercando di capire a fondo il messaggio: il tempo della creatività non è ancora arrivato, questo è il tempo della comprensione, dell'interiorizzazione del concetto.

Dopodiché, le frasi 4, 5, 6, 7, sono un po' più coraggiose: l'originale si ribalta, il soggetto diventa «pazienza», anziché «talento». Stiamo metabolizzando il messaggio, ci sentiamo un po' più sicuri e vogliamo trovare forme nuove per esprimerlo.

La frase 8, poi, è un passettino in più: il talento si trasforma in «eccellenza». È un esperimento che non dura più di una riga (nelle frasi che seguono non ritroviamo più questa parola), ma non importa: ciò che conta è che ci sentiamo più padroni del concetto di partenza e stiamo tentando di dirlo a parole nostre.

E sulla stessa scia creiamo anche le frasi 9, 10, 11. Ognuna di queste ha una forma diversa, ha delle parole nuove, ma nessuna sembra soddisfarci. Finché arriviamo alla frase 12: Il talento è una questione di perseveranza. La forma non ci convince, ma ci sembra di aver trovato la parola che fa al caso nostro: «perseveranza». Ecco che tutte le frasi che seguono (13, 14, 15) sono un tentativo di trovare a questa parola il posto giusto. Lo incontriamo nell'ultima delle riscritture: Il talento di perseverare è l'unico talento.

Facciamo un confronto con l'originale: Il talento è una lunga pazienza. Certo, le due frasi vanno d'accordo, ma la nostra non sembra una copia di quella di Chateaubriand: la costruzione della frase è diversa, e anche il concetto non è esattamente lo stesso. Lui ci mostra di cosa è fatto il talento (di una lunga pazienza), e noi invece parliamo di quanti tipi di talenti esistono (uno solo: la perseveranza). Inoltre, scegliendo di parlare di perseveranza anziché di pazienza diamo un'accezione più attiva a questo segreto del talento – il tempo della pazienza ha più a che fare con l'attesa, mentre quello della perseveranza con la ripetizione ostinata di un'azione.

Detto questo, qualcosa di Chateaubriand risuona, perché oltre a mantenere il nucleo del messaggio, abbiamo anche rispettato il suo registro (mica abbiamo scritto: il talento di farsi il culo è l'unico talento) e la forma dell'aforisma (non abbiamo sbrodolato un: anche se pensiamo che i talenti siano moltissimi, in realtà ne esiste solo uno, che li accomuna tutti. Di cosa si tratta? È il gesto quotidiano di mantenersi fermi e costanti nei propositi decisi e nelle azioni che questi implicano. Tanto che, alla fine, potremmo dire che esiste un unico talento: quello di perseverare).

Insomma, la nostra è una buona riscrittura perché conserva l'impronta originale, ma la strada dove ci porta è un po' diversa. Il punto di vista cambia e un pezzettino nuovo si inserisce nel concetto originale, aggiungendo qualcosa che è solo *nostro*.

6

Dire addio

Scuola Holden con Giulia Binando Melis, Arianna Giorgia Bonazzi, Elena Varvello

Qualunque sia la storia, che sia ambientata nell'antica Roma o su una base spaziale, su un'isola deserta o in una metropoli, che si tratti di un thriller o di una storia d'amore (non che le due cose non possano convivere), di un lungo romanzo o di un racconto breve, sempre, inevitabilmente, arriverà il momento in cui la vicenda si conclude, in cui i personaggi (uno, due, tanti) si congedano.

Ovunque vadano le storie, qualunque direzione prendano, qualunque giro facciano, si muovono tutte verso quel momento. Potrà prendere corpo in una frase oppure in un paragrafo, in una decina di pagine. Dipende. Ma quel momento arriva. A volte facilmente, senza tentennamenti. A volte, chi scrive sapeva prima di cominciare come la storia sarebbe finita. A volte, invece, è più complicato di così, e allora chi scrive s'interroga a lungo sul finale, non riesce ad afferrarlo subito, deve provare e riprovare e riprovare ancora. Una cosa è certa: sentiamo che è un momento importante, dotato di una luce tutta sua, una sua vibrazione, una sua particolare intensità. Davvero speciale.

Come saluteremo chi ha seguito fin lì la nostra storia, dicendo a chi legge: «Finisce in questo modo, proprio in *questo* modo, e non in un altro»? E come quel momento, così speciale, si legherà a ciò che lo precede, senza per questo limitarsi a mettere un punto, a farla finita? Ma soprattutto, come si dice addio a un personaggio, come lo si uccide?

D'accordo, cominciamo.

1. *Prevedere l'imprevedibile*

Quando, nel giugno del 1960, *Psycho* uscì nei cinema, le sale in cui veniva proiettato – contemporaneamente in tutto il Paese, dal Minnesota al Texas – sin dalla prima mattina furono prese d'assalto. Code lunghissime. Chi si trovava in strada, in attesa, cercava di leggere nelle facce sconcertate o stralunate di chi usciva dal cinema, lo interrogava.

Una sola domanda: «Ehi, come finisce?».

Un'unica risposta: «Lo devi vedere!».

Hitchcock non aveva organizzato alcuna anteprima per la stampa. Temeva che venisse spifferato il finale del film, cosa che l'avrebbe compromesso. Aveva addirittura elaborato una campagna, con pubblicità su molti giornali e piccoli manuali da dare agli esercenti – *Istruzioni per l'uso di Psycho*. C'erano sue sagome in cartone accanto alle biglietterie e alcuni messaggi da lui preregistrati (cose del tipo: «*Psycho* lo si gode solo se si comincia dall'inizio», e «Non raccontate mai come finisce!»), con altoparlanti sulle facciate esterne. Vietato entrare a proiezione in corso, cosa che a quei tempi succedeva. Ci si metteva in coda, si doveva aspettare.

Tutti quei messaggi, uniti alla severa gestione degli ingressi, funzionarono: chi si sedeva in sala non aveva idea di come il film sarebbe finito. Né si aspettava, chiaramente, la morte di Marion, uccisa molto presto mentre si fa la doccia. Ma era il finale ciò che Hitchcock voleva proteggere, a qualunque costo. Perché era inaspettato, davvero sorprendente.

Facciamo un salto avanti. Prima dell'uscita dell'ultimo volume della saga di Harry Potter, dal titolo *Harry Potter e i doni della morte*, venne pubblicato un articolo su «The Guardian». A un gruppo di bambini, scriveva il giornalista, era stato chiesto: «Secondo te, come andrà a finire?». Tutti i bambini avevano risposto: «Voldemort morirà». Chiaro come il sole, per ciascuno di loro. Avevano ragione. E che soddisfazione avranno poi provato, leggendo il romanzo.

Com'era possibile, comunque, che non si aspettassero, anzi non pretendessero, la morte di Voldemort? Chi di loro avrebbe potuto rispondere: «Voldemort sconfiggerà Harry Potter, lo farà a pezzetti, liberandoci di lui, e finirà per governare il mondo»?

Finali imprevedibili oppure prevedibili: ciò che hai appena letto racconta situazioni opposte, molto polarizzate, all'apparenza inconciliabili.

Pur restando un capolavoro, *Psycho* sarebbe un'altra cosa se fin dal principio si potesse pensare: «Sta' a vedere che la donna che ha accoltellato Marion non è la madre di Norman, ma lui con la parrucca». Non andrebbe bene. Ciò che scopriamo sul finale, soltanto sul finale, ribalta tutti i piani e ci toglie il respiro.

La saga di Harry Potter, d'altro canto, sarebbe indigeribile, troppo spaventosa, se, fin dall'inizio, non fosse presagibile (in fondo in fondo) la fine di Voldemort. Ma è veramente tutto così poco sfumato?

Il finale di *Psycho* è *solo* imprevedibile? Se fosse vero, dovremmo ipotizzate che Hitchcock non abbia seminato *alcun* indizio, per quanto molto piccolo, e che per giunta l'abbia fatto apposta. Avrebbe allora peccato di omissione o truccato le carte. E così non è.

È sufficiente rivedere il film per rendersene conto. Pensa, per esempio, a ciò che dice Norman durante la cena con Marion, nell'ufficetto del motel, tappezzato di uccelli impagliati; pensa al suo strano sorriso quando fa affondare nello stagno la macchina di lei, al suo spiarla dal buco nel muro dopo averle assegnato, guarda caso, proprio la camera adiacente all'ufficietto, sebbene fossero tutte libere. E lo sceriffo poi (ci) dice chiaro e tondo che la madre di Norman se ne sta al cimitero, e pure da parecchio. Interessante che sia proprio lo sceriffo (l'ordine) tentando di placare sorella e fidanzato della vittima, convinti del contrario, a suggerire loro (e quindi a suggerir*ci*): «Ragioniamo».

Quello che sembra del tutto inaspettato, del tutto imprevedibile, dipende in parte – Hitchcock lo sapeva – dalla nostra pigrizia, dal nostro conformismo, da ciò che non vogliamo vedere o che, pur notando – perché c'era eccome, era davanti a noi – non vogliamo accettare. E d'altro canto la fine della saga di Harry Potter è veramente *così* prevedibile?

Alla vigilia della pubblicazione, J.K. Rowling pregò chi ne avrebbe scritto in anteprima su pagine web o carta stampata di non «rovinare la sorpresa».

Strategia di marketing? Può darsi. Ma c'era dell'altro. A quale sorpresa si stava riferendo? Innanzitutto, al *modo*, al *come*. Perché non conta unicamente il «cosa»: nessuna storia è solo una catena di fatti nudi e crudi, una reazione causa-effetto. Voldemort dovrà sparire, è chiaro. Sì, ma come?

Mettiamo che un personaggio muoia, sul finale di un romanzo. Mettiamo pure che fosse prevedibile. Ebbene, con quanta e quale intensità uscirà di scena? Che ne sarà degli altri personaggi, dopo quell'evento? Come cambierà, se cambierà, ciascuno di loro? E *come*, con quali sentimenti e quali pensieri, chi legge si congederà dal mondo narrativo in cui ha vissuto grazie a quel romanzo?

Anche un finale che pare prevedibile comporta in ogni caso margini di imprevedibilità. È sempre – in parte – una sorpresa.

Facciamo un altro esempio, e questa volta analizziamolo a fondo. Trattiamoci particolarmente bene e scegliamo *La signora Bovary*, di Gustave Flaubert, che inizialmente uscì a puntate sul periodico «La Revue de Paris», tra l'ottobre e il dicembre del 1856. Il titolo completo: *Madame Bovary. Moeurs de province*.

C'era, in chi leggeva allora, una grande attesa per la puntata seguente – «Cosa succederà?». Ed era un'attesa erotica, solleticata dalla curiosità per qualcosa di assolutamente proibito: il sesso extraconiugale. Il libro venne accusato di oscenità e indecenza: Flaubert fu processato e poi assolto. Dunque, il testo giunse in libreria, in due volumi, e riscosse subito, anche per il clamore di quella vicenda giudiziaria, un enorme successo. Divenne un best seller.

Per parlare del finale del romanzo, tocca – lo si dovrebbe fare sempre – ricordarne l'incipit:

> Eravamo nell'aula di studio, quando il Rettore entrò, seguito da un nuovo in abito borghesi e da un inserviente che portava un grosso banco. Quelli che dormivano si svegliarono, e ognuno s'alzò, come sorpreso nel lavoro.

Che meraviglioso inizio! Il *nuovo* che qui fa il suo ingresso (compare nel romanzo entrando in una stanza) è un giovane studente di cui non conosciamo il nome. Come potremmo? Guarda qual è il punto di vista: una prima persona plurale, *noi*, cioè gli altri studenti, che ovviamente ignorano come lui si chiami, ma anche ciascuno di noi, davanti alla pagina.

Interviene allora il professore:

> – Alzatevi, – disse il professore, – e ditemi il vostro nome.

Il giovane farfuglia, il professore gli chiede di ripetere, lui farfuglia ancora, il professore gli grida di ripetere più forte, ed ecco che:

> Il nuovo, prendendo allora una risoluzione estrema, spalancò una bocca smisurata e lanciò a pieni polmoni, come per chiamare qualcuno, questa parola: Charbovarí.

Segue un gran baccano, gli altri studenti ridono, ripetono *Charbovarí!* Lo sfottono (come non notare che, senza avvedersene, stanno sfottendo il nuovo, qualunque forma assuma, e che chi legge, dato quel narratore – *noi* – si trova nella stessa posizione di chi sfotte?).

Solo nel secondo capitolo compare finalmente Emma, nata Rouault, non ancora Bovary. Neppure ancora Emma, a ben vedere. Già, perché dopo quel *noi*, svanito quasi subito, il romanzo è scivolato su un narratore in terza, come una macchina da presa poggiata, in questo momento, sulla spalla di Charles – cresciuto e diventato un medico – che sta per incontrarla:

> Una giovane donna, in una veste di lana merino azzurra guernita di tre balze, venne sulla soglia della casa ad accogliere il signor Bovary, facendolo entrare in cucina, dove fiammeggiava un gran fuoco.

Altro passaggio straordinario, che si apre su di lei, per ora una «giovane donna», per chiudersi sul fuoco fiammeggiante;

è proprio Emma a far entrare Charles dove fiammeggia il fuoco (evviva: quanti significati!).

Dopo quel primo incontro, accade ciò che accade: Emma e Charles si sposano; lui è felicissimo e invece lei si annoia, non è contenta di quel matrimonio, non è contenta del marito, della maternità né della cittadina di provincia in cui adesso vive. Voleva di più, sognava di più, piena com'è, sin da quand'era piccola, di romanticherie. Intreccia due relazioni, entrambe sbagliate, sperpera denaro, contrae molti debiti; gli amanti non l'aiutano; non riuscendo a uscire da quella situazione, ruba dell'arsenico nella farmacia di monsieur Homais, lo inghiotte e poi muore.

Cause ed effetti, in una catena che porta fino a qui. La morte di Emma, terribilmente lunga e dolorosa, sembra narrata in presa diretta. E c'è questo passaggio, un breve dialogo fra lei e Charles che, disperato, spera che Homais la salvi:

> – Non piangere – gli disse lei. – Fra poco non ti tormenterò più!
> – Perché? chi t'ha costretta?
> Lei replicò:
> – Era necessario, amico mio.

Era necessario: cause/effetti. Neppure l'arrivo del dottor Larivière può cambiare le cose (la catena cause/effetti è davvero implacabile). Nei suoi ultimi istanti Emma scoppia a ridere, una «risata atroce, frenetica, disperata», poi si abbatte sul materasso:

> Essa non esisteva più.

Così finisce l'ottavo capitolo della terza parte. Quindi, potremmo supporre, finisce anche il romanzo (s'intitola *La signora Bovary*). Invece no: seguono altri tre capitoli.

Va bene, ci viene da pensare, resta comunque Charles, e con la mente torniamo indietro, all'incipit, alla sua comparsa nell'aula di studio *prima* che Emma entrasse in scena. È grazie a lui che siamo giunti a lei. E infatti seguiamo Charles fino all'ultima pagina, quando anche lui, nemmeno a dirlo, muore. D'accordo. Ora il romanzo dovrà proprio finire. Non esattamente. C'è ancora un passaggio:

> Dopo la morte di Bovary, a Yonville si sono succeduti tre medici, senza potervi resistere, tanto il signor Homais li ha subito battuti in breccia. Egli ha una clientela d'inferno; l'autorità gli usa riguardo e l'opinione pubblica lo protegge.
> Recentemente, ha avuto la legion d'onore.

Il protagonista del finale del finale è il farmacista Homais, colui che incarna la mediocrità vincente, cieca e soddisfatta. Gli viene persino tributato un grande onore.

Strano finale, no? Emma e Charles sono ormai usciti di scena, come la figlioletta Berthe, affidata ad altri. Ma resta il farmacista Homais.

Torna di nuovo per un istante all'incipit, quel *noi* («Eravamo nell'aula di studio quando il Rettore entrò...»). Ricordi cosa fanno gli studenti davanti all'imbarazzo del *nuovo* appena entrato? Non uno che gli si avvicini, che gli rivolga una parola gentile, che cerchi di conoscerlo. È un punto di vista collettivo, anonimo, senza distinzioni né caratteristiche. *Noi*: nessuno in particolare. Come se Flaubert, sin dalla prima pagina, ponesse davanti a chi legge uno specchio invisibile. Non siamo stati tutti, almeno una volta – sembra dirci questo – come quegli studenti?

Ora ripensa al finale, al farmacista Homais. Non siamo tutti, in un modo o nell'altro, in grado di tributare onori alla mediocrità? Non siamo pronti, in certe situazioni, a salire sul carro di chi vince, anche se non ha meriti? Certo, al cuore del romanzo ci sono Emma e Charles. Ma prima e dopo, ad aprire e chiudere (incipit e finale) ci siamo *noi* e il farmacista Homais.

Dunque, immagina *La signora Bovary* come uno specchio d'acqua prima che qualcuno vi lanci dentro un sasso, poi qualche istante dopo, quando le increspature ormai sono svanite. È come se niente fosse mai successo. Ma è davvero così? La pietra è stata lanciata, ora giace sul fondale e chi legge lo sa: davanti all'acqua nuovamente immobile ripenserà, magari con rimpianto, a quelle increspature. Erano interessanti, più interessanti dell'acqua così ferma, dell'acqua stagnante. Ma non si poteva finir prima, con la morte di Emma o con quella di Charles? Forse ti chiederai. Be', sì, se pensiamo a una storia *solo* come a una catena cause-effetti. In parte lo è: vogliamo sapere che ne sarà di lei, vista la situazione in cui s'è ficcata, e poi che ne sarà di Charles. Data la causa, vogliamo conoscere l'effetto. Ma non è mai soltanto questo. Il finale di *La signora Bovary*, così come l'incipit, ci dà la misura di una complessità maggiore.

Mettiamola così: guardando il farmacista Homais, ci riconosceremo, anche soltanto un po', noi che magari abbiamo biasimato Emma e liquidato Charles? La cosa ci turberà, o ci disturberà? In questo caso, a romanzo finito, torneremo a loro, Emma e Charles – pieni di sogni irrealizzabili e d'incapacità, votati al fallimento per ragioni diverse, disperatamente umani – con l'impressione di capirli di più, sentirli di più. Forse. Come diceva Čechov, l'arte non è mai chiamata a risolvere problemi: li deve solo formulare al meglio.

Proviamo allora a sintetizzare un paio di indicazioni. La prima: incipit e finale si tengono insieme. Detto così, sembra un po' misterioso. Proviamo in questo modo: incipit e finale sono come le due sponde di un fiume. Chi legge nuota da una sponda all'altra, parte dalla prima tendendo alla seconda, spesso senza voltarsi indietro, ma loro stanno lì, continuano a fronteggiarsi, si parlano persino, silenziosamente.

La seconda: immagina le parti di una storia come le perle di una bella collana. Il finale è sempre di più dell'ultima perla che facciamo scorrere sul filo. È quella perla ed è pure il fermaglio? In parte, certo, sì, perché il finale, come un fermaglio, chiude. Ma un buon finale non si limita a chiudere e arrivederci e grazie: chiude la storia –nel senso che la porta a compimento –, ne mostra in controluce la fibra più profonda e insieme la rilancia, come se qualcosa, proprio sul finale, si trasferisse in noi per lavorarci dentro. Un'energia? Una questione? Una visione del mondo? Un punto di domanda?

E ADESSO SCRIVI

1. Abbiamo detto che inizio e fine, meglio detti incipit ed explicit, sono le due sponde di uno stesso fiume. Bene, se la sponda d'arrivo è come ce l'aspettavamo, abbiamo un finale prevedibile. Se è molto diversa allora ecco l'imprevedibilità, la sorpresa. Se invece, anche sentendo la terra sotto i piedi, il paesaggio della sponda opposta non si vede perché è avvolto da uno spesso strato di nebbia, allora abbiamo un finale aperto.

Ma se invece la sponda opposta si vede benissimo, ed è (sorpresa!) la stessa sponda da cui siamo partiti, allora abbiamo sbagliato qualcosa? No, probabilmente siamo dentro una struttura narrativa circolare. Scrivi un breve racconto del genere.

Soluzione: Se un testo ha una struttura narrativa circolare vuol dire che finisce dove inizia: la situazione di partenza si ripresenta, più o meno modificata, anche nella conclusione. Il viaggio dell'eroe, per esempio, è impostato così: l'eroe parte, attraversa la sua avventura e cambia, per poi fare ritorno a casa. Ma la struttura circolare è presente anche in tante opere di narrativa letteraria che vogliono catturare la natura ciclica del tempo, o che amano il paradosso. Proprio come *La continuità dei parchi,* un racconto di Julio Cortázar in cui il narratore ci presenta un uomo che legge un romanzo incentrato su due amanti che stanno per compiere un omicidio: si incontrano, una notte, e la donna dà all'uomo le indicazioni per raggiungere la stanza dove il marito sta leggendo, così che lui lo possa pugnalare. Ecco come inizia il racconto:

> Aveva incominciato a leggere il romanzo alcuni giorni prima. [...] Quella sera [...] tornò al libro nella tranquillità dello studio che si apriva sul parco di roveri. Sdraiato nella poltrona preferita, dando le spalle alla porta che lo avrebbe infastidito come una irritante possibilità d'intrusioni, lasciò che la mano sinistra carezzasse più volte il velluto verde e si mise a leggere gli ultimi capitoli.

Ed ecco come finisce:

> Dal sangue che gli galoppava nelle orecchie gli giungevano le parole della donna: prima una sala turchina, poi una galleria, una scala con tappeto. Al piano superiore, due porte. Nessuno nella prima camera, nessuno nella seconda. La porta del salotto, e allora il pugnale in mano, la luce delle vetrate, l'alto schienale di una poltrona di velluto verde, la testa dell'uomo nella poltrona che sta leggendo un romanzo.

L'amante trova la stanza dove il marito sta leggendo un libro su una poltrona in velluto verde. È quindi lui, il lettore che abbiamo incontrato all'inizio, che verrà ucciso?

Esatto, questo non è soltanto un racconto dalla struttura circolare, ma è anche un racconto nel racconto – ovvero un intreccio di più storie che conducono a due piani narrativi paralleli – e che per giunta ha un finale aperto: non sapremo mai se l'amante ucciderà il marito della donna, né se il marito della donna è lo stesso uomo che legge il libro nell'incipit. Tutto ciò è lasciato all'interpretazione di chi legge, che è chiamato a riflettere in autonomia sul significato degli eventi. Detto ciò, possiamo anche non farlo, e goderci questa piccola vertigine di vuoto. Oppure possiamo pensarci in un altro momento, possiamo dare la nostra interpretazione molto tempo dopo la fine della lettura, magari sorpresi da un pensiero che ci fa sobbalzare «Allora, forse, è andata proprio così!».

2. In un'intervista al «The New York Times», lo scrittore inglese John Fowles dice questo:

> Perché un finale infelice è considerato più artistico di un lieto fine? [...]
> Per certi versi il finale infelice piace al romanziere. Ha intrapreso un viaggio e poi ha annunciato: ho fallito e devo ripartire. Se invece crea un lieto fine, ecco che emerge quella sensazione vagamente fittizia di aver risolto i problemi della vita.

Sebbene la posizione di Fowles possa in molti casi rispecchiare la realtà, esiste certamente qualche buon libro che è capace di dimostrare anche il contrario. Riusciresti a nominare almeno un romanzo che finisca bene senza lasciare a chi legge quell'amara sensazione in bocca?

Soluzione: Questa risposta è senza dubbio soggettiva. Per noi, però, un titolo del genere potrebbe essere *Less*, di Sean Greer, un romanzo comico che racconta il folle viaggio in giro per il mondo di uno scrittore di nome Arthur Less, che per evitare di dover partecipare alle nozze di un suo ex fidanzato decide di accettare tutti gli inviti a conferenze, eventi e lezioni ricevuti e accumulati fino a quel momento. Alla soglia dei cinquant'anni si ritrova così a passeggiare per Parigi, a rischiare la vita a Berlino, a fuggire da una tempesta di sabbia nel Sahara, a partecipare a un ritiro cristiano nel Sud dell'India, a mancare per un pelo la fioritura dei ciliegi in Giappone. E mentre fa tutto questo, non solo incontra un sacco di gente buffa, ma rivede anche il suo primo – e ultimo – amore: Freddy Pelu. I due tornano insieme e sono contenti, e anche noi siamo contenti, noi che insieme a Less ci siamo commossi e anche molto divertiti.

E se hai il dubbio che questo sia un romanzetto senza grande valore, sappi che Greer ci ha vinto il Pulitzer nel 2018. Perché a volte anche la felicità merita un premio, per ricordarci almeno due cose: che la vita non è soltanto sofferenza, e certe cose vanno a finire bene *davvero*; e che quando questo poi non succede, allora possiamo fidarci di quelle storie che sono isole contente dove rifugiarci per un po'.

2. *Istruzioni per aspiranti omicidi*

Pensaci: non capita di dire addio ai personaggi soltanto al termine di una storia, ma succede anche all'inizio oppure a metà. E che effetto ha, questo, sulla storia?

Se scriviamo dobbiamo saperlo, dobbiamo conoscere molto bene le conseguenze di una morte piazzata in una trama, qui oppure laggiù. Uccidere un personaggio alla fine di una storia potrebbe tingerla di dramma o di tragedia, ma se il personaggio in questione è l'antagonista allora ecco che il bene trionfa sul male e forse il colore è quello del romanzo d'avventura, addirittura del fantasy (anche se i fantasy sono spesso conditi con qualche decesso intermedio). E se invece un personaggio muore all'inizio? Tutto diventa blu, perché i lampeggianti della polizia accorrono immediatamente, insieme ai detective con il trench e la lente di ingrandimento in tasca, ché potresti aver appena gettato le basi di un romanzo giallo. Insomma, le possibilità narrative cambiano a seconda del momento in cui la morte fa capolino, del modo in cui agisce, del personaggio che porta via con sé. Dunque, bisogna pensarci bene, perché introdurla nella trama vuol dire modificare il significato di tutta la storia.

La prima domanda da farsi è: perché vuoi uccidere un personaggio? Un paio di buone risposte potrebbero essere che la sua morte:

- Rappresenta l'incidente scatenante, è l'innesco della storia.
- Permette a questo personaggio di realizzare la sua volontà (è un suicidio).
- Porta un altro personaggio a realizzare la sua volontà, o a raggiungere un obiettivo.
- Costringe un altro personaggio a fare una scelta importante o a imboccare una certa direzione, portando avanti la trama.
- È la conseguenza delle sue azioni malvagie (per esempio, l'abbiamo visto qualche pagina fa, nell'ultimo libro della saga di *Harry Potter* il terribile Voldemort muore dopo essere stato colpito di rimbalzo dalla sua stessa maledizione. Però, attenzione, questa non è una regola. Non tutti i cattivi muoiono, e se lo fanno, deve essere per il bene della storia, non per impartire una lezione morale o per rivincita).
- È la conseguenza delle sue azioni, a prescindere dal fatto che siano positive o negative.
- Aggiunge un senso di realtà alla storia: a volte le cose vanno a finire così, lo sappiamo. La morte fa parte dell'espe-

rienza di tutti e di tutte, non è strano incontrarla, anzi, è un'occasione per parlarne.

Un paio di pessime ragioni per uccidere, invece, sono:

- Vuoi sbarazzarti di un personaggio che non sai più come utilizzare nella storia.
- Vuoi impressionare o sconvolgere chi legge, oppure soddisfare quelle che credi siano le sue aspettative.
- Non sapevi come finire la storia, e la morte ti è sembrata un modo inequivocabile per mettere il punto.
- Non c'è un vero motivo, è che hai deciso così: sei il creatore di questo universo narrativo, quindi puoi farlo.

No, non puoi farlo. Se è vero che a creare le regole del mondo sei tu, che scrivi, è altrettanto vero che poi devi rispettarle. Ciò non significa che tu non possa apportare modifiche in corsa, ma che quel che succede nella storia dovrà sempre risultare sensato alla luce delle regole che hai stabilito. Se nella saga di *Il trono di spade* (*Game of Thrones*) muore un personaggio importante ogni cinquanta pagine a noi va bene, George R.R. Martin ha creato una vicenda frenetica ambientata in un mondo crudele, è okay. Ma se dopo cento pagine Truman Capote avesse iniziato a fare una carneficina in *Colazione da Tiffany* a noi non sarebbe andata mica giù. Quindi, se vuoi sbarazzarti di qualche personaggio, molto meglio sradicarlo dalla trama a partire dal principio: riscrivila senza di lui. Se è inutile, la storia potrà solo guadagnarci. O se una minima funzione l'aveva, puoi pensare di attribuirla a un altro personaggio, modificando un po' il suo ruolo.

Riassumendo, potremmo dire che la regola d'oro è ascoltare le esigenze della storia, non quelle di chi la scrive, né quelle di chi la leggerà (anche perché, diciamolo, queste non le possiamo proprio conoscere).

Una morte riuscita magari causa dolore nel lettore, anche sorpresa, ma quando si fermerà a riflettere, ad asciugarsi una lacrimuccia, si renderà conto che in effetti, sotto sotto, sapeva che poteva andare così, se lo sentiva. O magari non se lo aspettava per niente, ma a posteriori è una morte che comprende, capisce che è la naturale conclusione dell'arco narrativo di *quel* personaggio inserito in *quel* tipo di storia, anche se non l'avrebbe mai e poi mai desiderata.

Questo discorso vale anche per chi scrive: non è sempre semplice uccidere un personaggio, perché magari non se lo merita proprio, o risulta un evento ingiusto. Anche nella vita è così, pensiamo che la morte di un anziano sia più giustificata rispetto a quella di un bambino, per esempio. Ma se tu devi raccontare un bambino che muore? E a volte devi, anche se non l'avevi previsto. Consideriamo il fatto che, nonostante chi scrive pianifichi e scaletti la vicenda, a volte il romanzo rivela le sue necessità strada facendo: non te ne sei quasi accorto, eppure le mosse dei tuoi personaggi – che erano le mosse giuste, in accordo con le loro personalità e la loro biografia – portano a un evento tragico che non avevi messo in conto. E quindi che fai? Devi obbedire, è la storia che lo chiede. E tu sei al servizio della storia.

Se hai trovato una buona risposta al perché vuoi uccidere un personaggio, avrai sicuramente individuato anche il personaggio in questione. L'antagonista, il protagonista, un personaggio secondario, un gruppo di personaggi, questo lo sai tu. L'importante, però, è che tu sappia anche quale effetto causa la sua morte su chi rimane: cercherà vendetta? Cadrà in depressione? Inizierà un percorso di guarigione dal dolore che lo porterà a raggiungere un luogo molto diverso da quello di partenza? Oppure la prenderà bene, sarà contento? O avrà creduto di essere contento e invece non lo sarà per niente? Avrà sperato di ottenere qualcosa e invece non sarà così? Quali conflitti esteriori e interiori si svilupperanno?

Insomma, hai toccato il primo tassello del domino. Succederanno molte cose, perché la morte suscita sempre una reazione, che dipenderà anche dalla maniera in cui hai ucciso questo personaggio: quali situazioni mette in moto un suicidio? E un omicidio? Un incidente? Una malattia? Una guerra? Una pandemia? Un sacrificio eroico?

E poi, quanto dura la scena? È una morte improvvisa? Prevedibile? È una morte che gli altri personaggi provano a evitare, magari cercando un antidoto? E il personaggio si lascia andare al suo destino o combatte fino all'ultimo? Soffre o muore in pace? È da solo o ci sono testimoni? Muore in uno spazio pubblico? Risorge? Qualcuno può comunicare con lui mentre è nell'oltretomba? O nell'oltretomba non ci è mai andato perché è diventato un fantasma?

Dai, tira fuori qualche domanda anche tu. E quando hai finito di arrovellarti, probabilmente sarà più facile trovare, nella trama, il punto esatto in cui incastonare questa morte. L'abbiamo detto, sistemarla all'inizio o alla fine comporta possibilità narrative differenti: tu che tipo di storia vuoi scrivere?

Chi scrive una buona storia, a questa domanda dà una risposta precisa, pronta a guidarlo nella tessitura di un disegno che, appena tirati i fili, si rivela nella sua fatalità. Per comodità, potremmo elencare cinque tipi di disegni principali. Vediamoli in ordine e vediamoli messi in pratica.

Incidente

Che è una parola dalle molteplici sfumature di significato, ma che potremmo definire un evento che improvvisamente accade, un elemento che spezza il flusso di un'azione o di un'abitudine. Non per forza qualcosa di negativo, sia chiaro, sebbene la nostra reazione media all'irrompere di un fatto non sia tendenzialmente positiva, perché potrebbe scoperchiare o scuotere molte cose che avremmo preferito tenere nascoste, ferme, e di cui adesso dobbiamo occuparci per forza: «A suo avviso, per essere un uomo della sua età, cinquantadue anni, divorziato, ha risolto il problema del sesso piuttosto bene», recita la prima frase di *Vergogna*, di J.M. Coetzee.

L'uomo in questione è il protagonista, David Lurie, che però quel problema non l'ha risolto per niente: dopo essersi preso una cotta per una delle sue studentesse (incidente scatenante) si mette in testa di andare a letto con lei, è ossessionato; viene accusato di molestie sessuali e deve lasciare l'università. Così raggiunge la figlia – con cui non ha quasi più alcun rapporto – nella sua casa in campagna, un luogo dove gli eventi tragici non mancheranno.

Oppure, a volte il problema non è la reazione di un personaggio, che magari risponde all'evento positivamente, ma le conseguenze che lo coinvolgono: trovi un uovo di drago nel tuo villaggio? Scopri un mondo parallelo dentro il tuo armadio? Che bello! Sì, ma ora serve un'intera saga fantasy per raccontare che razza di meravigliosa e terribile direzione prenderà la tua vita. E meno male, altrimenti non ci saremmo mai goduti certi libri preziosi, che hanno colmato di entusiasmo le nostre sere di preadolescenti, come *Eragon* di Christopher Paolini o *Le cronache di Narnia* di C.S. Lewis.

Il resto delle volte, l'incidente è, di solito, qualcosa che è triste di per sé. Perfino un incidente letterale, in cui vai a sbattere con la macchina e la vita finisce. È di questo genere di incidenti che parleremo adesso, perché è o non è una lezione su come uccidere i personaggi? Allora prendiamola sul serio.

> Mi stanno portando all'ospedale di Laval, dove mi tratteranno come una cosa e dove forse morirò. Le persone che parlano intorno a me non sospettano che io possa sentirle, sembrano non avere dubbi su come andrà a finire. La distanza tra me e loro è diventata abissale. Questo dottore sarà a meno di cinquanta centimetri da me, eppure si trova a miliardi di anni luce, nel mondo degli uomini in buona salute, oltre il limite dello spazio infinito spalancato da quei due secondi che mi hanno fatto uscire di strada e schiantato a terra.

Non sono passati neanche dieci secondi tra il momento in cui l'auto di Pierre Delhomeu sta percorrendo a 140 km/h una superstrada mentre il furgoncino di un mercante di maiali imbocca distrattamente la stessa corsia, e il momento in cui l'auto, dopo essersi schiantata contro quell'ostacolo improvviso, essersi ribaltata, rotta, schiacciata, ha praticamente ucciso il suo conducente.

Lui non sopravviverà, ma non lo sa ancora. Nel giro di dieci secondi, tutti i suoi pensieri si rivolgono al mercante di maiali, alla propria guida, all'amore per la moglie e al testamento che non ha ancora scritto. A terra, incapace di muoversi, è convinto di riposare, si prepara ad alzarsi e a mettersi a sbraitare contro quel cretino di un allevatore che gli ha tagliato la strada. È l'inizio del libro ma è anche la fine, perché Paul Guimard, l'autore di questo splendido romanzo intitolato *Le cose della vita*, dilata questi istanti per un centinaio di lucidissime pagine, in cui l'uomo, lentamente, prende coscienza della sua condizione: è spacciato. A occhi chiusi, sente le parole dei soccorritori e quelle del personale medico e all'inizio non vuole credere a niente, rifiuta, si angoscia, chiama, disperato, pretende un diverso finale:

> Vi supplico, tutti voi, fate qualcosa, restate, parlate, compatitemi. C'è qualcosa di più importante di quello che mi sta succedendo? Che cos'è l'umanità se non si trattiene il respiro quando un uomo crepa? Fate qualcosa, tutti. Uno di voi ha paura.

Eppure, ecco che un'ultima dolcezza lo avvolge, una scarica di ricordi arriva dalla memoria più candida, quella che trattiene solo il bello, che mostra il prezioso capitale di ultimi istanti che non sapevano di esser tali: lui che guarda la merla mentre rompe su una roccia il guscio delle chiocciole e il trifoglio rosato che si schiude ai raggi del sole, lui seduto al tavolo che bisticcia con gli amici per qualcosa di stupido come un accordo di chitarra o la corposità di un vino, lui che carezza la donna che ama. E poi ci sono anche ricordi di un futuro sperato: sposarsi, diventare un vecchio cocciuto, e avere il tempo di morire, nello stesso modo in cui si è preso il tempo per vivere.

Malattia

Al contrario di quel che pensava Pierre Delhomeu, anche chi ha tutto il tempo di morire non è certo contento. A Ivan Il'ič, per esempio, non va giù. Anzi, pensava che la cosa, almeno per il momento, non lo riguardasse: è un uomo per bene, sposato con una donna per bene, che conduce una vita come si deve. Lavora come giudice istruttore e si è appena trasferito a San Pietroburgo insieme alla famiglia. Abitano in una nuova casa, una casa borghese composta di alti e larghi saloni, camere da letto numerose, uno studio, tutti spazi ancora da arredare, ed è proprio questo che fa Ivan Il'ič quando torna a casa dal lavoro: sceglie le tende, le poltrone, si dà da fare con così tanto zelo che lui stesso, a volte, si mette a spostare i mobili o, come quel giorno, a salire sulla scala per mostrare al tappezziere come vuole disporre un drappeggio mentre, ahi! perde l'equilibrio, scivola, batte il fianco contro la maniglia di una finestra.

Per qualche giorno prova un innocuo fastidio, ma dopo alcune settimane peggiora, sente dolore e uno strano sapore in bocca. Si fa visitare dal medico, eppure nessuno sembra dare molta importanza alla sua condizione. L'umore si scurisce, non si sente capito, neanche dalla moglie Fëdorovna, che è anzi disturbata da questo suo costante lamentarsi. Alla fine, ha soltanto preso una botta, crede. Ed è così, ma le conseguenze non perdonano, e il marito soffre, sempre di più, per una malattia che nessuno riconosce. Lo troviamo allettato, ormai prima di metà libro, in preda a una costernante solitudine, alleviata soltanto dal servo Gerasim che occupa di lui; è un ragazzo umile, di origini contadine, che non ha paura di toccare un uomo morente senza negargli la sua compassione. Il resto della famiglia, degli amici, dei colleghi invece preferisce raccontare bugie – non è grave, tutto si aggiusta – mentre Ivan Il'ic non riesce ad accettare la realtà che dice il contrario: stai morendo, e non sai neanche perché. Sono giorni di lunghe meditazioni, di illusioni squarciate, pentimenti, odio per una vita dominata dall'interesse, dai valori borghesi, dalle convenzioni. Vorrebbe essersi comportato diversamente, aver capito certe cose in anticipo, e adesso che se ne è reso conto, avere l'opportunità di metterle in pratica, in un grido disperato di buone intenzioni. È un'agonia che si protrae per diversi mesi, che sbuccia la sua identità per intero, fino a lasciarlo lì, come un frutto acerbo, che non era ancora il tempo di scoprire. Finché la fine lo segna, un mattino. E niente è davvero come se l'aspettava.

> Aveva cercato la sua solita paura della morte, quella di prima, e non l'aveva trovata. Dov'era? Che morte? Non c'era nessuna paura perché non c'era nessuna morte.
> Invece della morte c'era la luce.
> [...] «È finita,» aveva detto qualcuno sopra di lui.
> Lui aveva sentito quelle parole e le aveva ripetute nel suo animo.
> «È finita la morte,» si era detto. «Non c'è più.»
> Aveva aspirato l'aria, a metà del respiro si era fermato, aveva allungato le membra ed era morto.

Suicidio

La morte non è nulla, perché quando ci siamo noi la morte non c'è, e quando la morte c'è noi non ci siamo più, diceva Epicuro. Eppure, come abbiamo appena letto, Tolstoj sembra dire il contrario: la morte è tutto il tempo *prima* della morte. Ovvero, è il nostro lento inclinarci verso la terra, avvicinarci alla data ultima. Dopodiché: il nulla, o quel che uno crede (il Paradiso, il Janna, l'Ade, il Toi o nga rangi), ma che non ha più a che fare con la corruzione della carne e dello spirito – tranne per chi ha fede nel ciclo delle rinascite, ma ci siamo intesi: se la vita è il nostro percorso di avvicinamento alla fine, la vita stessa diventa il nostro *morire*. Un processo che inizia quando nasciamo, e si compie nella morte (quella assoluta), di cui però noi, in effetti, non possiamo sapere niente.

Finisce che hanno ragione entrambi, sia Tolstoj sia Epicuro, e che il quadro che ne esce è più o meno questo qui:

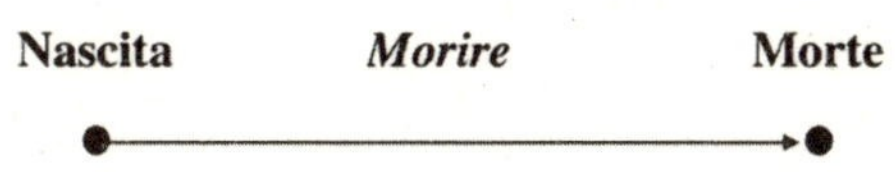

Chiaramente, questo non esclude un'esistenza felice e piena, in cui la vita è considerata il sommo bene. Perché del fatto che viviamo morendo a poco a poco noi ce ne dimentichiamo, e andare dal punto «Nascita» al punto «Morte» somiglia a una traversata nell'Oceano, dove i pericoli sono tanti e magari anche le brutte avventure, ma l'acqua non fa troppa resistenza e noi riusciamo ad andare avanti con un buon ritmo, un certo benessere. Eppure, c'è chi la traversata non la fa nell'acqua, ma nell'olio esausto, dentro una realtà in cui tutto sembra già stato detto e utilizzato, e le bracciate sono faticose, e sale la nausea per la puzza, e tutto quel che si desidera è farla breve. Devono averla vissuta così personaggi come Anna Karenina o Emma Bovary, che a un certo punto hanno voluto gridare contro questo oceano lento che gli toccava attraversare, hanno voluto rispondere, hanno detto No. Hanno scelto di darsi la morte anziché esserne chiamate, un giorno troppo lontano: si sono suicidate in un'assurda e disperata estasi di libertà.

Ma non è di loro che parleremo dentro questo paragrafo: con Anna Karenina avremo a che fare negli esercizi, più in là, mentre insieme a Emma Bovary siamo stati già molto, nei capitoli precedenti, e allora non sembrerà uno scherzo non trovarle qui.

Di che parliamo, allora? Di ciò che accomuna tutti i suicidi, nella realtà come dentro i libri: quella campana di vetro che scende, inesorabile, a levare l'aria, e che a poco a poco soffoca, senza che gli altri si accorgano di chi rimane dentro il cerchio e batte i pugni, e poi non più.

La metafora non è scelta a caso, o meglio, non l'abbiamo scelta noi: è della poetessa Sylvia Plath, che decide di intitolare così il suo unico suo romanzo, *La campana di vetro*. E che è anche la sua personale risposta alla domanda fondamentale: la vita vale la pena di essere vissuta? A volte no. Per qualcuno no. E il No può essere una risposta valida. Il perché lo lasciamo dire al filosofo austrico Ludwig Wittgenstein:

> Il mondo del felice è un mondo
> diverso quello dell'infelice.
> Allo stesso modo, con la morte il mondo
> non cambia, ma cessa.

È proprio questo che vogliono i personaggi, che il mondo – l'unico, personale, infelice – finisca. Che la campana di vetro si spezzi. Ma facciamo un passo indietro: com'è che la campane scende, e ancora prima, com'è che appare?

Qui sta molto del lavoro che ti toccherà fare se vorrai raccontare il suicidio di un personaggio. Sylvia Plath, per esempio, racconta di Esther Greenwood, una giovane donna, una brillante studentessa in stage presso «Mademoiselle», un magazine femminile. Abita a New York, un posto dove tutti sognano di stare. Eppure, lentamente, qualcosa dentro di lei inizia a spezzarsi. Non capiamo bene dove sia la crepa, ma sappiamo che ha a che fare con un certo sentirsi estranea, sola (la vedi, invisibile, la campana che inizia la sua discesa?). Progressivamente il mondo inizia a sembrare meno solido, meno reale, e così si sente anche Esther, che forse è impazzita, è malata, non lo sa, non sa capire neanche questo. Sa solo che tra lei è il mondo si è allungata la distanza, e non riesce più a sentire la densità delle cose, non riesce più a trovarne il senso.

È questa progressiva rarefazione che vuoi descrivere, se la tua storia parla di un suicidio. È la campana di vetro. Ma oltre a dire come si sta lì sotto – come non si riesce a stare – un aspetto importante sui cui ti ritroverai a ragionare è il rapporto tra il personaggio e il nemico principale: il suo corpo. Perché se Esther vuole morire, il suo corpo invece si oppone, conosce un'infinità di trucchetti per salvarle sempre la vita – levarle la forza dalle mani nel momento cruciale, per esempio.

Dopo un lungo pensare, dopo che la mente è stata agganciata e lentamente tirata e allungata fino a sfilacciarsi, adesso bisogna fare in fretta, scrive Plath: tendere un'imboscata, fregare il corpo che vuole ancora la vita, la trattiene. Buttarsi sotto un treno, come Anna Karenina; ingerire una dose di arsenico, come Emma Bovary. Non lasciargli scampo.

Omicidio

Mettiamo da parte i gialli (a cui andrebbe dedicato un libro intero) e usiamo queste pagine per parlare di un libro in cui il protagonista è carnefice e vittima, perché l'omicidio lo compie e lo subisce: prima uccide un uomo arabo su una spiaggia assolata, poi viene incarcerato e sottoposto all'esecuzione capitale.

Forse sai di chi parliamo, è Meursault, l'uomo che abita le pagine di *Lo straniero*, uno dei romanzi più riusciti di Albert Camus. È un impiegato di Algeri, un uomo solo, distaccato, pienamente convinto dell'assurdità dell'esistenza e del tutto indifferente alle cose che capitano: nelle prime pagine sua madre muore, in ospizio, e lui si rifiuta di guardarla, di darle l'ultimo saluto. Al funerale non piange, invece sente fastidio per il caldo. È estate, e pochi giorni dopo va in spiaggia. Lì incontra una donna, Mary, con cui inizia una frequentazione. Lei è innamorata, ma lui non prova niente. Non prova niente neanche quando, sulla stessa spiaggia in cui tante volte è stato in compagnia di Mary, viene coinvolto in una lite in cui un suo amico viene ferito al volto da un uomo arabo. Lo stesso uomo che, poche ore dopo, ritrova lì, senza i suoi compagni; e sfodera il coltello mentre il sole colpisce la lama e acceca Meursault che, forse per difendersi, forse proprio per il fastidio causato da quella luce, tira fuori la pistola che gli ha lasciato il suo amico (quello ferito al volto), spara quattro colpi e lo uccide.

La prima parte del libro si chiude qui. Dopodiché inizia la seconda, ma sai perché? Perché quell'omicidio non è piazzato lì a caso. Lo sembra, forse, perché Meursault reagisce in maniera istintiva, esagerata, ed è consapevole di essersi appena rovinato la vita ammazzando un uomo che nemmeno conosce, per il quale non prova odio. Eppure, questo gesto si addice perfettamente al suo personaggio, è sensato alla luce di chi è: un individuo del tutto alienato. Ed è anche un evento che non può che costringerci alla domanda: e adesso? Che gli succede?

È per questo che il romanzo può, anzi *deve* continuare e noi non vediamo l'ora di voltare pagina: perché la morte ha un significato e, in più, serve a mandare avanti la trama.

Seconda parte: Meursault è in carcere, è stato arrestato. Durante il processo per omicidio, il suo atteggiamento impassibile e disinteressato aggrava la situazione: non si difende e non si pente. Dunque viene condannato al patibolo – l'Algeria, a quel tempo, era una colonia francese in cui l'utilizzo della ghigliottina era perfettamente legale – e lo seguiamo durante i giorni di prigionia, mentre si abbandona al suo destino, convinto che lottare sia inutile in un mondo che lo ha lasciato solo molto prima dell'omicidio. Si fa strada dentro di noi la certezza che la vita dell'uomo è tremendamente vulnerabile, che il senso dell'esistenza potrebbe essere nullo, soprattutto di fronte alla ghigliottina, uno strumento di precisione che annienta ogni residuo di disperato romanticismo (la salita al patibolo come una salita al cielo) nel suo essere nient'altro che una macchina messa a punto per uccidere in modo discreto ed esatto.

Guerra
Che vale come suicidio o come omicidio? Probabilmente entrambi. In ogni caso, quando Camus scrive *Lo straniero* siamo nel pieno del secondo conflitto mondiale. È il 1942 e l'assurdità dell'esistenza umana sembra aver raggiunto il culmine. Invece – Camus non poteva saperlo ma l'aveva certamente immaginato – l'orrore non si è spaventato di se stesso. Torna, senza sosta, nel corso della storia. Lo vediamo anche oggi, con il susseguirsi di guerre e scontri anche a poca distanza da noi, in una ferocia che, malgrado le censure e le minacce, continua a essere ostinatamente raccontata. Perché perfino quando la parola sembra spezzarsi, deve risorgere e testimoniare.

> Nei terribili anni della «ežòvščina» ho trascorso diciassette mesi a fare la coda presso le carceri di Leningrado. Una volta un tale mi «riconobbe». Allora una donna dalle labbra bluastre che stava dietro di me, e che, certamente, non aveva mai udito il mio nome, si ridestò dal torpore proprio a noi tutti e mi domandò all'orecchio (lì tutti parlavano sussurrando):
> – Ma lei può descrivere questo?
> E io dissi:
> – Posso.
> Allora una specie di sorriso scivolò per quello che una volta era stato il suo volto.

Queste righe sono datate «1 aprile 1957», le ha scritte a Leningrado la poeta Anna Achmatova, che visse sulla sua pelle le barbarie di Stalin. Brutture che di per sé non hanno alcun senso, ma la cui memoria deve essere conservata, tramandata. E la scrittura, lo sa lei come lo sa la donna dalle labbra bluastre, è il modo migliore che abbiamo per farlo perché rimane nel tempo, ma il tempo non le rimane addosso: e oggi, più di cinquant'anni dopo, il testo ci sembra attualissimo.

Questo è uno dei motivi per cui molti romanzi percorrono gli anni della guerra, dei conflitti conosciuti e meno conosciuti, e sempre terribili. C'è almeno un libro, allora, che val la pena nominare, intitolato come ciò che mostra, ossia che la guerra è *In culo al mondo*: ormai ce l'abbiamo dentro. Lo ha scritto l'autore portoghese Antonio Lobo Antunes con un'abilità impressionante. Parla di sangue e di cose da dimenticare con incontrollabili richieste di affetto (a narrare è un uomo che, al bancone di un bar, confessa a una donna con cui vorrebbe fare l'amore gli anni passati in Angola, lavorando come medico di guerra).

> Avevamo venticinque mesi di guerra nelle budella, venticinque mesi di cibo di merda, di bevande di merda, a combattere per merda, ammalarci per merda, a morire per merda, nelle budella, venticinque interminabili mesi dolorosi e ridicoli nelle budella [...]

Perché cos'è la guerra, se non merda? Antunes lo dice, ci guarda in faccia e lo dice; e nelle pagine di questo libro prende l'essere umano e lo sgrana, sbircia dentro i buchi di chi riceve un proiettile e di chi invece lo spara. Ci trova dentro la furia ingenua di cui siamo farciti, di cui finiamo impagliati, animali così ridicoli che

> [...] ci guardavamo in viso e la derisione scorreva in forma di lacrime di compassione, e di schermo, e di rabbia, lungo le nostre gote magre finché il capitano, [...] si metteva a suonare il claxon, spaventando i pipistrelli dei manghi e gli insetti fantastici dell'Angola, e noi tacevamo di colpo come fanno i bambini a metà del loro pianto, e guardavamo le tenebre attorno con un'immensa meraviglia.

Mostrare cos'è l'orrore della guerra senza uccidere i resti di bellezza che, malgrado tutto, ci sfidano e ci ricordano che siamo umani, ed è per questo che in mezzo a quello schifo soffriamo così tanto. Antunes ha raccolto le immagini da bruciare, e anche quelle da salvare, ha scavato tra gli avanzi macilenti della colonizzazione salazarista, restituendoci una costola di storia europea servita cruda e tenerissima.

E anche noi è bene che facciamo lo stesso: confessare senza indugi, senza filtri, senza giustificazioni o, peggio, romanticismi bellici. Tirare fuori tutto e in particolare che la guerra è merda. Se vuoi raccontarla lo devi dire.

E la vecchiaia? Forse ti sarai chiesto perché non l'abbiamo aggiunta all'elenco. Non si muore di vecchiaia, anche? Sì, ma (quasi) solo nei libri per bambini, in cui a morire è il nonno, la nonna, la vecchia zia – c'è un libro bellissimo, a proposito, di Roberto Piumini, che si chiama *Mattia e il nonno*, se vuoi provare a curiosare nel genere. S

ono storie in cui cerchiamo di imparare che la morte è un processo naturale, e per minimizzare il rifiuto cerchiamo di raccontarla nel modo in cui fa meno male: la buona morte, quella di chi ha fatto una lunga vita e adesso si può riposare. Bene, questo è quel che raccontiamo ai bambini perché siamo, fondamentalmente, un po' vigliacchi e soprattutto molto spaventati.

La morte più frequente non è quella della vecchiaia. Perché, che si tratti di bombe atomiche o inquinamento dell'aria, noi uomini e donne uccidiamo molto più di quanto non faccia la morte; non c'è altro da dire.

E ADESSO SCRIVI

3. L'idea condivisa è che, al momento della morte, tutta la vita si srotoli davanti ai nostri occhi. Ma questo non potrebbe valere anche per i personaggi d'invenzione? In effetti, succede a Pierre Delhomeu nel romanzo di Paul Guimard di cui abbiamo parlato, succede a Lester Burnham in *American Beauty*, il film di Sam Mendes, e perché non a un sacco di al-

tri uomini, donne e altri animali che popolano le nostre amate storie?

Per esempio, cosa avrà visto Lennie Small, morendo in *Uomini e topi*? E John Coffey, nel romanzo *Il miglio verde*? E Lord Voldemort, in *Harry Potter*? E Tom Robinson di *Il buio oltre la siepe*? Pensa anche ai film e ai cartoni animati: quali scene saranno passate di fronte agli occhi di Jack Dawson, in *Titanic*? E del capitano Miller di *Salvate il soldato Ryan*? E a quelli di Mufasa o di Bambi?

Avanti, scegli un personaggio che ti piace e descrivi ciò che, negli ultimi istanti, potrebbe aver visto.

Soluzione: Per esempio. Non un'immagine, ma innanzitutto il suono di un nome: Tom. Tom – qualcuno che chiama questo nome. Tom. È una donna, di cui scorge il volto adesso, per la prima volta: è scarno, grigio come i suoi capelli spenti, è strabica e curva, e lui sa che è sua madre. Si chiama Merope, Merope Gaunt. Ha una voce sempre fastidiosa tranne quando pronuncia il suo nome: Tom.

Poi più nulla, se non uno scorcio di Londra che non riconosce subito. È solo. Vede una porta. La rivede ancora, ma sa che sono passati molti anni, guarda se stesso che la attraversa e si ferma in un luogo grande e tetro, col pavimento a scacchi bianchi e neri. È l'orfanotrofio Wool. Ecco che appare il numero di una stanza: 27. Poi le immagini accelerano: il corpo impiccato del coniglio di Billy Stubbs, suo compagno di scuola, la signora Cole che lo sgrida, lui che sposta i primi oggetti con la mente, che parla il Serpentese che nessuno vuol sentire, poi i banchi della Scuola di Magia e Stregoneria di Hogwarts, la sua casacca da Serpeverde, la sua prima bacchetta – 13 pollici e mezzo, fatta di tasso con il nucleo di piuma di fenice da Olivander – e la Camera dei Segreti che si apre, il Basilisco addomesticato e scagliato contro gli studenti nati babbani, il negozio di artefatti oscuri Magie Sinister, il suo primo Horcrux e il potere dell'immortalità, la sua anima divisa in otto frammenti, e un nome nuovo, grandioso, esatto: Lord Voldemort, colui che uccide, uccide maghi e babbani e li guarda negli occhi uno a uno, come guarda negli occhi i suoi seguaci e poi quel bambino che non è riuscito a uccidere: ecco la cicatrice che gli ha lasciato in fronte. E dopo il nulla del suo corpo, e il suo corpo riconquistato, vede Quirinus Raptor e di nuovo quel maledetto ragazzo: Harry Potter. Che vede ancora, ancora, ancora e soltanto, e non vede più nient'altro tranne quel volto maledetto, e sente nelle orecchie la sua voce recitare l'Incantesimo di Disarmo che gli scaglia in faccia una luce fortissima; la stessa che vede anche adesso, che lo raffredda e lo scalda, in un riflesso bianco e grigio, forse più grigio, come il volto di quella donna, la prima che vide; l'ultima.

4. Il suicidio non fa ridere, potremmo dire. E tutti saremmo d'accordo. Eppure, la risata – non sguaiata, gioiosa, va bene anche se è più aspra, accennata appena – non serve a prendersi gioco di una situazione dolorosa, ma a drenare quella paura, quel terrore. Siamo sempre nella catarsi, insomma.

Se ti va, accetta questa sfida: pensa a un modo stupido di suicidarsi, una cosa proprio scema. Ne basta una.

Soluzione: Oppure puoi trovarne 50, come ha fatto la poeta Alessandra Carnaroli nella sua raccolta *50 tentati suicidi e 50 oggetti contundenti*. In realtà, le modalità che descrive non strappano una grande risata, eppure sono sempre pervase da una sottile ironia, se non da una vera e propria satira, che anziché coprire il dolore lo allargano, lo espongono, lo rendono provocatorio, lo scoprono condiviso. Ecco una poesia, la numero 42.

per un acido d'uva
o pomodoro ciliegino
liscio della stessa misura
del mio tubicino mentre salto
come un coniglio nella sala
ristorante qualcuno
pensa a cosa ho vinto

3. Fidarsi della paura

Perché non soffermarsi un poco su questo: ti fidi della paura, tu? E soprattutto, ti fidi di lei quando abita le storie per i bambini?

Facciamo un brevissimo riepilogo: abbiamo assistito al tramonto della pedagogia della punizione e siamo giunti in un'epoca storica in cui i genitori sono molto spaventati da quel che potrebbe spaventare i loro figli. Perché avete fatto vedere questo film a scuola? Vi denuncio. Mi rivolgo alla dirigente. Mio figlio fa gli incubi. Eppure, non è cancellando le streghe dalle fiabe della sera che potremo proteggerli per sempre dalle ombre della vita adulta. Nel saggio *L'importanza di farsi spaventare*, Wisława Szymborska afferma che:

> I bambini hanno un naturale bisogno di sperimentare emozioni forti. Andersen atterriva i bambini, ma nessuno di loro, una volta diventato grande, gliene ha mai voluto. [Nelle sue splendide fiabe], il personaggio che ricorre con maggiore frequenza è la morte, figura implacabile che irrompe all'improvviso nel cuore della felicità, portandosi via i migliori, i più amati. Andersen prendeva i bambini sul serio.

Ecco: la morte. I bambini sono ossessionati dalle domande sui limiti della vita – che cosa c'era prima di loro, in che cielo erano, dove andremo dopo, quando non ci saremo più, o come fanno i fantasmi ad accompagnarci sempre. Molto spesso noi adulti, in difficoltà davanti ai quesiti esistenziali di esseri umani di cinque anni, rimaniamo vaghi. Ma non rispondere alle domande filosofiche dei bambini è un po' come rifiutargli un nutrimento. Inoltre, anche a noi adulti fa bene questo tipo di letteratura, perché l'esplorazione dell'invisibile attraverso i libri per bambini è la nostra occasione di tornare indietro alle domande originarie, che difficilmente trovano spazio nella vita presente; è un'opportunità aggiuntiva per la ricerca di senso che caratterizza diversamente ogni fase della vita, e che nei libri illustrati non trova ovviamente risposte prescrittive, ma simboli e metafore che, rimandando alle esperienze estreme della vita, ci aiutano a ricollocarle nel cuore.

Non dobbiamo perciò temere che una storia sia troppo triste o crudele per essere raccontata. Non dobbiamo sorvolare sulla fine inopinata e ingiusta di un personaggio buono. Andersen, infatti, ancora nelle parole di Szymborska, non parlava ai bambini

> soltanto della radiosa avventura della vita, ma anche di disgrazie, sventure e sconfitte non sempre meritate. Andersen aveva il coraggio di scrivere favole con un finale triste. Riteneva che non si debba cercare di essere buoni per un tornaconto (proprio quello che i raccontini moralistici di oggi si ostinano a divulgare, e che non sempre, in questo mondo, corrisponde a verità), ma perché la cattiveria è frutto di un limite intellettuale ed emotivo. Andersen [...] non sarebbe stato [...] un grande moralista, se si fosse limitato a incarnare i buoni sentimenti.

Censurare ai bambini il male e la cattiveria, in definitiva, assomiglia al peccato formale di essere vezzosi, di rivolgersi loro facendo le vocine, come se un tono falso e stridulo li aiutasse a comprendere meglio quello che stiamo dicendo, e non invece a rivelare la nostra difficoltà a prenderli sul serio, il nostro terrore di nominare le cose che, in fondo, fanno tanta paura anche a noi.

E ADESSO SCRIVI

5. Che cosa? Una storia per bambini senza lieto fine. Avanti, è solo un esercizio.

Soluzione: Hai fatto fatica a inventare questa storia? A prendere la penna in mano e scrivere la prima parola, a digitare sulla tastiera la prima frase? Probabilmente sì. Hai avuto difficoltà a raccontare una storia triste, forse ti è sembrata una cattiveria, qualche cosa di cui non c'è nessun bisogno. Il mondo è un posto già pieno di brutte storie, perché inventarne altre?

Be', il motivo è lo stesso: siccome il mondo è un posto inevitabilmente pieno di storie dolorose, allora non è forse bene allenarsi a maneggiarle? Esercitarsi a riconoscerle, a reagire, ad averci a che fare dentro i contorni di un luogo sicuro come quello delle fiabe?

Evitare di raccontare le cose tristi non annulla ciò che di triste capita nel mondo. Al massimo lo nasconde, con il risultato che quando un bambino si troverà ad avere a che fare con eventi dolorosi non avrà idea di come gestirli, non avrà gli strumenti per affrontarli; forse, se fino a quel momento è stato un bambino fortunato, non avrà neanche idea che queste cose potessero capitargli davvero.

Insomma, forse è il caso di farsi coraggio e scrivere storie che hanno a che fare prima di tutto con la verità.

6. Adesso alziamo l'asticella: raccontare la morte ai bambini. Crea una breve fiaba destinata proprio a loro.

Soluzione: Uno degli albi più belli sul tema della morte è *L'anatra, la morte e il tulipano* di Wolf Erlbruch. La storia, che ha dei disegni davvero stupendi, racconta di un'anatra che riceve una visita inaspettata: quella della morte, uno scheletro in pigiama e pantofole che porta con sé un tulipano nero. La morte non è paurosa come l'immaginava, invece sorride, e si lascia perfino abbracciare.

Quando l'anatra le chiede se è venuta a prenderla, la morte le risponde che non è lì per portarla via, ma per starle accanto tutto il tempo che le resta. Allora l'anatra si spaventa: il tempo che resta? Vuole assolutamente sapere se la morte ha in serbo per lei un brutto raffreddore o forse un incidente! Ma si sbaglia, perché non è alla morte che deve chiedere: a queste cose ci pensa la vita.

Così, un po' rassicurata, si lascia accompagnare dalla sua nuova amica. La morte e l'anatra passeggiano, salgono su un albero e guardano lo stagno dall'alto, chiacchierano e passano del tempo insieme, finché un giorno l'anatra si sente stanca e chiude gli occhi. Quando smette di respirare, la morte la raccoglie e la adagia su un lungo fiume, che pian piano la porta via. E diviene quasi triste quando non la vede più, ma un pensiero la consola: non c'è niente da fare. Così è la vita.

4. Sentire la mancanza

L'addio più complicato rimane, narrativamente parlando, quello che diamo alla nostra storia. Ma, nella pratica, come ci si prepara al *finale*?

James Ellroy, autore di romanzi come *Dalia nera* e *L.A. Confidential*, sostiene, per esempio, che le sue scalette diventino romanzi, passaggio per passaggio, compresa la mossa di chiusura. Nessuna sorpresa riguardo al finale. Il che significa che Ellroy si dispone a scrivere avendo bene in mente ogni tassello della storia e come finirà. Tutto ciò che ha in testa prima di cominciare (quindi la struttura) diventerà scrittura. Un architetto, insomma, intento a progettare un edificio, dalle fondamenta sino al tetto.

In altri casi – più rari, a dire il vero – può capitare che chi scrive cominci esattamente dal finale. Curioso, no? È ciò che fa John Irving, autore di molti romanzi – tra gli altri, *Le regole della casa del sidro* e *Ultima notte a Twisted River*. Già, perché John Irving pratica da sempre un'arte tutta sua: l'arte di partire dalla fine, *letteralmente*.

Scrive da subito, come se fosse l'incipit, quel che sarà il finale. Ma non si tratta di un appunto buttato giù di fretta su un taccuino, un'idea di finale, qualcosa di generico. Si tratta proprio di una frase o di un paragrafo. Il finale gli arriva parola per parola – ecco la sua risposta a chi, negli anni, gli ha spesso domandato come fosse possibile – e nei momenti più impensati, mentre fa la spesa o sta passeggiando senza pensare a niente.

Arriva e basta, lui non lo cambia mai, non cambia un aggettivo, nemmeno una virgola. È già bell'e che scritto. Questo, per darti un esempio, è il paragrafo finale di *Ultima notte a Twisted River*:

> Aveva perduto molto di ciò che gli era più caro, ma sapeva che le storie sono meraviglie, che semplicemente non possono essere fermate. Sentiva che la grande avventura della sua vita stava per cominciare: la stessa sensazione che doveva aver avvertito suo padre nelle disperate circostanze dell'ultima notte a Twisted River.

Pensa a John Irving che spinge il carrello in un supermercato. All'improvviso accade, e lui, sotto le luci al neon, fra pacchi di biscotti e bottiglie di latte, prende una penna e scrive ciò che hai letto.

Tornato a casa, comincia a interrogarsi: chi sarà mai ad aver «perduto molto di ciò che gli era più caro»? Quali saranno state le «disperate circostanze» di quell'ultima notte? Chi sarebbe il padre? E perché Twisted River? Cos'è accaduto, insomma, per arrivare lì?

Irving risponde andando a ritroso, come se il finale (le parole scritte fra pacchi di biscotti e bottiglie di latte) fosse una luce che si è accesa, e lui dovesse capire dov'è l'interruttore, chi l'ha premuto, cosa ha illuminato quella luce, cos'ha lasciato in ombra e perché poi si è spenta. Le sue risposte diventano tasselli del romanzo che poi pubblicherà. Irving è un investigatore: a fatti già compiuti (la scena del delitto) deve scovare il responsabile, scoprire come e per quale ragione ha fatto ciò che ha fatto, deve seguirlo e poi anche acciuffarlo.

Ora hai davanti a te l'architetto Ellroy e Irving l'investigatore. Entrambi, ciascuno a modo suo, sanno da subito quale sarà il finale. Se la domanda è questa: sapere o non sapere, prima d'iniziare, quale sarà la fine, Ellroy e Irving rispondono: «Sapere!». È in questo modo che vedono le cose, è così che lavorano: non scriverebbero una riga, in caso contrario. Come cominci il viaggio, sembrano domandarci, se ignori quale sia la meta?

Detto questo, esistono anche gli scrittori e le scrittrici che non pianificano dettagliatamente la trama, e non conoscono in anticipo il finale che scriveranno. In inglese vengono chiamati *discovery writers* o *pantser* (da «*by the seat of their pants*», che è una frase idiomatica che potremmo tradurre come «andare a braccio»). Stephen King, per esempio, è uno di questi. E anche Margaret Atwood, Mark Twain e Raymond Chandler riescono, pur non sapendo fin da principio qual è la meta finale, a non tradire né la loro visione come scrittori e scrittrici, né lo sguardo del narratore; restano coerenti con la trama e con i personaggi, tengono conto dei loro mutamenti, e nel frattempo riescono a cogliere, ad approfondire, persino a espandere, il *senso* della storia.

Fantastico, brillante. Però, questo non è un consiglio. Soprattutto se sei alle prime armi, costruire scaletta è davvero un'ottima idea. Poi, se vorrai, farai sempre in tempo a disfartene.

E ADESSO SCRIVI

7. Abbiamo detto che *la maggior parte* dei personaggi delle storie cambia. E gli altri? Pensa a tre personaggi che invece rimangono quasi identici dall'inizio alla fine.

Soluzione: In narratologia, questi personaggi vengono chiamati *statici*, e sono quelli che hanno uno sviluppo limitato o del tutto assente durante l'arco narrativo. Restano fondamentalmente gli stessi dall'inizio alla fine della storia. Come il tuo ex fidanzato.

Capitan Uncino. L'antagonista principale di Peter Pan, Capitan Uncino, è un pirata crudele, che rimane tale per tutta la fiaba, venendo infine sconfitto. Non cambia mai in modo significativo né impara alcuna lezione.

Sherlock Holmes. Il famoso detective non subisce cambiamenti interni significativi in nessuna delle storie di Arthur Conan Doyle: Holmes guarda al mondo con lo stesso atteggiamento arguto e fiducioso, anche dopo aver affrontato gravi conflitti.

Atticus Finch. Il padre della protagonista di *Il buio oltre la siepe*, di Harper Lee, è un personaggio dall'attitudine pacata e dai sani principi, moralmente saldo e giusto. Nel corso del romanzo, rimane saldo nelle sue convinzioni e nei suoi valori, fornendo sempre un esempio di integrità.

8. Ecco ciò che ci piacerebbe facessi, proprio ora: costruisci un personaggio dinamico (uno di quelli che, nel corso della storia, sviluppa un cambiamento) e un personaggio statico (che, invece, rimane quasi identico) e scrivi racconto in cui li coinvolgi entrambi.

Soluzione: Ecco una piccola guida per costruire personaggi del genere. Cominciamo.

Il personaggio dinamico, ovvero quel tipo di personaggio che subisce un significativo cambiamento interiore nel corso della storia.

- Prima di tutto, se decidi di creare un personaggio dinamico, è molto probabile – ma questa non è una regola d'oro – che sia il protagonista della tua storia. I cambiamenti necessitano di tempo, di difficoltà superate o non superate, di prese di coscienza. Questo vuol dire che dovrai dedicare al personaggio un bel po' di attenzione… e di pagine.
- Inoltre, il cambiamento può essere sottile. Insomma, non tutti devono passare da essere Anakin Skywalker a Darth Vader.
- Questo l'abbiamo già detto, ma rinfrescarci la memoria può essere una buona idea: il cambiamento può essere in positivo, in negativo, oppure può riguardare una maggiore complessità del personaggio.
- Fai un elenco dei tratti della personalità del tuo personaggio: com'è, all'inizio della storia? Molto introverso? Troppo estroverso? Succube? Aggressivo? Innocente? Disilluso? Se hai ben presente le sue caratteristiche, puoi identificare quali di queste potrebbero cambiare nel corso della vicenda.
- La chiave di tutto è nel conflitto del personaggio. Trovalo e portalo alla massima potenza: un conflitto forte può portarlo a raggiungere il suo punto di rottura, aiutandolo a scoprire qualcosa di nuovo su se stesso, mostrandogli perché cambiare sia così necessario.

Ah, una piccola accortezza: se la storia lo permette, rendi il personaggio responsabile del suo conflitto. Se è vittima di circostanze crudeli al di fuori del suo controllo, è molto più difficile che lui possa cambiare. Se invece una delle cause principali del suo conflitto è lui stesso, avrà più margine d'azione.

Il personaggio statico, ovvero quel tipo di personaggio che non subisce un significativo cambiamento interiore nel corso della storia.

- Probabilmente si tratta di un personaggio secondario, oppure di uno di quei personaggi seriali che confermano e protraggono la storia all'infinito, come succede nei fumetti: Topolino è sempre Topolino.
- Attenzione a non scambiare i personaggi statici per personaggi piatti e privi di profondità. Il fatto che non subiscano cambiamenti significativi non vuol dire che non abbiano una personalità ricca e complessa. Un esempio magnifico è Stoner, il personaggio dell'omonimo romanzo di John Williams. Sebbene la sua vita esteriore cambi e lo renda spesso molto infelice, lui non reagisce. O meglio, accetta quel che capita con una sorta di silenziosa dignità. Siamo di fronte a un personaggio di grande spessore, ma che resta praticamente lo stesso dall'inizio alla fine.
- Concentrati sulla motivazione per cui il personaggio non subisce modifiche. Se gli impedisce di cambiare, deve essere un elemento forte: è terrorizzato da qualcosa? È inevitabilmente testardo? Troppo crudele? Ci sono cause di forza maggiore? Esplicitare questa motivazione servirà a chi legge a capire le sue ragioni e a empatizzare con lui. Una buona idea potrebbe essere andare a scavare nel suo passato: in che modo influenza e congela il suo presente (e anche il suo futuro)?
- Gioca con la sua personalità, rendendola unica. Questo manterrà il pubblico coinvolto, e sarà sempre bello avere a che fare con questo personaggio. Per esempio, Sherlock Holmes è un personaggio statico molto amato, perché riesce sempre a sorprendere con la sua arguzia. Nessuno vorrebbe cambiarlo.

5. *Arrivare alla fine*

Finali aperti, finali ambigui, spesso l'ultima pagina non coincide davvero con la fine della storia. Per esempio, che ne sarà di Milton, protagonista partigiano di *Una questione privata,* che sul finale del romanzo corre, corre a perdifiato, inseguito dai tedeschi, poi entra in un boschetto, e, come scrive Fenoglio, sotto quegli alberi crolla? È morto o sopravviverà? Non lo sapremo mai.

Dove sarà finita Lila, una delle due protagoniste di *L'amica geniale*, scomparsa – sin dalla prima pagina del primo volume della tetralogia – e mai ritornata? Che ne sarà delle protagoniste e dei protagonisti di decine, centinaia di racconti, sospesi in finali che non risolvono del tutto, non chiudono del tutto (o non chiudono proprio), non ci forniscono tutte le risposte che vorremmo? Sono domande che restano tali, a cui potremmo rispondere soltanto formulando ipotesi. Ma sono poi così importanti, se di una storia comprendiamo il senso? Non sapremo mai se Milton sia sopravvissuto o meno, però è la sua ricerca ciò che davvero conta (quel che è accaduto *prima* del finale). Lo stesso, possiamo dire, vale anche per Lila, il cui non ritornare in scena, a pensarci bene, non ci stupisce affatto, dato il carattere di lei.

Facciamo un altro esempio. Pensa a *Il giovane Holden*. Il romanzo si conclude con un capitolo brevissimo, poco più di una pagina, che comincia con un'affermazione lapidaria: ciò che abbiamo letto sino a quel punto è tutto ciò che Holden è disposto a raccontarci. Vorremmo saperne di più; vorremmo sapere, per esempio, cos'ha fatto quand'è tornato a casa o come si è ammalato, ma lui non ha voglia di parlarne, non gl'interessa proprio. Non racconterà altro, non ci dirà com'è andata a finire. Per di più, arrivato a questo punto, Holden non sa neppure che pensare di quel che ha raccontato, figurarsi. E, in fondo, gli dispiace di averlo raccontato a «tanta gente». Ma perché mai dovrebbe dispiacergli?

C'è una riflessione, a conclusione di quest'ultimo capitolo, in cui Holden allude senza dire, lasciandoci in sospeso. È una riflessione che pare un invito. No, sembra piuttosto un monito. Diciamola così: se racconterete a qualcuno la vostra storia, andrà a finire che sentirete la mancanza di tutti coloro di cui avrete parlato, quindi non fatelo, non raccontate niente a nessuno. È questo ciò che fa la narrazione, ed è questo il *senso*, una visione possibile del senso, per quanto parziale: al di là di trame, strutture e colpi di scena, oltre gli eventi e gli sviluppi narrativi, raccontare storie c'entra con la mancanza.

Ci mancheranno i nostri personaggi – tutti, persino quelli per cui non avevamo grande simpatia, diciamo, come Maurice nel caso di Holden. Chi legge, poi, a libro finito ne sentirà ugualmente la mancanza – ti capita, vero? Ciò di cui prima non sapevi nulla, ora anche per te esiste: giunti al finale, ne hai nostalgia. È così nelle storie, e forse nella vita.

L'ultimo capitolo di *Il giovane Holden* è preceduto da una scena bellissima: lui, seduto su una panchina, prima di Natale, mentre comincia a piovere, guarda la sorellina Phoebe girare e rigirare sul cavallino di una giostra, nel suo soprabito blu, con un'aria *così* carina. Resta lì a guardarla, sentendosi felice, maledettamente felice, tanto che potrebbe urlare ed è davvero sul punto di farlo, urlare di gioia.

Holden ci dice tutto questo, poi aggiunge che gli dispiace che noi non fossimo lì a vedere Phoebe girare e rigirare sulla giostra. Che peccato, dice. Solo che c'eravamo eccome. Chi legge è lì, quando una storia finisce. È lì con chi scrive, è lì con il narratore e con i personaggi e quello che hanno fatto o ciò che gli è accaduto, come sono cambiati oppure forse no. Sente gli strumenti dell'orchestra suonare tutti insieme. Si tirano le fila della storia, si arriva a comprendere quello che c'era da comprendere. A volte il senso è appena sotto il pelo dell'acqua, comunque visibile, altre invece è un po' più giù, altre ancora è proprio sul fondale – ti devi tuffare per raggiungerlo. Dipende dalla storia.

Come diceva Carver, quando si arriva al finale:

> [...] ci si dovrebbe fermare un momento, come per riprendersi. In questo momento, se lo scrittore è riuscito nel suo intento, ci

> dovrebbe essere il senso di una comunione emotiva e intellettuale [...] Dovrebbe lasciare un'impressione tale che l'opera, come diceva Hemingway, diventi parte dell'esperienza del lettore. Altrimenti, sul serio, perché mai si dovrebbe chiedere alla gente di leggerla?

Chi legge vede Holden, sul suo cavo d'acciaio. Vede Frederic e Milton, Emma e Charles e pure il farmacista Homais. Li guarda rivolgere lo sguardo al pubblico, poi fare qualcosa che pare un inchino, un cenno di saluto – arrivederci – e subito ne sente la mancanza. Finisce così. Ma la vita continua, e chi scrive lo sa.

E ADESSO SCRIVI

9. Pensa a un'esperienza della tua vita. Una di quelle forti, che ti ha insegnato qualcosa. Ricordala, prenditi un momento. Respira, chiudi gli occhi. Guarda la memoria che si srotola e racconta. Adesso chiediti: qual è il senso di questa esperienza? Scrivilo su un foglio.

Poi rileggi e chiediti ancora: quanto di ciò che ho scritto è una mia interpretazione dei fatti? Potrebbero essercene altre? E perché ho scelto proprio questa? Che cosa dice della mia visione del mondo?

Soluzione:

> I più anarchici, come Colin, sostenevano che dipendesse tutto dal caso, che il mondo esiste in condizioni di caos perenne e che soltanto un primordiale istinto narrativo, a sua volta palese strascico delle religioni, impone retrospettivamente un senso a ciò che è o non è accaduto.

Queste righe provengono da un libro di Julian Barnes, intitolato *Il senso di una fine*. Un romanzo che riflette esattamente su questo pensiero: «La nostra vita non è la nostra vita, ma solo la storia che ne abbiamo raccontato». E se cambiassimo il modo in cui raccontiamo quella storia, che cosa succederebbe alla nostra vita?

10. Finire un libro è come portare un bambino in giardino e spargli, disse una volta Truman Capote. Tu come ti senti quando finisci di scrivere un libro, un racconto o una poesia? È sempre la stessa sensazione o qualcosa cambia?

Soluzione: Chi piange, chi gioisce, chi non lo accetta, chi non vedeva proprio l'ora. Ognuno reagisce in maniera diversa, e a seconda di com'è andato il processo di scrittura di *quella* determinata opera, la reazione è diversa ogni volta.

Senz'altro, abbandonare la storia e i personaggi alla loro vita indipendente, laggiù, nel mondo fuori, fa sempre un certo effetto e possiamo essere sorpresi da un forte senso di attaccamento, possiamo avere paura del giudizio del pubblico oppure del nostro – il perfezionismo è un grande limite quando si tratta di accogliere una fine.

Un buon consiglio, in proposito, può darcelo lo scrittore svedese Henning Mankell, che in un testo presente al fondo dell'edizione americana di *La mano* (*An Event in Autumn*), racconta cosa ha voluto dire abbandonare, dopo molti libri, il personaggio del commissario di polizia Kurt Wallander. Scrive Mankell:

> Per tutto il tempo, sentivo una voce dentro di me che diceva: «Devi assicurarti di lasciarlo andare al momento giusto». [...] Un momento in cui l'ingrediente più importante fosse lui e non la storia. Quello sarebbe stato il momento di abbandonarlo.

E così fa, dedicandogli un ultimo libro in cui lui è perfettamente al centro.

Lasciare andare tutto sul più bello, ecco il segreto. Ecco il motivo per cui, per il suo autore, Wallander non è mai diventato un peso, come non lo è diventato il processo di scrittura che ha sostenuto le sue avventure. Quando era ancora bellissimo scriverle, Mankell ha deciso di smettere, ha digitato sulla tastiera del suo computer le ultime parole e ha chiesto alla moglie Eva, in un'affettuosa cerimonia, di premere il tasto del punto. Lei l'ha fatto e Wallander è scomparso. E quando gli chiedono se gli manca, lui risponde: «Non sono io a sentire la sua mancanza. È il lettore».

Wallander, lato suo, adesso è in pensione, ha finito di fare l'agente di polizia e vaga «per la sua terra crespuscolare in compagnia del cane nero Jussi». Quanto ancora rimarrà nella terra dei vivi? Mankell non ne ha idea. «È una cosa che presumibilmente deciderà da solo.»

E questo libro, invece, che strada percorrerà? Di chi saranno gli occhi che leggeranno le sue pagine? Probabilmente tu ne sai molto più di noi.

Bonus.
Divertirsi come matti

Scuola Holden con Marco Archetti
e Giulia Binando Melis

Il grande scrittore Martin Amis, in quel monumento allo scrivere come vivere che è il suo ultimo libro, *La storia da dentro*, dice che

> Nabokov sostenne che tutti gli scrittori con un minimo di stoffa sono divertenti. Tutti gli scrittori inglesi che hanno resistito al tempo sono divertenti; lo stesso vale per i russi (Gogol', Dostoevskij e sì, anche Tolstoj sono divertenti). Franz Kafka, qualunque cosa ti abbia raccontato il tuo professore, è divertente. Gli scrittori sono divertenti perché divertente è la vita. Ecco un'altra definizione vera: gli scrittori sono gli elogisti della vita.

Aggiunge, anche:

> Gli specialisti dell'afflizione, gli esibizionisti delle ferite [...] hanno fatto un errore elementare pensando che compito degli scrittori sia l'elegia e non l'elogio della vita.

E noi siamo perfettamente d'accordo. Dunque, la domanda è: come si diventa lettori e scrittori liberi da complessi e predisposti al piacere? Se fossimo in un videogame, con i livelli da raggiungere e gli ostacoli da superare, per prima cosa vanno evitati i Guardiani della Seriosità. Chi sono?

Li si riconosce facilmente: esseri umbratili e ostili che hanno trascinato la gioia sovrana della lettura a soffrire, schiava, nel buio. Sono insidiosissimi. Amano le feritoie, l'umidità, l'eco nel vuoto. E ti raccontano che laggiù, in quelle forre oscure e anguste e scoscese, è bellissimo. È anche la loro idea mortale e schematica della lettura ad aver allontanato i lettori dalle ragioni più gratificanti per esserlo.

Seconda insidia: bisogna rifiutare la seduzione dinastica. Per capire cosa significhi, basta una ricerca su Google. Scoprirai che, quando si parla di lettura – e, paradossalmente, per promuoverla – anziché raccontarne la spensierata e doverosamente sregolata avventura che è, spesso vengono servite filastrocche moraleggianti. Esiste la cattiva abitudine di mettere a soqquadro i romanzi in cerca di idee che li rappresentino, o di ridurre, immiserendola, l'esperienza della lettura all'assunzione di valori morali o «spaccati» sociologico-storici, di modelli o ritratti. È un'operazione ottusa e con il fiato corto. *Casa desolata* non è un'arringa contro il sistema legale inglese. *Madame Bovary* non è un attacco alla borghesia. Tutta l'opera di Fëdor Dostoevskij non è un elaborato, angoscioso strale sulle condizioni igienico-sanitarie dei cittadini russi con particolare riguardo alle loro condizioni abitative, o un tortuoso referto psicologico collettivo rappresentativo della vita sotto Alessandro II. E in ogni caso, il romanzo ideale da leggere è il romanzo che non ha nulla da riferirti, se non una serie di confessioni che ti sta facendo all'orecchio, confessioni che sarebbe vergognoso fare ad alta voce.

Insomma, anziché cantare il piacere sensuale ed estetico che ci procura, anziché celebrare la festa a cui ti invita la pagina di un romanzo, sovente si scoccano tonanti rampogne circa il significato civile dell'atto di leggere, come se fosse l'unico ammissibile.

Ecco, leggere e scrivere sono a tutti gli effetti atti politici, e tu, come lettore e come scrittore, hai il privilegio di una responsabilità. Però, nello stesso momento, ricevi in dono anche il piacere del gioco, del diletto, della pura risata. Della lettura per la lettura, nient'altro.

A nessuno che si dichiari appassionato di musica, se ne chiede conto in questo senso: perché ascoltare Franz Joseph Haydn, Charles Mingus o Lana del Rey? Perché sì. Perché è musica. Perché è bello. Con i libri può funzionare allo stesso modo. Leggere e scrivere *come impegno e come disimpegno*, nello stesso momento.

Così, ecco l'idea: un capitolo bonus creato soltanto per divertirsi, per praticare l'arte fina e godibilissima della risata. E anche perché, arrivati a questo punto, dobbiamo chiederti di farci una promessa: per piacere, quando leggi e quando scrivi, non prendere le cose – le cose tutte: i tuoi libri, il mondo, te stesso – troppo sul serio.

È vero, scrivere è dare una forma alla nostra speranza di immortalità, è il tentativo di incidere il nostro nome nel tempo prima che ci oltrepassi. *Exegi monumentum aere perennius*, scrisse Orazio nelle *Odi* riferendosi alla sua opera, *Ho eretto un monumento più duraturo del bronzo*. E Ovidio, alla fine delle Metamorfosi dichiara:

> Ormai ho portato a termine un'opera che né l'ira
> di Giove né il fuoco
> né il ferro e neppure il vorace passare del tempo
> potranno spazzare via.
> Quando vorrà, quel giorno che ha dominio soltanto sul corpo
> ponga fine al corso incerto della mia vita:
> tuttavia, con la parte migliore di me volerò eternamente
> al di là delle alte stelle, e il mio nome resterà immortale,
> e fin dove si espanda la potenza di Roma sulle ter-
> re conquistate
> io sarò letto dai popoli, e se c'è un fondo di verità
> nelle profezie dei vati,
> per tutti i secoli a venire, io vivrò nella fama.

Okay, Ovidio qui è grandioso, ma grandiosa è la sua opera e, in effetti, non ha esagerato. Senza arrivare a questi picchi, però, c'è qualcuno che non vorrebbe essere ricordato per ciò che ha scritto, che non spera in una forma di aldilà culturale? Forse c'è, ma non fa numero.

È invece più frequente pensare al desiderio di imitare, anche in minima parte, il destino di quelle storie sempre attuali, dei loro personaggi sempre vivi, dei loro autori e autrici di cui ancora ripetiamo il nome: Ovidio (43 a.C. - 17 d.C.), Dante Alighieri (1265 - 1321), Miguel De Cervantes (1547 - 1616), William Shakespeare (1564 - 1616), Jane Austen (1775 - 1817), Charles Dickens (1812 - 1870), Lev Nikolàevič Tolstoj (1828 - 1910), Emily Dickinson (1830 - 1886), Mark Twain (1835 - 1910), Fëdor Dostoevskij (1821 - 1881), Louisa May Alcott (1832 - 1888), Oscar Wilde (1854 - 1900), Henrik Ibsen (1828 - 1906), Edith Wharton (1862 - 1937), Virginia Woolf (1882 - 1941), Agatha Christie (1890 - 1976), James Joyce (1882 - 1941), incredibile, mirabolante, straordinario poterli dire ancora, leggere ancora, così presenti, grandi, vivi, mentre è passato tutto questo tempo, epoche, millenni, miliardi di anni… no, miliardi forse no. In effetti sono un po' meno, però c'è da dire che la prima grande composizione, una storia vera e scritta a puntino, ovvero *L'Epopea di Gilgameš*, la leggiamo ancora adesso, anche se è stata scritta in accadico e in caratteri cuneiformi su una tavoletta d'argilla nel XIX secolo a.C., a Babilonia. La puoi trovare anche nella biblioteca vicino a casa tua, in libreria, forse ne hai già una copia a casa, sul comodino, e sono passati ben 39 secoli! Che sembrano tanti, caspita. Anche se non tantissimi se pensiamo a quanti anni è che esiste l'uomo, diciamo l'*homo sapiens* – si parla di 300.000 anni fa, un po' meno; 39 secoli che sembrano in effetti davvero pochi se consideriamo quand'è che, si stima, sia apparsa la prima forma di vita su questo pianeta, 3,4 miliardi di anni fa; 39 secoli che ora sembrano niente se li confrontiamo con l'età che dovrebbe avere la Terra: circa 4,54 miliardi di anni. Risultato: 39 secoli su 4,54 miliardi di anni.

Abbiamo celebrato l'*Epopea di Gilgameš* per lo 0,0000000859% del tempo da quando esiste il mondo. Non è molto, in effetti. Sembrava di più. Non è mica che di tutti questi nomi, alla fine, non resterà niente?

E ADESSO DIVERTITI

1. Pensa a un oggetto che utilizzi quotidianamente, uno di quelli banali, che servono a soddisfare bisogni primari come la forchetta o il gabinetto, e rendilo un oggetto comico. Come?

Prova a guardarti da fuori, non solo come se non ti conoscessi, ma proprio come se non conoscessi alcuna abitudine umana. Per te niente risulta scontato, anzi, ogni comportamento diventa buffo e curioso.

Soluzione: In *Quelli che vanno a letto*, Achille Campanile racconta di una strana forma di magnetismo che certi oggetti esercitano su noi esseri umani, per esempio il letto.

> Vedo, infatti, ogni sera, moltissime persone che percorrono lunghi tratti di strada a piedi, in tram, in vettura o in automobile, tutte in direzione di letti. Vanno in giro il giorno intero, ma, a una certa ora, dovunque si trovino, finiscono per essere attratte dal letto, anche a grandissima distanza.

E racconta, quasi incredulo, di tutti quelli che interrompono ciò che stanno facendo, salutano amici e conoscenti e corrono a casa per spogliarsi e infilarsi nel letto. Che poi, osserva lui, il punto è

> che si finisce sempre a letto. A letto si comincia col nascere; mezz'ora dopo ci rimettiamo a letto; poi vi torniamo ogni giorno a intervalli regolari. Se siamo stanchi o molto tristi andiamo a buttarci sul letto. Se siamo malati, ecco che si presenta addirittura uno scienziato, che ha consumato lunghi anni sui libri, ha studiato i misteri della natura, ha sezionato corpi; egli ci esamina, c'interroga, pensa, e finisce per dire che dobbiamo metterci a letto.

È un'abitudine dura a morire. Anzi, non muore mai, neanche quando siamo morti noi: anche in quel momento ci ritroviamo a letto, per giunta ben vestiti e tirati a lucido come non lo siamo mai stati in vita.

2. Ciò che ti chiediamo adesso è di pensare alle parole che utilizzi di più sul luogo di studio o di lavoro: se sei una studentessa di medicina sai bene cos'è uno stafilococco, se sei assunto in un magazzino sai cos'è un transpallet o una bolla di accompagnamento, se sei un impiegato statale sai cos'è una delibera di Giunta – si spera.

Serviti dei termini che usi di più durante il giorno per scrivere un testo divertente che potrebbe sembrare, alla fine, una sorta di piccola parodia di te stesso.

Soluzione: Per esempio. Amore, dobbiamo intercettare i bisogni del *target*. Se facciamo per secondo l'ossobuco i vegetariani come fanno? Ma se cuciniamo il seitan i carnivori non lo accettano. In ogni caso roviniamo la *user experience*. Se ne vanno tutti, poi sale la *bounce rate*, per carità. Allora forse potremmo non fare il secondo e fare solo il primo, magari in porzioni più grandi? Che io sono bravo a fare gli gnocchi, quello lo sanno tutti, è *brand awareness*. Però se li faccio non invitiamo tua zia che poi rompe che vuole la ricetta e anche le patate del mio orto... insomma lo sai che preferisco il *B2C* al *B2B*, fammi il favore. Oppure, senti, se ognuno porta qualcosa, che ne dici? Scriviamo un messaggio sul gruppo, facciamo un *call to action* tipo «Io faccio gli gnocchi, e tu?». Sì, dai, così non devo fare niente a parte quello, *strategy* zero sbatti. Compro solo il Parmigiano.

Va be', comunque, perché mi avevi chiamato? Guarda che sono praticamente alle casse. Cosa? Cioè insomma qual è la *query*? Amore, non ti capisco, non si sente niente, forse lì non prende. Dammi una *keyword*. Amore? Un *hashtag*?

3. Scrivi un incipit divertente. Ecco qui l'esercizio.

Soluzione:

> C'è chi nasce e chi muore e spesso la stessa persona fa tutte e due le cose.

Questo è l'incipit di *Giura*, di Stefano Benni, che – lo sappiamo – con l'umorismo ci sa fare, gli è bastata una riga per strapparci un sorriso. Ma non preoccuparti, per scrivere il tuo incipit divertente potevi prenderti qualche riga in più. Perché, l'hai scritto, vero?

4. Pensa alla cosa più triste che ti è successa nella vita e trova il lato divertente della questione. Vale anche il cinismo, l'importante è che tu riesca a ridere almeno un pochino.

Soluzione: Chiaramente, l'esercizio è più semplice se dall'evento triste a oggi è passata una certa quantità di tempo. Ma questa non è una regola ferrea, e quando la situazione è davvero calda e al massimo dell'assurdità, può non essere impossibile trovare lì dentro una nota umoristica. Certo, questo non cambia i fatti, ma ci permette anche solo per un istante di scaricare la tensione. La risata è sempre catartica.

Un progetto del genere è la serie tv scritta, diretta, prodotta e interpretata dal comico britannico Ricky Gervais, che racconta con una buona dose di cinismo la quotidianità di un uomo che ha appena perso la moglie, morta di cancro. Tony, questo è il suo nome, è depresso e odia chiunque, e non risparmia battute sfrontate e cattivissime nei confronti di tutte le persone che incontra. Battute che spesso ci fanno ridere, sebbene siano violente o molto tristi. Perché questa è l'unica arma che abbiamo contro un male incurabile: la risata. Anche la risata amara.

Detto ciò, Tony non rimane sempre uguale a se stesso, ma noi non ti diremo di più, perché una delle poche cose che forse non è mai divertente è fare spoiler non richiesti.

5. La società ci richiede la perfezione, questa non è una novità: un bel corpo, un bel viso, un ottimo lavoro, una buona salute mentale, allegria, soldi eccetera eccetera.

Tutto questo, oltre a essere molto stancante è anche piuttosto assurdo. Allora sfrutta proprio questa assurdità per scrivere un breve racconto satirico.

Soluzione:

> Sono settimane che cerco di scrivere della manutenzione, ma non è stato facile, e per un motivo molto semplice: la manutenzione mi porta via tanto di quel tempo, che non me ne resta quasi più per sedermi davanti al computer.

Questo è l'incipit del racconto *Della Manutenzione*, di Nora Ephron. Ma che cosa si intende con questa parola?

Tutta la schiera di attività richieste alle donne per essere considerate presentabili agli occhi della società.

Dopo l'introduzione, Ephron divide il testo in tre parti: *I capelli* («Penso che non doversi più preoccupare dei capelli sia il vantaggio segreto della morte»), *La tinta* («La tinta è, almeno parzialmente, responsabile del considerevole numero di donne che entrano [e riescono a rimanere] nel mercato del lavoro nella mezza età»), *Le unghie* («Divenne necessario farsi fare la manicure una volta alla settimana. La qual cosa, ahimè, portò alla pedicure»), *Peli indesiderati* («Mi duole ammetterlo, ma ho i baffi»), *Esercizio fisico* («Ho un trainer. Ho il mio tapis roulant. Ho il mio televisore sopra il tapis roulant.»), *La pelle* («Un vasetto piccolissimo di crema, La Mer, che credo costi un centinaio di dollari a cucchiaino»).

E sul finale, raccontando di aver visto ciabattare per strada una senzatetto sporca e arruffata, con i capelli grigi e le unghie sporche, dichiara che ciò che le impedisce di avere l'esatto aspetto di quella persona sono otto ore. Otto (costosissime) ore di manutenzione.

6. Secondo le statistiche dei migliori tornei di tennis al mondo, circa il 70% dei punti si chiudono in 4 o 5 colpi al massimo dal momento della battuta.

Prova a costruire un breve dialogo botta e risposta che lasci intendere o ricostruisca per sommi capi un'ambientazione e una storia umoristica.

Soluzione: In *Balle spaziali*, un esilarante parodia di *Star Wars* a opera di quel genio di Mel Brooks, c'è una scena che contiene un dialogo imperdibile.

Lord Casco Nero chiede al Colonnello Nunziatella com'è possibile che esista una cassetta di *Balle spaziali* (eh sì, nel 1987 c'erano ancora le cassette da infilare nel videoregistratore) se il film lo stanno ancora girando, loro due, proprio in quel momento.

Il Colonnello gli dice che c'è stata una nuova invenzione nel mercato dell'Home Video: delle cassette istantanee messe in circolazione ancora prima che il film sia terminato.

Ecco che un altro personaggio, per dimostrare l'esistenza di questo oggetto, tira fuori la cassetta e la infila nel videoregistratore e il film inizia: le scene del loro passato scorrono in velocità finché sulla tv appare l'immagine di loro tre che guardano la tv. Ed ecco il dialogo geniale e dal ritmo serratissimo, come appare nella versione italiana:

LORD CASCO NERO: Che diavolo sto guardando? Quand'è che questo accade nel film?
COLONNELLO NUNZIATELLA: Adesso. Sta guardando l'adesso, signore. Tutto ciò che avviene adesso, sta avvenendo adesso.
LORD CASCO NERO: Che è successo al prima?
COLONNELLO NUNZIATELLA: È passato.
LORD CASCO NERO: Quando?
COLONNELLO NUNZIATELLA: Adesso. Siamo all'adesso, adesso.
LORD CASCO NERO: Torniamo al prima!
COLONNELLO NUNZIATELLA: Quando?
LORD CASCO NERO: Adesso.
COLONNELLO NUNZIATELLA: Adesso?
LORD CASCO NERO: Adesso.
COLONNELLO NUNZIATELLA: Non posso.
LORD CASCO NERO: Perché?
COLONNELLO NUNZIATELLA: L'abbiamo superato.
LORD CASCO NERO: Quando?

COLONNELLO NUNZIATELLA: Proprio adesso.
LORD CASCO NERO: Quando il prima sarà adesso?
COLONNELLO NUNZIATELLA: Presto.
LORD CASCO NERO: Quanto presto?

E il film continua, mentre noi ci stiamo ancora tenendo la pancia.

7. Per fare questo esercizio, prendiamo ancora una volta spunto dalla produzione di Achille Campanile, ma in questo caso scegliamo le *Tragedie in due battute*. Leggi questo scambio e continualo tu:

L'ALTRO: Sì, sì; no, no.
IL TALE: Sì, o no?
L'ALTRO: Sì e no.
IL TALE: No?
L'ALTRO: Sì.
IL TALE: Sì?
L'ALTRO: Sì.

Soluzione: Per esempio.

L'ALTRO: Sì, sì; no, no.
IL TALE: Sì, o no?
L'ALTRO: Sì e no.
IL TALE: No?
L'ALTRO: Sì.
IL TALE: Sì?
L'ALTRO: Sì.
IL TALE: Sì, no?
L'ALTRO: No e sì.
IL TALE: No?
L'ALTRO: Sì!

Ma si potrebbe andare avanti ancora moltissimo.

8. Nel suo libro *Humor e pensiero laterale*, Filippo Losito riunisce le teorie della comicità. Eccole:

1. *Teoria dell'incongruenza*, per cui ridiamo quando troviamo insieme due elementi incongrui: ci aspettiamo una cosa e invece è completamente un'altra, e le nostre aspettative vengono disattese.
2. *Teoria del sollievo*, per cui tutte le paure, i dolori e i tabu che ci attanagliano vengono affrontati attraverso la risata, che allenta la tensione accumulata.
3. *Teoria dello slittamento cognitivo*, per cui ridiamo quando facciamo esperienza di un repentino cambiamento nel nostro stato mentale.
4. *Teoria della superiorità*, per cui il riso è un segnale di dominio di un individuo su un altro. Per esempio, quando sentiamo una battuta sulle bionde o sui carabinieri, ecco che ci sentiamo improvvisamente più intelligenti di loro.
   E senza voler colpire gli altri, anche alla base *self-deprecating* – cioè l'umorismo (e spesso anche il sarcasmo) rivolto nei confronti di sé stessi – c'è lo stesso meccanismo.
5. *Overstatement e understatement*, ovvero due modi per ribaltare il nostro sistema di valori attraverso la comicità. Sostanzialmente vuol dire esagerare moltissimo o sottovalutare eccessivamente qualcosa.

Adesso che sai da dove partire, prova tu: scrivi una frase per ogni teoria della comicità.

Soluzione:
1. Adoro guardare i film in mutande, è un peccato che la gente al cinema si arrabbi sempre.
2. È stato dimostrato che il primo giorno di scuola è il più difficile, abbiamo dunque deciso di convocare tutti gli alunni direttamente il secondo.
3. Una vacanza senza mare è come… una vacanza in montagna.

4. Quando vado a dormire poso sempre sul comodino un bicchiere pieno e uno vuoto, così sono tranquillo sia che mi venga sete, sia che non mi venga.
5. Ieri sono quasi morto, ma per il resto tutto bene.

9. Se adesso diciamo: «E così domani ti sposi?». Tu rispondi? «Sì ma... niente di serio!» Questo esercizio funziona proprio così: completa l'acrostico con il nome del film comico da cui è tratta la citazione (in questo caso, l'hai riconosciuto? *Tre uomini e una gamba*, di Aldo, Giovanni e Giacomo) e alla fine, leggendo in verticale le lettere evidenziate, scoprirai il nome di un'ottima scrittrice umoristica che forse non conosci ancora!

1. Che dici, vengo? Mi si nota di più se vengo e me ne sto in disparte o se non vengo per niente?
2. Con le bestie bisogna parlarci, non sono mica uomini.
3. Se non torno entro 5 minuti... aspettatemi un po' di più.
4. MASCETTI: Tarapia tapioco. Prematurata alla supercazzola o scherziamo!
   VIGILE: Prego?
   MASCETTI: No, mi permetta. No, io; eh scusi noi siamo in quattro. Come se fosse antani anche per lei soltanto in due, oppure in quattro anche scribai con cofandina; come antifurto, per esempio.
   VIGILE: Ma quale antifurto, mi faccia il piacere! Questi signori qui, stavano suonando loro. Non si intrometta!
   MASCETTI: No, aspetti, mi porga l'indice; ecco lo alzi così... guardi, guardi, guardi; lo vede il dito? Lo vede che stuzzica, che prematura anche. Ma allora io le potrei dire anche per il rispetto per l'autorità che anche soltanto le due cose come vicesindaco, capisce?
   VIGILE: Vicesindaco? Basta così, mi seguano al commissariato!
   PEROZZI: No, no, no; attenzione! No, attenzione antani secondo l'articolo 12 abbia pazienza, sennò, posterdati, per due, anche un pochino antani in prefettura...

MASCETTI: ...senza contare che la supercazzola prematurata, ha perso i contatti col tarapia tapioco.
PEROZZI: Dopo...

5. C'è chi può e chi non può: io può.
6. FERRIBOTTE: Sono sempre i più meglio che se ne vanno!
   DANTE CRUCIANI: È la vita, oggi a te domani a lui!
7. Potrebbe essere pericoloso... vada avanti lei!
8. 'Sta mano po esse' fero e po esse' piuma: oggi è stata piuma.
9. Sono rientrato a casa e ho trovato Frank, il mio migliore amico, a letto con mia moglie. Gli ho detto: Frank, io devo! Ma tu?
10. Mi dispiace: io so' io, e voi non siete un cazzo!
11. FRATE: Ricordati che devi morire!
    MARIO: Come?
    FRATE: Ricordati... che devi morire!
    MARIO: Va bene.
    FRATE: Ricordati che devi morire!
    MARIO: Sì, sì... no... mo' me lo segno.

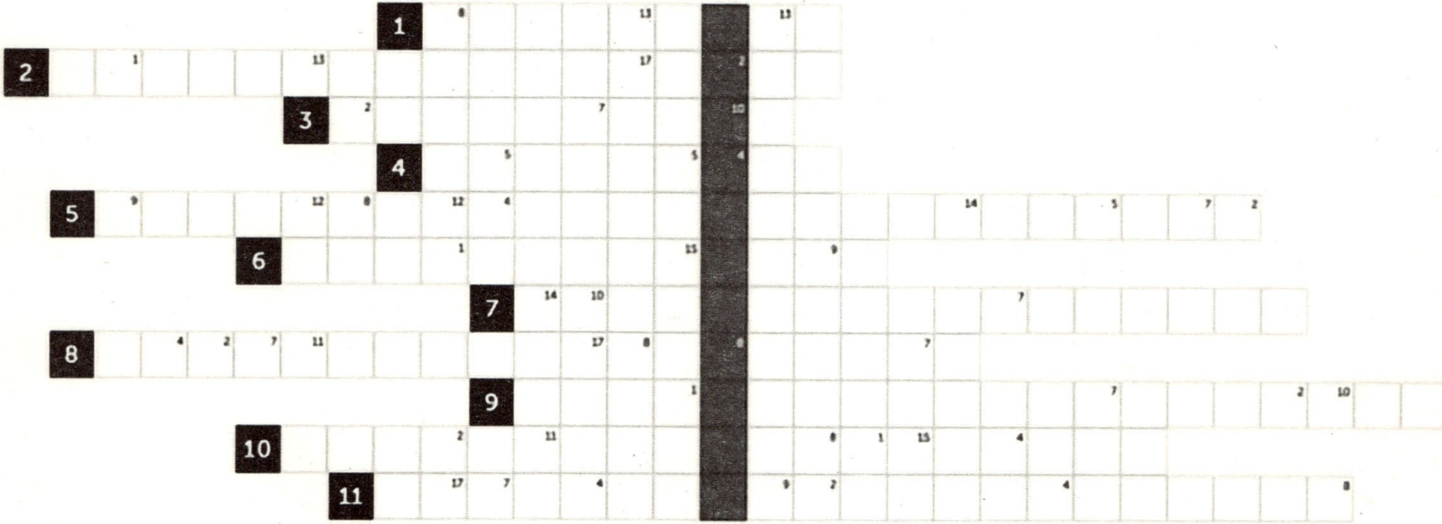

Soluzione:

1. ECCE BOMBO
2. IL BISBETICO DOMATO
3. ACE VENTURA
4. AMICI MIEI
5. TOTÒ PEPPINO E LA MALAFEMMINA
6. I SOLITI IGNOTI
7. FRANKENSTEIN JUNIOR
8. BIANCO ROSSO E VERDONE
9. SALLY TI PRESENTO HARRY
10. IL MARCHESE DEL GRILLO
11. NON CI RESTA CHE PIANGERE

MARIAN KEYES

Marian Keyes è una scrittrice umoristica irlandese che, sebbene sia molto famosa all'estero, in Italia è ancora poco conosciuta. Uno dei suoi libri più celebri, *Grown ups*, è stato tradotto per la prima volta nel 2023 dalla casa editrice Brioschi.

(E non si dica che di umoriste donne non ce ne sono.)

10. «Schultz, vi serve una vacanza: aria fresca, un po' di ginnastica all'aperto… vi mando in campo di concentramento!» Questa è una battuta che Charlie Chaplin, indossando la divisa nazista e quei noti baffetti posticci, fa dire a Adenoid Hynkel, il personaggio che lui stesso interpreta nella parodia satirica sul nazismo *Il grande dittatore*. Quali sensazioni hai provato, leggendola?

Soluzione: Il black humor, noto anche come umorismo nero, è uno stile di comicità che trae ispirazione da temi considerati osceni, terribili, dolorosi o molto problematici dalla società come la morte, la pedofilia, la violenza, il razzismo, e tutto ciò che di peggio ti viene in mente e del quale il black humor osa trovare il lato comico. È chiaramente un'operazione rischiosa, ma può essere anche molto brillante se fatta con consapevolezza, finezza, rispetto, e dirigendosi a un pubblico disposto a riceverla.

Come ha fatto Charlie Chaplin – che per questo film ottenne cinque candidature al premio Oscar, e un posto nella classifica dei capolavori del cinema.

Insomma, l'intento non è necessariamente offensivo, ma piuttosto provocatorio. L'idea è quella di sfidare le norme sociali e spingere il pubblico a riflettere su tematiche molto serie in maniera diversa: attraverso la risata (che poi, anche la risata è una questione molto seria). Il black humor attinge così il suo potere dalla sorpresa e dalla trasgressione delle aspettative, portando chi ascolta a adottare un punto di vista inaspettato e spesso paradossale, che può essere utile a rendere il ragionamento sul tema molto più completo, e anche a scaricare la tensione accumulata rispetto a un determinato evento tragico.

Detto ciò, nonostante molte persone la considerino una forma di espressione intelligente e provocatoria, altre persone possono non apprezzarla. Perciò, sempre occhio al contesto.

11. Una a noi e una a te. Cominciamo noi: *Un mio amico mi ha chiesto com'è vivere in Cina. Gli ho risposto che non posso lamentarmi.*

Adesso è il tuo turno. Usa il black humor per rispondere con un'altra barzelletta!

Soluzione: Scrivere una battuta di black humor, o qualsiasi altra battuta divertente, coinvolge solitamente due elementi chiave: il «set up» e la «punchline».

- Il set up, ovvero la parte della battuta che introduce la situazione. Scrivendola, cerca di creare aspettativa. Chi ascolta o legge dovrà chiedersi che cosa succederà dopo, dovrà essere impaziente di sentire la seconda parte.

  Sono andata a trovare un amico nel suo nuovo appartamento. Mi ha detto «fai come se fossi a casa tua...»
- La punchline, ovvero il colpo finale, la parte della battuta che rompe l'aspettativa creata dal set up. Deve essere inaspettato e portare una svolta sorprendente o umoristica alla situazione. Nella battuta di black humor, può toccare argomenti sensibili, ma deve farlo in modo sottile e intelligente.

  ...allora l'ho sbattuto fuori. Io odio le visite.

12. Infine, la buona notizia è che non esiste una strada giusta o sbagliata. Siamo soltanto noi di fronte a una domanda, a cui in fondo non è nemmeno così difficile trovare una risposta. Chiediti, magari ad alta voce: che cosa mi fa ridere?

Soluzione: Si tratta di fare conoscenza con il tuo senso dell'umorismo.

E una volta scoperto che cosa gli piace, allora proverai a nutrirlo così. Leggerai libri, guarderai film o serie tv, ascolterai podcast, assecondando questa tua inclinazione.

Una volta irrobustito, poi, potrai anche sottoporlo a qualche sfida: se il nonsense ti annoia, leggerai comunque qualche limerick di Toti Scialoja, e se la parodia ti disturba, allora *Frankenstein Junior* di Mel Brooks è il film da provare.

Quando il tuo senso dell'umorismo si sarà temprato e tu ti sarai fatto le ossa – e anche un sacco di risate –, vedrai, le idee inizieranno a zampillare.

E adesso, dicci.
Com'è il fuoco?

Bibliografia

AA.VV., *Le grandi storie della fantascienza n. 10*, RCS Periodici, Milano 2006.

Achmatova Anna, *Poema senza eroe e altre poesie*, traduzione di Carlo Riccio, Einaudi, Torino 1993.

Agassi Andre, *Open*, traduzione di Giuliana Lupi, Einaudi, Torino 2021.

Agostino (sant'), *Confessioni*, traduzione di Carlo Vitali, Rizzoli, Milano 2012.

Alighieri Dante, *Divina Commedia. Inferno*, Mondadori, Milano 2016.

Amis Martin, *Esperienza*, traduzione di Susanna Basso, Einaudi, Torino 2023.

Amis Martin, *Il dossier Rachel*, traduzione di Susanna Basso, Einaudi, Torino 2015.

Amis Martin, *La storia da dentro*, traduzione di Gaspare Bona, Einaudi, Torino 2023.

Andersen Christian Hans, *Fiabe*, traduzione di Ada Manghi e Marcella Rinaldi, Einaudi, Torino 2005.

Arpino Giovanni, *Domingo il favoloso*, minimum fax, Roma 2019.

Bajani Andrea, *Il libro delle case*, Feltrinelli, Milano 2021.

Ballard G. James, *La civiltà del vento*, traduzione di Maria Benedetta De Castiglione e Mario Galli, Mondadori, Milano 1977.

Ballard James G., *Il mondo sommerso*, traduzione di Stefano Massaron, Feltrinelli, Milano 2015.

Ballard James G., *L'isola di cemento*, traduzione di Massimo Bocchiola, Anabasi, Milano 1993.

Barnes Julian, *Il senso di una fine*, traduzione di Susanna Basso, Einaudi, Torino 2014.

Barrie James Matthew, *Peter Pan*, traduzione di Patrizia Farese, Feltrinelli, Milano 2021.

Barthes Roland, *L'ovvio e l'ottuso*, traduzioni di Carmine Benincasa, Giovanni Bottiroli, Gian Paolo Caprettini, Daniela De Agostini, Lidia Lonzi, Giovanni Mariotti, Einaudi, Torino 2001.

Benni Stefano, *Giura*, Feltrinelli, Milano 2022.

Benni Stefano, *Pane e tempesta*, Feltrinelli, Milano 2016.

Bradbury Ray, *Constance contro tutti*, traduzione di Giuseppe Lippi, Mondadori, Milano 2020.

Bradbury Ray, *Fahrenheit 451*, traduzione di Giorgio Monicelli, Mondadori, Milano, 2007.

Bulgakov Michail, *Il Maestro e Margherita*, traduzione di Caterina Garzonio, Giunti-Barbera, Milano 2023.

Buso Aldo, *La signorina Gentilin dell'omonima cartoleria*, Rizzoli, Milano2014.

Butler Octavia E., *Incidente nel deserto*, traduzione di Beata Della Frattina, Mondadori, Milano 1985.

Butler Octavia E., *La parabola del seminatore*, traduzione di Anna Polo, Fanucci, Roma 2006.

Buzzati Dino, *Il deserto dei tartari*, Mondadori, Milano 2016.

Camilleri Andrea, *Il birraio di Preston*, Sellerio, Palermo 1995.

Campana Dino, *Canti Orfici*, Marradi, Tipografia F. Ravagli 1914.

Campanile Achille, *Giovinotti, non esageriamo!*, BUR Rizzoli 2001 © 2018 Mondadori Libri S.p.A., Milano.

Campanile Achille, *Tragedie in due battute*, BUR Rizzoli 2000 © 2018 Mondadori Libri S.p.A., Milano.

Camus Albert, *La peste*, traduzione di Beniamino Dal Fabbro, Bompiani, Milano 1995.

Camus Albert, *Lo straniero*, traduzione di Sergio Claudio Perroni, Bompiani, Milano 2018.

Capote Truman, *A sangue freddo*, traduzione di Alberto Rollo, Garzanti, Milano 2019.

Capote Truman, *Colazione da Tiffany*, traduzione di Vincenzo Mantovani, Garzanti, Milano 2016.

Carnaroli Alessandra, *50 tentati suicidi più 50 oggetti contundenti*, Einaudi, Torino 2021.
Carrère Emmanuel, *Limonov*, traduzione di Francesco Bergamasco, Adelphi, Milano 2012.
Carrère Emmanuel, *Yoga*, traduzione di Lorenza Di Lella e Francesca Scala, Adelphi, Milano 2023.
Čechov Anton, *Racconti*, curatela di Eridano Bazzarelli e traduzione di Alfredo Polledro, BUR, Milano 2018.
Čechov Anton, *Vita attraverso le lettere*, traduzione di Gigliola Venturi e Clara Coisson, Einaudi, Torino 1989.
Christie Agatha, *Se morisse mio marito*, traduzione di Rosalba Buccianti, Mondadori, Milano 2015.
Coetzee J.M., *Vergogna*, traduzione di Gaspare Bona, Einaudi, Torino 2014.
Collins Suzanne, *Hunger Games*, traduzione di Simona Brogli e Fabio Paracchini, Mondadori, Milano 2009.
Collodi Carlo, *Le avventure di Pinocchio*, BUR, Milano 2022.
Consolo Vincenzo, *Il sorriso dell'ignoto marinaio*, Mondadori, Milano 2019.
Cortázar Julio, Bestiario, traduzioneìi di Flaviarosa Nicoletti Rossini e Vittoria Martinetto, Einaudi, Torino 2014.
Cortázar Julio, *Fine del gioco*, traduzioni di Flaviarosa Nicoletti Rossini ed Ernesto Franco, Einaudi, Torino 2022.
Dickens Charles, *Casa desolata*, traduzione di Angela Negro, Einaudi, Torino 2018.
Didion Joan, *L'anno del pensiero magico*, traduzione di Vincenzo Mantovani, Il Saggiatore, Milano 2021.
Dylan Bob, *Chronicles: Vol 1*, Feltrinelli, Milano 2005.
Eco Umberto, *Il nome della rosa*, La nave di Teseo, Milano 2020.
Eggers Dave, *Opera struggente di un formidabile genio*, traduzione di Giuseppe Strazzeri, Feltrinelli, Milano 2020.
Ellroy James, *Dalia nera*, traduzione di Luciano Lorenzin, Einaudi, Torino 2022.
Ellroy James, *L.A. Confidential*, traduzione di Carlo Oliva, Einaudi, Torino 2023.
Ephron Nora, *Il collo mi fa impazzire*, traduzione di Delfina Vezzoli, Feltrinelli, Milano 2014.

Epicuro, *Lettere sulla fisica, sul cielo e sulla felicità*, traduzione di Nicoletta Russello, Rizzoli 1994.

Erlbruch Wolf, L'anatra, la morte e il tulipano, traduzione di Viola Starnone, edizioni e/o, Milano 2007.

Faulkner William, *L'urlo e il furore*, traduzione di Vincenzo Mantovani, Einaudi, Torino 2014.

Faulkner William, *Mentre morivo*, traduzione di Roberto Serrai, Adelphi, Milano, 2000.

Fenoglio Beppe, *L'affare dell'anima e altri racconti*, Einaudi, Torino, 1980.

Fenoglio Beppe, *Una questione privata*, Einaudi, Torino 2022.

Fischer Tibor, *La Gang del pensiero*, traduzione di M. L. Cortaldo, Marcos y Marcos, Milano 2020.

Flaubert Gustave, *La signora Bovary*, traduzione di Natalia Ginzburg, Einaudi, Torino 2001.

Flaubert Gustave, *Madame Bovary*, traduzione di Maria Luisa Spaziani, Mondadori, Milano 2001.

García Márquez Gabriel, *Cent'anni di solitudine*, traduzione di Ilide Carmignani, Mondadori, Milano 2021.

García Márquez Gabriel, *Occhi di cane azzurro*, traduzione di Angelo Morino, Mondadori, Milano 1998.

Ginzburg Natalia, *Lessico famigliare*, Einaudi, Torino 2014.

Golding William, *Il signore delle mosche*, traduzione di Filippo Donini, Mondadori, Milano 2016.

Greer Sean, *Less*, traduzione di Elena Dal Pra, La nave di Teseo, Milano 2019.

Guimard Paul, *Le cose della vita*, traduzione di Eusebio Trabucchi, L'orma editore, Roma 2021.

Hemingway Ernest, *I quarantanove racconti*, traduzione di Vincenzo Mantovani, Mondadori, 1989.

Hemingway Ernst, *Fiesta*, traduzione di Giuseppe Trevisani, Einaudi, Torino 1975.

Herbert Frank, *Dune*, traduzione di Giampaolo Cossato e Sandro Sandrelli, Fanucci, Roma 2023.

Irving John, *Le regole della casa del sidro*, traduzione di Pier Francesco Paolini, Bompiani, Milano 2019.

Irving John, *Ultima notte a Twisted River*, traduzione di Stefano Bortolussi, Rizzoli, Milano 2010.

Jackson Shirley, *La lotteria*, traduzione di Franco Salvatorelli, © 1949 Shirley Jackson © 2007 Adelphi Edizioni S.p.A., Milano.

Kafka Franz, *Gesammelte Werke: Gebunden in feingeprägter Leinenstruktur auf Naturpapier. Mit Goldprägung. Der Prozess, Das Schloss, Sämtliche Erzählungen*, Anaconda Verlag, Cologne 2012.

Kafka Franz, *La metamorfosi e tutti i racconti pubblicati in vita*, traduzione di Andreina Lavagetto, Feltrinelli, Milano 2013.

Keyes Marian, *Grown ups*, traduzione di Denise Silvestri, Brioschi, Milano 2023.

King Stephen, *It*, traduzione di Tullio Dobner, Sperling & Kupfer, Milano 2017.

King Stephen, *Misery*, Viking, New York 1987.

King Stephen, *Shining*, traduzione di Adriana Dell'Orto, Bompiani, Milano 2024.

Knausgård Karl Ove, *La morte del padre*, traduzione di Margherita Podestà Heir, Feltrinelli, Milano 2021.

Koch Herman, *La cena*, traduzione di Giorgio Testa, Neri Pozza, Milano 2010.

Le Guin Ursula K., *Terramare*, traduzione di Roberta Rambelli, Casa Editrice Nord, Milano 1979.

Lecoq Jacques, *Il corpo poetico*, traduzione di Federica Locatelli, Arsenale edizioni, Milano 2021.

Lee Harper, *Il buio oltre la siepe*, traduzione di Vincenzo Mantovani, Feltrinelli, Milano 2019.

Lee Masters Edgar, *Antologia di Spoon River*, traduzione di Fernanda Pivano, Einaudi, Torino 2014.

Leopardi Giacomo, *Canti*, Mondadori, Milano 2018.

Lewis C.S., *Le cronache di Narnia*, traduzione di Chiara Belliti, Mondadori, Milano 2008.

Lobo Antunes António, *In culo al mondo*, traduzione di Maria José de Lancastre, Feltrinelli, Milano 2014.

Losito Filippo, *Humor e pensiero laterale*, EGEA, Milano 2021.

Lytton Edward Bulwer, *Paul Clifford*, Baron, 1803-1873.

Manganelli Giorgio, *Discorso dell'ombra e dello stemma*, Adelphi, Milano 2017.

Manganelli Giorgio, *Lettera a Valentina*, in «Il Messaggero», 8 ottobre 1990.

Mankell Henning, *An Event in Autumn*, Vintage Books, 2015.

Manzoni Alessandro, *I Promessi Sposi*, Rizzoli, Milano 2017.

Martin J.R.R., *Il Trono di Spade*, traduzione di Sergio Altieri, Mondadori, Milano 2019.

Matheson Richard, *Io sono leggenda*, traduzione di Giovanna Scocchera, Mondadori, Milano 2020.

McCarthy Cormac, *La strada*, traduzione di Martina Testa, Einaudi, Torino 2014.

Miller Henry, *Una tortura deliziosa*, minimum fax, Roma 2003.

Morrison Toni, *Jazz*, Sperling & Kupfer, Milano 2018.

Murakami Haruki, *L'arte di correre*, traduzione di Antonietta Pastore, Einaudi, Torino 2009.

Murata Sayaka, *La ragazza del convenience store*, traduzione di Gianluca Coci, edizioni e/o, Milano 2018.

Musil Robert, *Diari (1899-1941)*, traduzione di Enrico De Angelis, Einaudi, Torino 1997.

Musil Robert, *Grigia, diari e poesie*, Ist. Culturale Mòcheno, Palù del Fersina (Trento) 2012.

Musil Robert, *L'uomo senza qualità*, traduzione di Anita Rho, Gabriella Benedetti, Laura Castoldi, Einaudi, Torino 2014.

Musil Robert, *Pagine postume pubblicate in vita*, traduzione di Anita Rho, Einaudi, Torino 1970.

Nabokov Vladimir, *Fuoco pallido*, © 1962 Véra Nabokov e Dmitri Nabokov All rights reserved © 2002 Adelphi Edizioni S.p.A., Milano.

Ngozi Adichie Chimamanda, *Il pericolo di un'unica storia*, traduzione di Andrea Sirotti, Einaudi, 2020.

Nietzsche Friedrich, *Al di là del bene e del male*, traduzione di Ferruccio Masini, © 1977 Adelphi Edizioni S.p.A., Milano.

Nori Paolo, *I russi sono matti*, Utet, Torino 2019.

O'Connor Flannery, *Un ragionevole uso dell'irragionevole. Saggi sulla scrittura e lettere sulla creatività*, traduzione di Giovanna Granato, minimum fax, Roma 2019.

Omero, *Odissea*, traduzione e cura di M.G. Ciani, Marsilio Editori s.p.a., Venezia 1994.

Orazio, *Odi*, traduzione di Guido Ceronetti, Adelphi, Milano 2018.

Ortolani Leo, *Cinzia,* Bao Publishing, Milano 2018.

Orwell George, *1984*, traduzione di Stefano Manferlotti, Mondadori, Milano 2021.

Ovidio Nasone Publio, *Metamorfosi*, traduzione di Guido Paduano, Einaudi, Torino 2022.

Pàmies Sergi, *Al limone*, traduzione di Francesco Ferrucci, Donzelli Editore, Roma 2009.

Paolini Christopher, *Eragon*, traduzione di Maria Concetta Scotto di Santillo, Rizzoli, Milano 2012.

Paz Octavio, *La duplice fiamma. Amore ed erotismo*, traduzione di Guido Alberti, Edizioni SE, Milano 2021.

Petit Philippe, *Trattato di funambolismo*, traduzione di Danilo Bramati, Ponte alle Grazie, Milano 2015.

Piumini Roberto, *Mattia e il nonno*, Einaudi, Torino 1999.

Raymond Carver, *Il mestiere di scrivere*, traduzione di Riccardo Duranti, Einaudi, Torino 2015.

Rebello Stephen, *Hitchcock. L'incredibile storia di Psycho*, traduzione di A. Farina, Il Castoro, 2013.

Reta Vittorio, *Visas e altre poesie*, Le Lettere, Firenze 2006.

Rilke Rainer Maria, *Poesie 1907-1926*, traduzione di Giacomo Cacciapaglia e Anna Lucia Giavotto Künkler, Einaudi, Torino 2014.

Rooney Sally, *Dove sei, mondo bello*, traduzione di Maurizia Balmelli, Einaudi, Torino 2022.

Roth Philip, *Lo scrittore fantasma*, traduzione di Vincenzo Mantovani, Einaudi, Torino 2009.

Roth Philip, *Pastorale americana*, traduzione di Vincenzo Mantovani, Einaudi, Torino 2013.

Rousseau Jean-Jacques, *Fantasticherie del passeggiatore solitario*, traduzione di Andrea Canobbio, Edizioni SE, Milano 2023.

Rousseau Jean-Jacques, *Les Confessions*, Folio, Paris 2000.

Rowling J.K., *Harry Potter e i doni della morte*, traduzione di Beatrice Masini, Salani, Milano 2020.

Salinger J.D., *I nove racconti*, traduzione di Carlo Fruttero, Einaudi, Torino 2004.

Salinger J.D., *Il giovane Holden*, traduzione di Adriana Motti, Einaudi, Torino 2008.

Sandars N.K (a cura di), *Epopea di Gilgameš*, traduzione di Alessandro Passi, Adelphi, Milano 1986.

Sands Bobby, *Un giorno della mia vita*, traduzione di Silvia Calamati, Feltrinelli, Milano 1996.

Schweblin Samanta, *Uccelli vivi*, traduzione di Maria Nicola, SUR, Roma 2023.

Sciascia Leonardo, *Una storia semplice*, Adelphi, Milano 1989.

Sedaris David, *Holidays on Ice*, traduzione di Matteo Colombo, Mondadori, Milano 2018.

Shakespeare William, *Romeo e Giulietta*, traduzione di Cino Chiarini, Sansoni, Firenze, 1974.

Shelley Mary, *Frankenstein, o il moderno Prometeo*, traduzione di Bruno Tasso, Fanucci, Roma 2020.

Sofocle, *Antigone. Edipo re. Edipo a Colono*, a cura di Franco Ferrari, BUR, Milano 2019.

Steinbeck John, *Uomini e topi*, traduzione di Michele Mari, Bompiani, Milano 2023.

Stevenson Robert Louis, *Lo strano caso del Dr. Jekyll e Mr. Hyde*, traduzione di Luciana Pirè, Giunti-Barbera, Milano 2023.

Stoker Bram, *Dracula*, traduzione di Luigi Lunari, Feltrinelli, Milano 2015.

Süskind Patrick, *Il profumo*, traduzione di Giovanna Agabio, Longanesi, Milano, 1993.

Szymborska Wisława, *La gioia di scrivere*, traduzione di Pietro Marchesani, © All works by Wislawa Szymborska © The Wislawa Szymborska Foundation, www.szymborska.org.pl © 2009 Adelphi Edizioni S.p.A., Milano.

Szymborska Wisława, *Letture facoltative*, traduzione di Andrea Ceccherelli, © All works by Wislawa Szymborska © The Wislawa Szymborska Foundation, www.szymborska.org.pl © 2006 Adelphi Edizioni S.p.A., Milano.

Taleb Nassim Nicholas, *Il Cigno nero*, traduzione di Elisabetta Nifosi, Il Saggiatore, Milano 2023.

Tolkien J.R.R., *Il Signore degli Anelli*, traduzione di Ottavio Fatica, Bompiani, Milano 2023.

Tolstoj Lev N., *Anna Karenina*, traduzione di Claudia Zonghetti, Einaudi, Torino 2017.

Tolstoj Lev N., *La morte di Ivan Il'ič*, traduzione di Paolo Nori, Feltrinelli, Milano 2014.

Tozzi Federigo, *Bestie*, Treves, Milano 1917.

Tsiolkas Christos, *Lo schiaffo*, traduzione di Marco Rossari, Neri Pozza, Milano 2008.

Valéry Paul, *Introduzione al metodo di Leonardo da Vinci*, Abscondita, Milano 2021.

Veronesi Sandro, *Il colibrì*, La nave di Teseo, Milano 2019.

Vonnegut Kurt, *Benvenuta nella gabbia delle scimmie*, traduzione di Gianfranco Garnero, Bompiani, Milano 2023.

Vonnegut Kurt, *Mattatoio n. 5*, traduzione di Vincenzo Mantovani, Feltrinelli, Milano 2022.

Voros Joseph, *Big History and Anticipation:Using Big History as a framework for global foresight*, in *Handbook of Anticipation: Theoretical and applied aspects of the use of future in decision making*, ed. Roberto Poli, Springer International, 2017.

Wells Herbert George, *La macchina del tempo*, traduzione di Michele Mari, Einaudi, Torino 2017.

Wittgenstein Ludwig, *Osservazioni sui colori. Una grammatica del vedere*, traduzione di Mario Trinchero, Einaudi, Torino 2000.

Wittgenstein Ludwig, *Tractatus logico-philosophicus*, traduzione di Pasquale Frascolla e Luigi Perissinotto, Feltrinelli, Milano 2023.

Wolff Tobias, *Proprio quella notte*, traduzione di Laura Noulian, Einaudi, Torino 2001.

Woolf Virginia, *La signora Dalloway*, traduzione di Anna Nadotti, Einaudi, Torino 2014.

Woolf Virginia, *Una stanza tutta per sé*, traduzione di Maria Antonietta Saracino, Mondadori, Milano 2006.

Yourcenar Marguerite, *I trentatré nomi di Dio*, traduzione di Ginevra Bompiani, nottetempo, Milano 2003.

Indice

Finito di stampare nel mese di gennaio 2025
per conto di RCS MediaGroup S.p.A.,
da Rotolito S.p.A., Via Sondrio, 3, Pioltello (Milano)
Printed in Italy